20
24

Coleção **PERSONA**
COORDENADOR
BRUNELLO STANCIOLI

CAROLINA MARIA
NASSER CURY

DROGAS COMO DISPOSITIVO, CRACK COMO ATRAVESSAMENTO

AS (NECRO)POLÍTICAS DE INTERNAÇÃO INVOLUNTÁRIA

Dados Internacionais de Catalogação na Publicação (CIP) de acordo com ISBD

C982d   Cury, Carolina Maria Nasser
Drogas como dispositivo, crack como atravessamento: as (necro)políticas de internação involuntária / Carolina Maria Nasser Cury ; coordenado por Brunello Stancioli. - Indaiatuba, SP : Editora Foco, 2024.

216 p. : 17cm x 24cm. – (Coleção PERSONA)

Inclui índice e bibliografia.

ISBN: 978-65-5515-975-2

1. Direito. 2. Drogas. 3. Internação involuntária. I. Stancioli, Brunello. II. Título. III. Série.

2024-680   CDD 342.1242   CDU 347.235

Elaborado por Vagner Rodolfo da Silva - CRB-8/9410
Índices para Catálogo Sistemático:
1. Direito 340   2. Direito 34

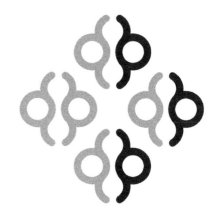

COLEÇÃO **PERSONA**

COORDENADOR
Brunello Stancioli

COORDENADORES ADJUNTOS
Carolina Nasser
Daniel Mendes Ribeiro
Lucas Oliveira

CORPO EDITORIAL
Alcino Eduardo Bonella
Arno Dal Ri Jr.
Caitlin Mulholland
Daize Fernanda Wagner
Daniel Carnaúba
Darlei Dall'Agnol
Delamar José Volpato Dutra
Eder Fernandes Monica
Flávio Guimarães da Fonseca
Iara Antunes de Souza
Marco Antônio Sousa Alves
Maria de Fátima Freire de Sá
Maria Fernanda Salcedo Repolês
Mariana Alves Lara
Renato César Cardoso
Telma de Souza Birchal
Yurij Castelfranchi

2023 © Editora Foco
Autora: Carolina Maria Nasser Cury
Coordenador da coleção: Brunello Souza Stancioli
Diretor Acadêmico: Leonardo Pereira
Editor: Roberta Densa
Assistente Editorial: Paula Morishita
Revisora Sênior: Georgia Renata Dias
Capa Criação: Leonardo Hermano
Diagramação: Ladislau Lima
Impressão miolo e capa: FORMA CERTA

DIREITOS AUTORAIS: É proibida a reprodução parcial ou total desta publicação, por qualquer forma ou meio, sem a prévia autorização da Editora FOCO, com exceção do teor das questões de concursos públicos que, por serem atos oficiais, não são protegidas como Direitos Autorais, na forma do Artigo 8º, IV, da Lei 9.610/1998. Referida vedação se estende às características gráficas da obra e sua editoração. A punição para a violação dos Direitos Autorais é crime previsto no Artigo 184 do Código Penal e as sanções civis às violações dos Direitos Autorais estão previstas nos Artigos 101 a 110 da Lei 9.610/1998. Os comentários das questões são de responsabilidade dos autores.

NOTAS DA EDITORA:

Atualizações e erratas: A presente obra é vendida como está, atualizada até a data do seu fechamento, informação que consta na página II do livro. Havendo a publicação de legislação de suma relevância, a editora, de forma discricionária, se empenhará em disponibilizar atualização futura.

Erratas: A Editora se compromete a disponibilizar no site www.editorafoco.com.br, na seção Atualizações, eventuais erratas por razões de erros técnicos ou de conteúdo. Solicitamos, outrossim, que o leitor faça a gentileza de colaborar com a perfeição da obra, comunicando eventual erro encontrado por meio de mensagem para contato@editorafoco.com.br. O acesso será disponibilizado durante a vigência da edição da obra.

Impresso no Brasil (3.2024) – Data de Fechamento (3.2024)

2024
Todos os direitos reservados à
Editora Foco Jurídico Ltda.
Rua Antonio Brunetti, 593 – Jd. Morada do Sol
CEP 13348-533 – Indaiatuba – SP
E-mail: contato@editorafoco.com.br
www.editorafoco.com.br

À minha flor de tangerina.

Este é um trabalho escrito em sua quase totalidade durante a pandemia de COVID-19. Dedico estas linhas a todos aqueles que perderam suas vidas e tiveram seus destinos para sempre marcados pelo descaso do governo federal na condução das políticas de saúde pública.

AGRADECIMENTOS

Meu pai – ausência tão presente em minha vida – cultivava o hábito de me presentear com livros. Guardo com carinho o último livro que ele me deu. Eram os Diálogos sobre a amizade, de Cícero. Em certa passagem, é dito que "um amigo verdadeiro é aquele que, por assim dizer, é um segundo self". Dedico, portanto, não somente este trabalho, mas também a minha trajetória, às mais queridas extensões de mim mesma. Em especial, dedico este trabalho a ele – que endureceu sem perder a ternura jamais.

Com a mulher admirável e corajosa que é a minha mãe, pude compreender a beleza dos sentimentos que se maturam com o tempo. Agradeço, com afeto, por ter me dado o que de mais bonito um ser pode dar a outro: não a vida, puro e simples dado biológico, mas a vida como possibilidade. Por ter me ensinado que eu poderia ser.

Agradeço à minha irmã, que desde sempre ocupou espaços pouco usuais para uma mulher – e, com isso, me ensinou que eu também podia. Mais que isso: que me demonstrou que absolutamente tudo deve ser colocado em questão. Que não se negocia o inegociável e que a perspectiva importa.

À Débora, minha flor de tangerina, agradeço por me ativar e me expandir com leveza, intensidade e inspiração. Te agradeço por sempre olharmos uma à outra como realmente somos: despidas de artifícios, repletas de amor. Te desenho de olhos fechados, te amo de peito aberto. O seu sorriso é a coisa mais linda desse mundo. Sua voz é a música que sempre quero ouvir. Obrigada por ser multidão em minha vida. Eu te amo!

À Natasha, agradeço por me ensinar que é preciso desanestesiar as nossas forças; que não se atropela o tempo e que podemos traçar de novo a estrada sempre que necessário. Amizade é uma palavra que eu construo com você.

Me lembro com carinho do primeiro lapidar dessa grande discussão que ora se consolida em forma de tese. Foi com a Ruth, com quem compartilhei diversas ideias e com quem até hoje compartilho o tecer de uma relação que já teve muitas facetas – e que permanece, repleta de amizade.

Agradeço, também, à Fernanda, que está comigo nos meus melhores e piores momentos. Além de uma amiga que dá definição ao conceito de presença, é uma mulher brilhante, que tenho a sorte de chamar de amiga.

Ao Gui, meu eterno interlocutor, por compartilharmos significados e sermos significantes. Ao Marcus, agradeço por todos os sorrisos, cervejas, carnavais e pela inspiração de leveza e de cultura. Ao Guto, meu grande amigo, a quem me faltam palavras para descrever o carinho que sinto por você. A felicidade pelos nossos caminhos terem se cruzado é genuína, e a sua presença é certamente um lugar de segurança, conforto, café quentinho e conversas intermináveis e instigantes. Ao Thales, ao Pedro, ao Felipe, à Bárbara, à Marina e à Nicole, muito obrigada por serem riso e choro, ombro e abraço. Conforto!

Laís e Nara, compartilhamos dores e delícias que são profundas. Agradeço imensamente a inspiração, o acolhimento e o carinho, que se desdobram para além da inspiração acadêmica. Resistimos, existimos.

Pelos diálogos e sugestões fundamentais aos andamentos dessa pesquisa, agradeço à professora Natacha Rena, à Gabi Bitencourt, à Susan Oliveira e aos demais colegas do Indisciplinar. Também agradeço imensamente aos professores Francisco Castilho e Marco Antônio, pelas discussões e pelo instigar que me propulsionou a este tema.

Pelo estágio de pesquisa no exterior, realizado na Macquarie University, Austrália, agradeço ao professor Neil Levy, que, cuidadosa e pacientemente, fez com que a minha estadia no Departamento de Filosofia e Sociologia fosse a melhor possível. Pelos mais diversos motivos, agradeço a uma série de pesquisadores com quem me dividi na land down under, entre eles: Eliane Deschrijver, Yves Aquino, Daphne Brandenburg, Alex Gillett e Kelly Hamilton.

À Mila, com carinho, pela inspiração e por me oferecer um papel e uma caneta para que eu pudesse (re)escrever a minha história. Agradeço aos colegas da Agência RMBH, especialmente ao Alex, Ananda, Cris, Dani, Fran, Gabi e Glorinha, que tão bem me acolheram na função que hoje exerço, em compartilhamento com a pesquisa.

Agradeço, afetuosamente, à Liana e à Marina, com quem aprendo diariamente o que significa advogar e pensar as cidades para além do óbvio, das cercas, dos muros.

À Lívia, minha terapeuta, agradeço a técnica e a apuração no trabalho de me ajudar a construir ferramentas para que eu possa me (des)construir.

E, ao professor Brunello Stancioli, desde 2011, por me demonstrar que podemos ser – ou não ser – o que quisermos.

Finalmente, agradeço à CAPES, que financiou parte substancial deste trabalho, assim como o meu estágio doutoral no exterior. Agradeço à Universidade pública, gratuita e de qualidade, e agradeço a todas aquelas que vieram antes de mim. Que este trabalho abra caminhos para aquelas que também virão. E viremos.

"*É requinte de saciados testar a virtude da paciência com a fome de terceiros*"[1].

---
1. NASSAR, Raduan. *Lavoura arcaica*. 3. ed. Rev. São Paulo: Companhia das Letras, 2004. p. 109.

> "(...) não é possível realocar-se em qualquer perspectiva dada sem ser responsável por esse movimento. A visão é sempre uma questão do poder ver – e talvez da violência implícita em nossas práticas de visualização. Com o sangue de quem foram feitos os meus olhos?"[2]

---

2. HARAWAY, Donna. *Saberes localizados*: a questão da ciência para o feminismo e o privilégio da perspectiva parcial. *Cadernos Pagu*, v. 5, 1995. p. 25.

"Cheguei à teoria porque estava machucada – a dor dentro de mim era tão intensa que eu não conseguia continuar vivendo. Cheguei à teoria desesperada, querendo compreender – apreender o que estava acontecendo ao redor e dentro de mim. Mais importante, queria fazer a dor ir embora. Vi na teoria, na época, um local de cura[3]".

---

3. Hooks, bell. *Ensinando a transgredir*: a educação como prática da liberdade. São Paulo: Editora WMF Martins Fontes, 2013. p. 83.

LISTA DE FIGURAS

Figura 01 – Ministério da Saúde/Campanha Nacional do SUS 14
Figura 02 – Crack, é possível vencer 14
Figura 03 – Crack, independência ou morte 14
Figura 04 – Crack e homicídios 14
Figura 05 – Brasão Brasil Imperial 27
Figura 06 – Brasão Brasil República 27
Figura 07 – Amostras identificadas como crack pela polícia 120

LISTA DE TABELAS

Tabela 01 – Projetos de Lei que ampliam a LRP ou a LD 67

Tabela 02 – Projetos de Decreto Legislativo de Sustação de Atos Normativos do Poder Executivo 68

Tabela 03 – Comparativo de proposições por partidos políticos brasileiros 69

LISTA DE SIGLAS

AA – Alcoólicos Anônimos

ABEAD – Associação Brasileira de Estudos do Álcool e Outras Drogas

CAPS – Centro de Atenção Psicossocial

CAPS-AD – Centro de Atenção Psicossocial especializado em Álcool e Drogas

CFP – Conselho Federal de Psicologia

COVID-19 – doença infecciosa causada pelo vírus SARS-CoV-2

CT – Comunidade Terapêutica

DENARC – Departamento de Investigações de Narcóticos

EUA – Estados Unidos da América

FEBRACT – Federação Brasileira de Comunidades Terapêuticas

FIOCRUZ – Fundação Oswaldo Cruz

FUNAD – Fundação Centro Integrado de Apoio à Pessoa com Deficiência

IBGE – Instituto Brasileiro de Geografia e Estatística

LD – Lei de Drogas

LGBTQIA+ – Lésbicas, Gays, Bissexuais, Travestis, Transexuais, Queer, Intersexo, Assexuais e outros

LRP – Lei de Reforma Psiquiátrica

LSD – Dietilamida do ácido lisérgico (droga)

MDMA – 3, 4-metilenodioximetanfetamina (droga, popularmente conhecida como ecstasy)

MLA – Movimento de Luta Antimanicomial

MNPCT – Mecanismo Nacional de Prevenção e Combate à Tortura

MP – Ministério Público

MPF – Ministério Público Federal

MTSM – Movimento dos Trabalhadores em Saúde Mental

NA – Narcóticos Anônimos

NPND – Nova Política Nacional de Drogas

OMS – Organização Mundial da Saúde

ONG – Organização Não-Governamental

ONU – Organização das Nações Unidas

OPAS – Organização Pan-Americana da Saúde

PFDC – Procuradoria Federal dos Direitos do Cidadão
SUS – Sistema Único de Saúde
TJMG – Tribunal de Justiça de Minas Gerais
UFMG – Universidade Federal de Minas Gerais

SUMÁRIO

AGRADECIMENTOS... IX

LISTA DE FIGURAS XVII

LISTA DE TABELAS XIX

LISTA DE SIGLAS.. XXI

APROXIMAÇÃO AO TEMA XXV

CONSIDERAÇÕES TERMINOLÓGICAS..XXVII

INTRODUÇÃO.. 1

CAPÍTULO UM – PROIBICIONISMO E MEDICINA SOCIAL............................... 19

1. CAPÍTULO UM – PROIBICIONISMO E MEDICINA SOCIAL........................... 21
   1.1 Proibir o quê? Proibir a quem? 25
   1.2 A criminalização das drogas.. 33
   1.3 Tratar o quê? Tratar a quem? 40
   1.4 Regramentos jurídicos da gestão do uso de drogas 53
   1.5 Arremate do Capítulo Um 73

CAPÍTULO DOIS – QUE PEDRA NO CAMINHO? 75

2. CAPÍTULO DOIS – QUE PEDRA NO CAMINHO?.. 77
   2.1 A pletora de molduras do *crack* 81
   2.2 Temor, pânico moral e a moldura tradicional do *crack* 104
   2.3 *Crack brasilis* 112
   2.4 Cracolândia(s) 116
   2.5 Arremate do Capítulo Dois... 125

CAPÍTULO TRÊS – A NECROPOLÍTICA DO *CRACK* 129

3. CAPÍTULO TRÊS – A NECROPOLÍTICA DO *CRACK* 131
    3.1 O "perigo" entremeado 135
    3.2 A distribuição diferencial da precariedade 147
    3.3 Necropolítica e Necropoder 152

POR UM ARREMATE FINAL 163

EPÍLOGO 171

REFERÊNCIAS BIBLIOGRÁFICAS 173

ANEXO I 183

APROXIMAÇÃO AO TEMA

Costumo ouvir que basta um lampejo para que uma ideia se concretize. Respeitosamente, discordo. A tese ora apresentada é apenas um dos inúmeros *ponto e vírgula* que marcam a minha vida como pesquisadora. Ainda que possa ter havido um ou vários lampejos de ideias, foi por meio de muito lapidar, revisar, reorganizar, direcionar, debater e testar que pude chegar ao momento de hoje – o de redigir um relatório minucioso de investigações.

O tema não me veio de maneira óbvia. Narrar o seu percurso é parte significativa da pesquisa e, portanto, uma forma de apresentar quais caminhos metodológicos possibilitaram efetuar uma aproximação pontual de um tema excessivamente amplo.

O projeto de pesquisa doutoral apresentado ao Programa de Pós-Graduação em Direito da Universidade Federal de Minas Gerais teve como objetivo principal, originalmente, analisar a possibilidade de se pensar conteúdo do conceito de autonomia como um construto desenvolvido em rede. Posso dizer que o ponto de partida daquela pesquisa era sustentar a hipótese de que o que entendemos por *tomada de decisão consciente e deliberada* é um processo que não só acontece fora de nossos corpos biológicos como depende estritamente do contexto social em que estamos situados.

No entanto, já na banca de seleção para ingresso no doutorado em direito na UFMG, fui corretamente alertada pelos avaliadores de uma possível exaustão, caso um recorte mais pontual não fosse efetuado. Isso porque esgotar o tema da minha hipótese parecia ainda um projeto muito distante de ser efetuado – ainda mais sem uma equipe multidisciplinar capaz de trabalhar em conjunto sobre a hipótese, e sem uma pletora de recursos disponíveis para tanto. Seria preciso, então, efetuar uma delimitação.

Relutante quanto ao abandono da questão concernente aos processos de tomada de decisão, mas ciente dos meus desafios, uma primeira abordagem me pareceu mais factível: a de discutir a autonomia no caso dos usuários de drogas. Entretanto, também este tema ainda era bastante amplo para os propósitos de uma tese de doutorado, além de controverso, o que tornou necessária a depuração dos diversos vieses envolvidos, a fim de selecionar aqueles que viriam a compor meu efetivo campo de investigação.

Como é próprio de toda pesquisa que reivindique para si um grau satisfatório de cientificidade, esse desvelamento se processou por meio do embate de ideias que se trava no espaço da racionalidade pública e coletiva. Em uma disciplina cursada no programa de pós-graduação, cuja proposta era a de discutir os limites jurídicos da liberdade de imprensa, um tópico me chamou a atenção: de que maneira a mídia se torna responsável por construir a imagem de um usuário de drogas? Ainda mais especificamente, se as palavras *fazem* realidade, e se elas possuem potencial performativo, o que acontece quando o discurso apresenta limites semânticos para a compreensão de sujeitos? Neste momento, comecei a tangenciar o meu tema, encontrando um propósito que moveria toda a investigação posterior: a controvertida relação entre autonomia, uso de drogas e a internação involuntária de usuários de drogas.

Afinal, o uso da linguagem não é apenas descritivo, mas criador e atualizador de realidades. Se é assim, então é forçoso concluir que a forma como determinadas categorias de sujeitos são descritas pela mídia produz, ao mesmo tempo, a visão – ou, ao menos, uma certa visão – que se compartilha socialmente sobre elas. E, se o fato de alguém ser usuário de drogas como o crack é carregado de sentidos pré-constituídos, qual é o impacto que esse modo de compreender os sujeitos em questão produz na elaboração e na aplicação de regramentos sobre a internação involuntária?

A partir dessa indagação inquietante, foi possível construir uma trajetória de pesquisa que evidenciou a polissemia subjacente ao conceito de usuário de crack e, portanto, à temática das internações involuntárias, o que deveria despertar, na teoria jurídica, maior interesse e atenção dadas as repercussões que provoca no direito e na sociedade. Não obstante, percebo haver pouca quantidade de estudos que busquem examinar os vieses implicados na interpretação do sujeito que consome crack e, de modo ainda mais acentuado, de pesquisas que intersecionem marcadores sociais comumente associados ao usuário dessa droga, como raça e classe, à sua internação involuntária para tratamento de eventuais usos prejudiciais da substância.

O que busco, com a presente tese de doutorado, é demonstrar que estes fatores estruturais atinentes à raça e à classe têm peso no planejamento e na execução de políticas públicas voltadas ao tratamento de usuários de crack, e que as internações involuntárias de usuários se inserem em uma lógica que reflete os rumos contemporâneos da gestão das pessoas pelo Estado brasileiro.

CONSIDERAÇÕES TERMINOLÓGICAS

Ao longo da tese, emprego determinados termos com uma conceituação específica, a qual, por vezes, só poderia ser devidamente justificada no desenvolver do trabalho. A fim de oferecer uma orientação prévia sobre os sentidos em que esses conceitos são utilizados por mim, apresento uma sucinta e introdutória definição das seguintes palavras e expressões-chave:

Condição precária – conceito que será abordado no Capítulo Três e que remete à categoria de sujeição apresentada por Judith Butler. Utilizo a expressão para remeter às situações em que corpos estão mais expostos a forças que são articuladas em suas dimensões sociais e políticas.

(Des)qualificação – noção desenvolvida para explicitar o contraste entre a maneira de se qualificar sujeitos a partir de sua desqualificação como tal. A (des)qualificação será propriamente abordada no Capítulo Três da tese.

Internação involuntária – na tese, utilizo a expressão *internação involuntária* para me referir a internações que ocorrem contra a vontade. Assim, a expressão designa o gênero ao qual pertencem tanto a internação *involuntária* quanto a internação *compulsória*. Tais espécies, para os presentes fins, serão, portanto, trabalhadas em conjunto, exceto quando se fizer necessária a diferenciação, o que ocorrerá de forma expressa no texto. O regramento das internações involuntárias será apresentado ao longo de todo o texto, mas, especialmente, no Capítulo Dois.

Necropolítica – o termo designa a forma contemporânea de subjugação da vida ao poder da morte. Na tese, o conceito utilizado para a abordagem da necropolítica é de Achille Mbembe, e será melhor apresentado no Capítulo Três.

Noia – a figura do *noia* corresponde à representação clássica, frequentemente midiática, dos usuários de crack. A imagem que constitui um tipo social baseado em noções de falta de higiene, desprezo e abjeção. A palavra também é utilizada, não raro, pelos próprios usuários, como forma de se referir a si mesmos.

Tomada de decisão – processos e eventos cognitivos que guardam conexão e conectividade com a historicidade e com o senso de *self* de uma pessoa que, em um dado horizonte de circunstâncias e possibilidade, sobre elas decide, por meio de julgamentos, preferências ou qualificações de circunstâncias.

Uso prejudicial de substâncias – ao longo da tese, evitei utilizar, exceto em citações diretas ou indiretas, as palavras *vício* e *dependência*, em virtude tanto da carga semântica negativa atrelada às locuções, quanto da imprecisão interpretativa da ideia de vício/dependência em drogas, frequentemente atreladas à análise dos efeitos sob o prisma da oposição substância química *versus* corpo. Optei por apresentar ao leitor o conceito de uso prejudicial de substâncias, frequentemente utilizado quando se pretende abordar a temática do uso de drogas em conjunto com problemáticas conectadas ao sujeito, ao contexto e à substância. Quando necessário, especialmente na seção em que abordo as perspectivas sobre tomada de decisão e autonomia, utilizarei, também, a noção de adição

INTRODUÇÃO

"Escrever nada tem a ver com significar, mas com agrimensar, cartografar, mesmo que sejam regiões ainda por vir"[1].

---

1. DELEUZE, Gilles.; GUATTARI, Felix. *Mil platôs*: capitalismo e esquizofrenia 2.. São Paulo: Editora 34, 2011. v. 1. p. 19.

Este trabalho tem como objetivo dar conta da inserção das internações involuntárias de usuários de crack em racionalidades governamentais[2]. Uma amálgama entre regramento jurídico e política pública que capta uma parcela muito bem definida da população brasileira e dá ensejo a uma racionalidade de gestão de vidas, de mortes e da circulação de sujeitos. É um estudo que busca colocar em evidência os tipos de saberes que essas políticas representam, bem como quais circulações das relações de poder elas podem implicar.

Dessa forma, busco contribuir para uma crítica presente destas políticas, entrelaçando as suas dimensões históricas com as suas repercussões atuais. Não possuo, entretanto, a pretensão de explicar o todo, ou mesmo a intenção de que este texto se traduza em uma teoria geral das internações. Tendo como foco principal as internações de usuários de crack, percebo ser possível trazer à superfície uma nova e contemporânea forma de inscrição de corpos nas dinâmicas de poder[3].

Coloco estrategicamente as dinâmicas de poder no *plural*, já que enxergo o tema sobre o qual me debruço como múltiplo e permeável. É preciso inseri-lo, portanto, em um emaranhado de tensionamentos, assumindo que certas imagens e percepções sobre as internações involuntárias e sobre o uso de crack preconcebidas devem ser colocadas em xeque.

Afinal, o que pretendo demonstrar ao longo da pesquisa é que os institutos médico-jurídico-políticos de internações involuntárias não se configuram apenas como instituições disciplinares totais ou totalizantes, como analisa Erving Goffman[4]. Uma instituição total possui um conjunto de características, tais como a realização de todos os aspectos da vida no mesmo local e sob uma única autoridade, o rigor com os horários e com um sistema de regras formais, bem como a reunião das atividades diárias "em um plano racional único, supostamente planejado para atender aos objetivos oficiais da instituição"[5]. São ambientes em que o que se objetiva é mudar a pessoa em sua totalidade. Esse objetivo é operacionalizado por ajustamentos, supressão das marcas de *status* desfrutadas anteriormente e externamente e uma divisão moral do trabalho[6].

---

2. No Brasil, existem três tipos de internações, e irei abordá-las nos capítulos seguintes. Entretanto, de início, destaco que, no âmbito das políticas de atenção à saúde mental, disciplinadas pela Lei de Reforma Psiquiátrica, a Lei nº 10.216/2001, há internações voluntárias – realizadas a pedido da própria pessoa –, involuntárias – que se dá sem o consentimento do usuário e a partir do pedido de terceiros –, e a compulsória – determinada pela Justiça. Na presente tese, irei abordar as internações involuntárias majoritariamente, e pontualmente as compulsórias. Isso se justifica porque, se até o ano de 2019, o modelo que regulava as internações de usuários de drogas no Brasil era a Lei de Reforma Psiquiátrica, por analogia genérica ao tratamento de transtornos psiquiátricos, a partir da entrada em vigor da Lei nº 13.840/2019, houve a disciplina específica do tratamento nacional voltado àqueles sujeitos que usam drogas de forma considerada como prejudicial. A racionalidade dessas leis em discussão será oportunamente apresentada ao longo do corpo da tese.
3. MBEMBE, Achille. *Necropolítica*: biopoder, soberania, estado de exceção, política de morte. Rio de Janeiro: n-1 edições, 2018.
4. GOFFMAN, Erving. *Manicômios, prisões e conventos*. 8. ed. São Paulo: Perspectiva, 2010.
5. GOFFMAN. *Op. cit.*, p. 19.
6. GOFFMAN. *Op. cit.*

Pretendo salientar, diante desse contexto, que as internações involuntárias – um tipo específico de *manicomização do uso de drogas* – situam-se, na verdade, como a representação de um fluxo aberto e contínuo de modelos de gestão da vida e da morte que possuem pontos de conexão com inúmeros outros. Conectam-se, por exemplo, com as prisões, com as zonas urbanas em que pessoas se reúnem em cenas de uso, como as chamadas "cracolândias"[7], além de outros territórios, vivências, aparatos e estruturas governamentais que possuem ao menos uma tônica em comum: a da gestão de pessoas consideradas como (des)qualificadas[8], seja por meio da punição e do controle, seja por meio das políticas de saúde e de cuidado.

São terrenos que se atravessam. Longe de engessar de maneira total, certos tipos de vivência, colocam-nas justamente em *movimento* – um movimento que perpassa uma racionalidade. Trata-se de trajetórias em que "o poder (e não necessariamente o poder estatal) continuamente se refere e apela à exceção, à emergência e a uma noção ficcional de inimigo"[9].

Assim, embora o mais usual seja afirmar que as internações involuntárias se inserem em uma lógica das instituições totais, busco elucidar que essa chave de leitura não é suficiente para fazer frente aos enquadramentos contemporâneos. A minha hipótese, nesse trabalho, é a de que as instituições de controle são muito mais maleáveis e abertas do que geralmente se imaginava – e, justamente por isso, mais embaraçadas[10].

Insiro, portanto, as internações sobre as quais disserto em uma *economia* e um *fluxo*. Um ciclo, que não tem nas internações nem o seu começo, nem o seu fim, mas que ganha sentido justamente pela continuidade e pelo movimento. Assim, pretendo demonstrar que a repercussão dessas internações vai para muito além dos muros: elas reverberam em outras formas de se *fazer circular* uma parcela da população que é ao mesmo tempo (i) deixada às margens e (ii) central para a economia política do Estado

---

7. "Cracolândia" é um termo utilizado como uma nomenclatura geral que descreve regiões urbanas em que o uso de crack esteja presente, seja visível ao público e onde haja uma certa concentração de usuários. Os primeiros usos do termo datam de meados da década de 1990, pela imprensa paulistana, para fazer referência às ruas da região do bairro da Luz, nas quais pessoas se reuniam para comprar e usar o crack. O termo, portanto, designa, de forma geral e abstrata, reuniões de usuários em espaço público. Contudo, devemos estar atentos ao fato de que o seu uso cotidiano é extremamente polissêmico, assim como os termos favela e periferia, por exemplo, frequentemente recrutados em narrativas de representações sociais carregadas de estigmas — que, no caso das cracolândias, circundam as suas configurações, padrões de uso, droga de escolha dos sujeitos e as relações com a violência urbana. *Cf*. FRÚGOLI JÚNIOR, Heitor. SKLAIR, Jessica. O bairro da Luz em São Paulo: questões antropológicas sobre o fenômeno da gentrificação. *Cuadernos de Antropologia Social*, UBA, n. 30, 2009.
8. Apresentarei o uso dos parênteses na expressão nos capítulos dois e três. Por ora, explicito que o uso diz respeito às formas por meio das quais os usuários de crack são qualificados e que isso tem relação com uma desqualificação das suas subjetividades.
9. MBEMBE. *Necropolítica. Op. cit.*, p. 17.
10. Isso porque há um compartilhamento e capilaridade no tipo de controle que se busca exercer por meio de uma internação à força. Percebo, de pronto, que a ideia de que existe um monopólio da aplicação da força, horizontalmente aplicada do Estado ao sujeito, me parece equivocada. Ao contrário, por meio do pânico moral e da espetacularização midiática em torno de mistificações sobre o uso de crack, há um compartilhamento da função repressiva com a sociedade civil.

brasileiro – parcela essa que é conectada pela gestão higienista da pobreza, pelo racismo e pela invisibilização como sujeitos – e a correlata visibilidade como seres abjetos[11].

Trata-se de um certo tipo de *enquadramento*. De "modos culturais de regular as disposições afetivas e éticas por meio de um enquadramento seletivo e diferenciado da violência"[12]. É relevante que discutamos sobre *como* olhar para essa questão de forma acadêmica, já que são essas molduras que permitirão com que uma crítica seja propriamente estabelecida.

Este trabalho indaga acerca do enquadramento capaz de permitir que vidas sejam capturadas involuntariamente por um certo tipo de gestão – as internações involuntárias. Ainda, tendo em mente que a qualquer olhar que se lance sobre um determinado assunto subjaz o comprometimento de uma certa concepção política, questiono quais tipos de operações de poder são agenciadas para que se produza o efeito de deixar de reconhecer completamente aquelas vidas como pertencentes a sujeitos[13].

Falo, ainda, sobre um modelo de gestão que, embora fragmentada, permanece coerente – qual seja, uma gestão-espetáculo, que mescla noções tradicionais de segurança e saúde, ritualizando-as para mobilizar as opiniões públicas em torno de imagens abjetas e fazendo com que as próprias condições humanas sejam inseridas em na dinâmica econômica precariedade. É a gestão do sofrimento por vias da otimização do sujeito – tônica que mais reverbera em racionalidades neoliberais.

Esse tipo de racionalidade, que se destaca por ser muito mais do que uma mera diretriz econômica ou política governamental, captura as relações humanas e as transforma em uma figura específica da economia. Assim, "toda conduta é uma conduta econômica; todas as esferas de existência são enquadradas e mensuradas por termos e métricas econômicos, mesmo quando estas esferas não são diretamente monetizadas"[14].

Ainda que a temática da racionalidade neoliberal não seja um objeto direto do presente estudo, parece-me de extrema relevância situá-la como um fio condutor velado das relações e campos de força que emergem quando lidamos com a temática das internações involuntárias. Isso porque as métricas econômicas que são ativadas pelos circuitos que

---

11. O conceito de abjeção é central para este trabalho, e será melhor trabalhado nas seções seguintes. Entretanto, de início, destaco que, na esteira de Judith Butler, Taniele Rui e Julia Kristeva, pretendo trabalhar a abjeção como uma zona de indeterminação. Nesse sentido, ainda que corpos do crack causem estranheza e abjeção por uma suposta falta de zelo e sujeira, uma grande perturbação em suas apreensões é causada pela perturbação nas "ficções de identidade, sistema e ordem; porque não respeitam fronteiras, posições e regras; em suma, porque são ambíguos. Tais corpos estão às margens, no sentido proposto por Veena Das e Deborah Pole (2008), ocupando brechas nos espaços entre a lei e a disciplina e, nesse sentido, expressando tanto perigo quanto poder". *Cf.* RUI, Taniele. *Nas tramas do crack*: etnografia da abjeção. [São Paulo, Terceiro Nome, 2014. E-book Kindle]. Ainda, situo a abjeção como uma deslegitimação da vida e, portanto, uma apreensão, mas não um reconhecimento de uma vida. *Cf.* BUTLER, Judith. *Quadros de guerra*: quando a vida é passível de luto? 4. ed. Rio de Janeiro: Civilização Brasileira, 2018.
12. BUTLER. *Quadros de guerra*..., op. cit., p. 13.
13. BUTLER Judith. *Vida precária*: os poderes do luto e da violência. 1. Reimp. São Paulo: Autêntica, 2020.
14. BROWN, Wendy. *Undoing the demos*: neoliberalism's stealth revolution. Nova Iorque: Zone Books, 2015. p. 10.

giram em torno desse tipo específico de gestão de vida/morte que menciono remetem à figura que Wendy Brown descreve como o *homo oeconomicus*[15].

Salientar que existe uma forma de governança e racionalidade neoliberal por detrás dessa gestão, por vias das internações involuntárias, não implica em dizer que há uma plutocracia que as rege, ou mesmo que as instituições políticas estão sendo meramente compradas e vendidas de acordo com os interesses do capital. Antes, é dizer que

> a razão neoliberal, onipresente atualmente no aparato estatal e no ambiente de trabalho, na jurisprudência, educação, cultura, e num vasto leque de atividades cotidianas, está convertendo o caráter, o significado e a operação distintivamente *políticas* dos elementos constituintes da democracia em elementos *econômicos*[16].

É, assim, uma modalidade de gestão dos indivíduos e de populações que tem no Estado um dos seus centros – e dele não prescinde —, mas de forma alguma pode se reduzir a uma gestão *somente* estatal. Visando à maximização da mercantilização das esferas de vida e dos assujeitamentos cooptados pela figura do *homo oeconomicus*, efetua-se a gestão de como se vive, de quem morre, e de que forma uma vida é passível de ser reconhecida[17]. Nesse sentido, "[e]m tempos de governamentalidade neoliberal, não se trata de ajustar multiplicidades aos aparelhos de produção, e sim, de gerir grandes contingentes populacionais, em suma, gestão de populações"[18].

A análise das internações involuntárias, como é feita atualmente, parte, repito, de um determinado *enquadramento* – circundado por mitos em torno de potenciais lesivos de drogas e do comprometimento total da autonomia de seus usuários. Justamente por se tratar de um enquadramento, tal abordagem é capaz de direcionar implicitamente a interpretação, consistindo em "[u]ma determinada maneira de organizar e apresentar uma ação [que] leva a uma conclusão interpretativa acerca da própria ação"[19].

Proponho, então, uma outra chave de leitura. Um deslocamento do eixo que equilibra a justificativa das internações involuntárias de usuário de crack para apontar justamente para o seu insustentável peso na vida daqueles afetados.

É comum que o debate público sobre as drogas se trave a partir de posições discursivas privilegiadas, dotadas de autoridade e uma presumida superioridade que torna praticamente inquestionáveis suas premissas e conclusões. Essas posições são ocupadas por pessoas ligadas às áreas da saúde e da segurança, como médicos, psiquiatras ou agentes de segurança pública, que atuam como membros das forças de repressão estatal. Sua presença e privilégio discursivo, como afirmo, estão intimamente conectados à formulação do conceito de drogas. Assim, o papel que os conceitos de saúde e

---

15. BROWN. *Undoing the demos…*, op. cit.
16. BROWN. *Undoing the demos…*, op. cit.
17. BUTLER. *Quadros de guerra…*, op. cit.
18. MALLART, Fabio. *Findas linhas*: circulações e confinamentos pelos subterrâneos de São Paulo. Tese de Doutorado. Faculdade de Filosofia, Letras e Ciências Humanas da Universidade de São Paulo. 2019. p. 21.
19. BUTLER. *Quadros de guerra…*, op. cit., p. 23.

de segurança, em nome dos quais tais pessoas atuam, desempenha no debate sobre as drogas não pode ser desconsiderado.

Esses discursos, como pretendo demonstrar, têm uma dupla eficácia: uma, de ordem simbólica, e outra de ordem real, em domínios que se interconectam. A conjugação do simbólico com o real dá ensejo a uma forma de organização e administração estatal indispensável à normalização social. Dessa forma,

> [o] discurso psiquiátrico ganha, aqui, uma espessura própria: é nele que se repensam, a cada instante, as condições de possibilidade de implantação, na sociedade, de uma estratégia de normalização que deve fornecer um corpo concreto (...). O governo dos loucos – o governo dos presos, doentes, prostitutas, escolares, soldados, operários – permite a aplicação de técnicas médico-políticas de controle em proveito de um Estado cuja ação legal é medicamente orientada. A ação da norma se desencadeia tanto mais eficazmente quanto mais íntima for a relação entre medicina e Estado: é à luz da ordem normativa que se concebe o progresso da nação[20].

A repercussão desse modelo que combina noções de saúde e de segurança é cada vez mais premente. Inclui o encarceramento em massa, incentivo à violência estatal seletiva por meio da incursão agressiva policial em áreas periféricas ou empobrecidas, o aumento do potencial lesivo de substâncias em função de sua ilicitude, além da manicomização do uso de drogas com as internações involuntárias.

Ainda que as ciências sociais tenham questionado esse modelo, isso não resultou em uma mudança estrutural da "característica fundamental do dispositivo a partir do qual a questão se constituiu contemporaneamente: a legitimação das ciências da saúde, notadamente da medicina, como campo científico mais autorizado para tratar a questão"[21].

O que proponho, neste trabalho, é um caminho que, sem abandonar a relevância dos aspectos biológicos das drogas, atravessa a ideia de que o seu agenciamento é multifacetado. Imiscuem-se em um grande rizoma[22] noções farmacológicas, materiais e pessoais. Propor o agenciamento como moldura para lidar com as internações involuntárias de usuários de *crack* é reconhecer que esse fenômeno não pode ser reduzido a um único paradigma, e admitir as particularidades de cenário que envolvem sujeitos, objetos e suas circunstâncias.

Por apresentar uma pesquisa que se pretende interdisciplinar e interseccional, foi necessário buscar ferramentas de construção do conhecimento capazes de promover o diálogo e de relacionar as múltiplas camadas presentes nos tópicos em análise de maneira concatenada e coerente. Em função disso, a escolha metodológica apresentada por este trabalho é pautada pela construção de redes de conhecimento.

Busco, assim, estabelecer formas relacionais de se pesquisar por meio da superação de dicotomias supostamente incomunicáveis ou mesmo de um lugar de domínio

---

20. MACHADO, Roberto *et. al. Danação da norma*: a medicina social e constituição da psiquiatria no Brasil. Rio de Janeiro: Graal, 1978. p. 492.
21. FIORE, Maurício. *Substâncias, sujeitos e eventos*: uma autoetnografia sobre uso de drogas. Rio de Janeiro: Telha, 2020. p. 25.
22. DELEUZE; GUATTARI. *Mil platôs*: capitalismo..., *op. cit.*

inquestionável do saber e do discurso. Ao contrário, o que pretendo é optar pela ligação pertinente de uma pletora de conceitos e dados capazes de sustentar uma abordagem ancorada no real.

Entender as internações involuntárias e as suas utilizações como recurso a uma população *delimitada* de usuários de uma droga igualmente *delimitada* requer analisar por quais mecanismos a legitimidade e a visibilidade esse assunto emerge. Ainda, implica em "distinguir os acontecimentos, diferenciar as redes e os níveis a que pertencem e reconstituir os fios que os ligam e que fazem com que se engendrem uns a partir dos outros"[23].

Recorri a diversas fontes a fim de promover tal enredamento, tais como documentos oficiais, portarias, notícias de jornal, trabalho de campo, leituras teóricas e práticas sociais. A trama desses elementos me conduziu para uma cartografia.

Aqui, utilizo-me da cartografia como uma forma de se conduzir pensamentos que apontem para as controvérsias das internações involuntárias de usuários de *crack*. Pretendo, com isso, cuidadosamente discutir elementos e detalhes que, não raro, escapam às narrativas hegemônicas e totalizantes sobre a temática.

A cartografia como método também me parece uma escolha adequada em função da capacidade de mapeamento dos tipos de resistência aos centros de poder. Ao longo dos mais de quatro anos dedicados a esta pesquisa, debrucei-me sobre um emaranhado de projetos de lei, portarias e diretrizes de Conselhos Federais de Psiquiatria e Medicina, narrativas da segurança pública sobre as regiões caracterizadas por uma intensidade de cenas urbanas de uso de *crack*, vivências e relatos de usuários, além de uma ostensiva cobertura midiática, que me permitiram perceber a porosidade e conexão deste tema.

Como, desde o início, dispus-me a buscar a superação de binarismos e dicotomias automáticas, devo me comprometer com a compreensão da multiplicidade. E fazer o múltiplo não significa sobrepor-se camadas ininterruptamente, senão antes perguntar como funcionam as conexões entre elas.

> [A]o contrário, da maneira simples, com força de sobriedade, no nível das dimensões de que se dispõe, sempre n-1 (é somente assim que o uno faz parte do múltiplo, estando sempre subtraído dele). Subtrair o único da multiplicidade a ser constituída, escrever a n-1. Um tal sistema poderia ser chamado de rizoma[24].

Um olhar rizomático para um determinado problema que se pretenda científico pressupõe que se possa, de qualquer ponto, conectar as linhas que o permeiam.

Nessa perspectiva, trago uma polifonia, na esteira de Bruno Latour[25], que reverbera muito mais no modo de se conduzir uma pesquisa do que em uma pretensa pesquisa-revelação. Assim, "[d]esmontar e desacomodar o lugar clássico de pesquisador e

---
23. FOUCAULT, Michel. *Microfísica do poder*. 5. ed. Rio de Janeiro: Paz e Terra, 2017. p. 40-41.
24. DELEUZE. GUATTARI. *Mil platôs...*, op. cit., p. 21.
25. LATOUR, Bruno. *Reassembling the social*: an introduction to actor-network-theory. Nova Iorque: Oxford University Press, 2005.

pesquisa é subverter o oferecimento de verdades, é percorrer a emergência de discursos controversos"[26].

Esse desmonte e desacomodação do lugar clássico do pesquisador perpassa a percepção de que há vários atores envolvidos em um problema científico. Justamente por isso, explorar as controvérsias que emergem das tensões entre política de drogas, proibicionismo, internações involuntárias e *crack* parece fazer sentido, já que se trata de discursos que, embora dialoguem entre si, não pertencem a um único e estanque domínio das categorias científicas.

As internações são tecnologias híbridas. Ora podem ser abordadas pela química, pela medicina, pela neurociência, ora pela sociologia ou pelo direito, sem que elas se resumam a quaisquer um desses campos. Como Eduardo Vargas observou,

> essas matérias moleculares constituem objetos sócio-técnicos que, embora sempre possam ser distinguidos conforme as modalidades de uso (matar, tratar, alimentar, por exemplo), não comportam diferenças intrínsecas absolutas ou essenciais, mas sempre e somente diferenças relacionais. Pois sucede às drogas (e aos medicamentos e alimentos) o mesmo que às armas (e às ferramentas): tais objetos sócio-técnicos permanecem integralmente indeterminados até que sejam reportados aos agenciamentos que os constituem enquanto tais[27].

É importante abordar os agenciamentos, já que as internações involuntárias não atravessam os internados da mesma forma. Também, como a própria análise do conjunto legislativo que as regula irá demonstrar, estão longe de serem claras, homogêneas, bem definidas e delimitadas. Elas ocupam um espaço altamente fragmentado, instável, tensionado e pluridimensional. E, talvez justamente por isso, apresentam-se como um instituto maleável o suficiente para que as mínimas condições de existência tenham o seu encontro com as máximas condições de destruição. Em outras palavras, elas apresentam-se como um dispositivo necropolítico por excelência.

É desde esse lugar de intermeio, entre o vivo e o morto, que evidencia "a existência de uma política de definhamento, cuja imagem aterrorizante que a caracteriza é o fazer babar"[28].

As internações involuntárias, que serão propriamente trabalhadas em capítulos seguintes, têm, em breve síntese, ocorrem sob o pretexto de resguardar vida e autonomia de quem, por força do uso prejudicial de alguma substância, aparenta não ser mais capaz de se autodeterminar. O Estado, assim, arroga para si o papel de gestor de um tipo específico de sofrimento psíquico, retirando "mais produção e mais gozo do próprio sofrimento"[29].

---

26. PONTES, Alexandre Kerr. MEZA, Ana Paula Santos. BICALHO, Pedro Paulo Gastalho de. Ciência e política das drogas: as controvérsias em torno das políticas de internação compulsória. *Estudos e Pesquisas em Psicologia*, v. 15, n. 4, Rio de Janeiro, 2015. p. 1437.
27. VARGAS, Eduardo. Fármacos e outros objetos sócio-técnicos: notas para uma genealogia das drogas. In: LABATE, Beatriz *et. al. Drogas e cultura*: novas perspectivas. Salvador: EDUFBA, 2008. p. 41.
28. MALLART. *Findas linhas…, op. cit.*, p. 23.
29. SAFATLE, Vladimir. JUNIOR, Nelson. DUNKER, Christian (orgs.). *Neoliberalismo como gestão do sofrimento psíquico*. Belo Horizonte: Autêntica, 2020. p. 10.

Por tudo isso, são um terreno polêmico. Setores da opinião pública, dos campos da saúde, das ciências humanas e do direito têm se posicionado, frequentemente, em polos opostos dessa discussão.

Alguns desses setores consideram que as internações involuntárias são um recurso válido a ser utilizado, seja individualmente, seja como política pública. De acordo com essa visão, alguns usuários são tão fortemente sequestrados pela droga que se tornam incapazes de decidir, por conta própria, os melhores rumos de suas vidas, sendo, assim, justificada uma intervenção tão pungente. Ainda, parte-se do pressuposto que o país atravessa uma grave crise, uma epidemia de uso de *crack*. Para esses setores, é inaceitável que o direito se furte de tutelar o uso prejudicial de substâncias por vias da internação, já que esta se mostraria como meio eficaz para a *retomada da autonomia* dos usuários.

Um alinhamento a essa visão encontra-se nas falas de Ana Cecília Marques, coordenadora do Conselho Consultivo da Associação Brasileira de Estudos de Álcool e Outras Drogas (ABEAD). Ela afirma que é médica, e, "(…) se o paciente entra no meu consultório com hemorragia gástrica, eu vou internar involuntariamente", e que "(…) internar é uma prerrogativa do médico, meu código de ética me protege nesse sentido"[30]. Ainda, destaca acreditar que a adição seja uma doença cerebral, e que é bem-vindo o auxílio de entidades privadas para o recolhimento destes usuários, já que "[c]omo o Brasil tem pouco leito em hospital geral para tratar esses doentes, devemos organizar o sistema de comunidades terapêuticas, onde fica a maioria dos dependentes"[31].

Contudo, essa visão não é compartilhada por outros setores, já que consideram que as internações involuntárias representam um retrocesso na luta antimanicomial, um desserviço às políticas públicas de saúde mental e, acima de tudo, uma medida ineficaz para o alcance do seu objetivo central. É o caso de Cristiano Maronna, advogado e secretário executivo da Plataforma Brasileira de Política de Drogas. Ele considera que não se deve tratar uma medida tão drástica e tão violadora de direitos como uma panaceia, ainda mais quando os fundamentos que justificariam as internações involuntárias não se sustentam. "A premissa em que se baseia [a internação involuntária] é a de que o Brasil vive uma epidemia de drogas. Pesquisa da Fiocruz mostra que não há epidemia no Brasil"[32].

O problema com o qual este estudo lida encontra-se justamente nesse tensionamento. Ao me questionar sobre como um instituto que parece ser tão violento e excepcional se torna uma plataforma de políticas públicas que agencia tantos setores e recursos, percebo que estou diante de um problema que se desdobra em alguns questionamentos:

---

30. MONTESANTI, Beatriz. Internação involuntária, abstinência: entenda a nova política de drogas. *UOL*, 30 jun. 2019. Disponível em: <https://noticias.uol.com.br/saude/ultimas-noticias/redacao/2019/06/30/internacao-involuntaria-abstinencia-entenda-a-nova-politica-de-drogas.htm>. Acesso em: 18 fev. 2021.
31. SOBRINHO, Wanderley. Lei da internação involuntária: higienismo social ou última chance de cura? *UOL*, 06 jun. 2019. Disponível em: <https://noticias.uol.com.br/saude/ultimas-noticias/redacao/2019/06/06/internacao-involuntaria-higienismo-social-ou-ultima-chance-de-cura.htm>. Acesso em 18 fev. 2021.
32. SOBRINHO. *Lei de internação...*, op. cit.

i. Por que, dentre inúmeros recursos, a opção pela internação involuntária tem se tornado, nos últimos anos, palco de debates?
ii. Vivemos uma epidemia do uso de *crack* no Brasil?
iii. As internações involuntárias cumprem o papel a que se destinam? Se sim, é justificado que ela alce ao status de política pública? Se não, o que a insistência nessa narrativa desvela?
iv. Existe conexão entre as internações involuntárias e modos de gestão de corpos e racionalidades governamentais?

A busca por respostas a esses questionamentos me conduziu à imagem das internações involuntárias como um labirinto. Suas terminologias são pouco precisas e as suas aplicações, frequentemente, desrespeitam o parco regramento que já se deu à matéria. Portanto, insiro-as no que chamo de controvérsia, e busco, finalmente, analisá-las em um conjunto que coloca em movimento sujeitos, drogas, terapias e políticas públicas.

Esse labirinto das internações possui, atualmente, um regramento formal e várias propostas de internação em massa descentralizadas. Preliminarmente à análise detalhada desse emaranhado, ofereço, nesta introdução, breves informações sobre o horizonte legal que as transpassam, bem como uma breve exposição sobre como os três poderes formais da república brasileira – judiciário, legislativo e executivo – têm lidado com a temática.

O regramento formal gira em torno de três leis – mas, de forma alguma, se exaure nelas:

(i) as internações por motivos de saúde mental são descritas na Lei de Reforma Psiquiátrica (LRP), a Lei nº 10.216/2001, que dispõe sobre a proteção das pessoas portadoras de transtornos mentais e redireciona o modelo assistencial em saúde mental;

(ii) a Lei nº 11.343/2006, popularmente conhecida como Lei de Drogas (LD), que, ao passo em que comina penas gravosas aos traficantes de drogas ilícitas, pleiteia o modelo abstinente aos usuários de drogas e faculta, em seu artigo 28, a internação de usuários em estabelecimentos de recuperação; e

(iii) a Lei nº 13.840/2019, que institui a nova Política Nacional de Drogas (NPND) e disciplina especialmente as internações de usuários de drogas, descolando-as do regramento geral da LRP.

Enquanto a LRP insere-se em um contexto de luta antimanicomial e fortalecimento do Sistema Único de Saúde – SUS, apontando para a superação dos paradigmas de tratamentos manicomiais em prol de terapias ambulatoriais, e trata as internações involuntárias como uma razão última e excepcional, a LD, com a sua "retórica preventiva e ênfase repressiva", tornou *facultativa* a prisão de usuário de drogas, acarretando um óbice *formal* ao aprisionamento dessas pessoas. Com isso,

[s]urgem, assim, políticas criminais que tentam contornar a vedação legal, coagindo, física e psicologicamente, os usuários a internarem-se "voluntariamente", ou, ainda, fomentando a internação compulsória massiva, prática essencialmente higienista[33].

Embora a LD já tenha aberto o caminho para as internações de usuários de drogas, sua consolidação como políticas de Estado ocorreu no ano de 2019, com a entrada em vigor da NPND. Essa nova lei foi responsável pelo rompimento formal do modelo de redução de danos como uma diretriz governamental, em função do privilégio que conferiu ao modelo abstêmio. Também revogou tacitamente as internações compulsórias *para usuários de drogas*, na contramão da proposta contida na LRP, dispondo somente sobre dois tipos de internação: a voluntária, feita com o consentimento do usuário, e a involuntária, independente de sua vontade e lastreada em laudo circunstancial de agente de saúde, mediante a avaliação local de padrão de uso e tipo de droga. Não bastasse, a norma repartiu o orçamento público entre o SUS e as Comunidades Terapêuticas (CTs) – associações não governamentais que atuam como abrigamento temporário de usuário de drogas.

No plano do poder executivo, conforme explorarei oportunamente, diversas ações de repressão violenta ao uso de *crack* foram implementadas e, quando não era possível, compelir a internação dos usuários. Cabe salientar que, muito embora governos de esquerda e de direita tenham práticas *muito* distintas, no que tange às políticas de *crack* parece haver a confluência partidária dessas políticas – isto é, a abjeção desses sujeitos parece sempre prevalecer, seja nos anos de governos do Partido dos Trabalhadores – PT – (2003-2016), seja no cenário pós-impeachment de Dilma Rousseff, (2016-2018), ou no governo de Jair Bolsonaro (2019-presente).

Já no âmbito legislativo, o que observo é a profusão de inúmeros projetos de lei que visam à retomada do enquadramento manicomial à política de drogas, por meio da imposição legal do tratamento àqueles capturados pela LD, seja como medida supostamente de saúde aos capturados em cracolândias.

A grande relevância de trabalhos produzidos em uma Universidade pública e gratuita – mas, ainda, não para todos – consiste na desmistificação, com rigor, método e críticas, de temas e assuntos que parecem pacíficos. E, como pretendo demonstrar, um dos campos com maior índice de mistificação é o debate que circunda o *crack* no Brasil. Busco, por meio desta tese, subverter algumas violências estruturais e essenciais presentes no raciocínio jurídico, algumas até mesmo essenciais dele.

Assim, ainda que as internações involuntárias possam, via de regra, ser aplicadas a usuário de todas as drogas, lícitas ou ilícitas, é no *crack* que elas ganham seus traços de maior radicalidade e visceralidade.

Há quase três décadas[34], elementos como medo, desconhecimento e desinformação se confundem no imaginário brasileiro relativo ao *crack*. Esta droga, consistente

---

33. STRANO, Rafael. *Crack*: política criminal e população vulnerável. Rio de Janeiro: Editora Revan, 2018. p. 244.
34. RUI. *Nas tramas do crack…*, *op. cit.*

na reformulação de baixo custo da cocaína, diluída em bicarbonato de sódio e diversas outras substâncias que variam de acordo com a localidade e o modo de produção, tem sido um desafio para as políticas públicas que se cruzam com temas como a saúde, o urbanismo, a exclusão social e os direitos humanos.

As primeiras narrativas a respeito do *crack* no Brasil dão conta de cenários apocalípticos. Usuários são descritos como zumbis sequestrados pela potência da droga, incapazes de quaisquer tipos de tomada de decisão autônoma. Essas narrativas, mitificantes, tendem a conferir uma potência alarmante ao *crack* e aos seus efeitos. De fato,

> os meios de comunicação, muitas vezes, acabam por alimentar e ampliar alguns dos mitos e exageros construídos no senso comum, nos últimos anos, sobre a venda e o uso do crack. São comuns as manchetes de jornal que apresentam o crack como personagem dotado de vida própria, mobilidade e poder destruidor[35].

O *crack*, somente no jornal mineiro *Estado de Minas*, foi mencionado em 948 reportagens, ao longo dos anos de 1996 a 2011, tendo como adjetivos recorrentes os vocábulos "pedra maldita; pedra da morte; alucinador; ameaça do momento; primo pobre do pó branco; droga da violência"[36].

A produção discursiva do sujeito-usuário parece, assim, corroborar com a ideia de que essas pessoas seriam "mortos-vivos" ou "lixos humanos"[37]. Não parece plausível desconsiderar que, por mais gravosos que possam ser os efeitos do *crack* – e de forma alguma os nego –, a retratação da droga é alçada a um *status* de ator social. Um dos exemplos de narrativa é o seguinte, retirado do jornal *Folha de S. Paulo*:

> [q]ue realizações um usuário de crack que chega ao ponto de deixar a vida e a família para trás pode ter, além de usar mais crack? Que autonomia uma pessoa que já perdeu completamente a dignidade pode ter?[38]

As retratações das imagens relacionadas ao *crack* chamam a atenção por suas dedicadas descrições corporais e pelo seu situar territorial. Contrastam os efeitos deletérios provocados pela droga com ideais caros de civilização e modernidade, como o zelo corporal, o culto à higiene e ao bem-estar a todo custo. Ilustram aquilo que ninguém deve ser. Ganha centralidade nesse discurso a figura do *noia* – como é comumente descrito o usuário de *crack* – que, em função de "circunstâncias sociais e individuais, desenvolveram com a substância uma relação extrema e radical, produto e produtora de uma corporalidade em que ganha destaque a abjeção"[39].

---

35. BRUCK, Mozahir. *O jornalismo diante de novos cenários sociais*: a imprensa e o surgimento da Aids e do crack. São Paulo: Intermeios, 2015. p. 30.
36. BRUCK. *O jornalismo diante...*, op. cit., p. 30-32.
37. ROCHA, Maria Eduarda. DA SILVA, José Augusto. Pânico social e animalização do usuário: o crack na Folha de São Paulo. In: SOUZA, Jessé (org.). *Crack e exclusão social*. Brasília: Ministério da Justiça e Cidadania, Secretaria Nacional de Política sobre Drogas, 2016. p. 271.
38. ROCHA. DA SILVA. *Pânico social e...*, op. cit., p. 272.
39. RUI. *Nas tramas do...*, op. cit., E-book Kindle.

Não é somente na imprensa, entretanto, que o *crack* ocupa a centralidade da abjeção. Campanhas, anúncios governamentais, seminário de especialistas e julgados tratam de maneira semelhante a temática.

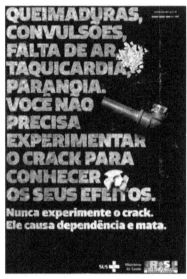

Fig. 01 – Ministério da Saúde
Fonte: Campanha Nacional do SUS

Fig. 02 – Crack, é possível vencer
Fonte: acervo pessoal

Fig. 03 - Crack, independência ou morte
Fonte: Sindicato das Empresas de Publicidade Externa do Estado de São Paulo

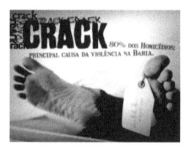

Fig. 04 — Crack e homicídios
Fonte: Governo do Estado da Bahia

A centralidade do crack nas narrativas parece, entretanto, desafiar os dados empíricos sobre os usos de drogas no Brasil. Assim como acontece com o fenômeno global do uso problemático de drogas, os dados quantitativos obtidos em pesquisas são surpreendentes – mas não pelo esperado número elevado de usuário com problemas. Antes, chamam a atenção justamente pelo número pequeno, se comparado com os gastos públicos para se coibir e combater o uso das drogas.

Em 2020, o Governo Federal destinou cerca de R$ 150 milhões para as CTs, por meio de repasses Ministério da Cidadania. Estima-se que, no mesmo ano, o governo tenha arrecadado, por meio do Fundo Nacional Antidrogas – FUNAD —, cerca de R$

134.196.822,85 – oriundos de frutos de apreensões, venda de bens vinculados ao tráfico e pagamento de multas. O programa de repressão ao uso de crack teve um repasse de aproximadamente R$4 bilhões.

Para efeitos comparativos, até o mês de março de 2021, o governo federal havia desembolsado R$2,21 bilhões na compra de vacinas para o combate à pandemia de COVID-19. São números que contrastam com a pesquisa realizada pela Fundação Oswaldo Cruz (FIOCRUZ), que indica que a prevalência do uso regular de crack nas capitais brasileiras é de 0,8% da população[40].

Quando se enfatiza o uso e os corpos do crack, não se faz tal recurso ingenuamente. As cenas de uso urbanas de crack articulam uma rede de políticas e opiniões públicas, e são as localidades onde os maiores índices de internações involuntárias são deflagrados[41].

Contrariando o relativo sucesso do modelo de redução de danos, a gestão Bolsonaro (2019-presente) aposta na internação involuntária e na abstinência, seguindo um paulatino crescimento dessas visões que se observa no Brasil desde a década de 2010. Estudos indicam que o modelo abstêmio de tratamento de usuário de crack obtém menos de 14% de sucesso na reabilitação dos usuários. Os demais tendem a retornar ao consumo da droga nos três meses subsequentes à alta[42].

Ainda, segundo estudo realizado pela FIOCRUZ, o Brasil não experimenta uma epidemia de uso de drogas como o crack, mas antes, um baixo platô que, desde 2006, permanece, em números relativos, inalterado[43]. Finalmente, sabemos que a margem das pessoas afetadas pelas políticas de internações involuntárias são, majoritariamente, as que se encontram em cracolândias, e que os problemas aos quais elas encontram-se submetidas são muito mais estruturais do que pontuais em relação ao uso prejudicial do crack. Então, se não é nem a eficácia nem a validade das internações involuntárias, qual é a racionalidade por detrás da imposição forçada de um tratamento intensivo a usuários de crack?

A hipótese que levanto, e que me dedicarei a demonstrar nas linhas seguintes, é a de que a lógica que perpassa a construção e aplicação desses regramentos insere-se na leitura do necropoder.

O termo necropolítica, que cada vez mais ganha o debate público, foi proposto pelo filósofo Achille Mbembe. Partindo de uma forma de pensar que remonta tanto ao pensamento de Michel Foucault quanto à historiografia do racismo, Mbembe percebe uma transição contemporânea das formas de se regular vidas e mortes. Ao estudar a ana-

---

40. SOUZA, Jessé (org.). *Crack e exclusão social*. Brasília: Ministério da Justiça e Cidadania, Secretaria Nacional de Política sobre Drogas, 2016.
41. RUI. *Nas tramas do…, op. cit.*
42. PEDROSO, Rosemeri Siqueira. *Trajetória do usuário de crack internado e seguimento de uma coorte retrospectiva e prospectiva*. Orientador: Flavio Pechansky. Tese de Doutorado. Universidade Federal do Rio Grande do Sul, Programa de Pós-Graduação em Ciências Médicas, Porto Alegre, 2014.
43. BASTOS, Francisco. BERTONI, Neilane. *Pesquisa nacional sobre o uso de crack*: quem são os usuários de crack e/ou similares do Brasil? Quantos são nas capitais brasileiras? Rio de Janeiro: Lis/Icict/Fiocruz, 2014.

lítica do poder, bem como os instrumentos, alvos e regimes das tecnologias de poder, ele propõe a existência de um modo peculiar de funcionamento do poder: a necropolítica[44].

Em Michel Foucault, a biopolítica representa, em linhas gerais, uma relação inserida na gramática do poder, que transformou a sociedade a partir do final do século XVIII, e cujo imperativo era o de governar os indivíduos não mais somente por um arcabouço disciplinar, mas em conjunto. É uma politização vertical que satura politicamente a vida das pessoas. Assim, a biopolítica passa a se ocupar de uma gestão da saúde, higiene, alimentação, sexualidade, transformando-as em preocupações políticas[45]. É uma política de regulação, determinação, gestão e produção das formas de vida – uma otimização da vida em nome de uma suposta sociedade[46].

Para Foucault, desde o século XVII o poder já não é mais aquele da morte pelo soberano, mas um poder de vida, o poder de disciplinar colocado nas mãos do Estado. Ele se afirma na medida em que dita, regra, examina, altera e afeta todos e quaisquer aspectos de se levar uma vida[47].

Mbembe faz críticas à explicação biopolítica da sociedade contemporânea. Os contornos atuais demonstram que não é mais o soberano quem controla como se vive, mas, antes, quem controla quem pode morrer e quem deve viver. Assim, matar ou deixar viver são os atributos fundamentais da organização da vida e da produção contemporânea de sujeitos[48].

Essa tecnologia do poder é centralizada em torno de uma figura de inimigo, que pode ocupar tanto as políticas raciais quanto demais formas de vida subjugadas. Imigrantes, pobres, negros, desabrigados, a população LGBTQIA+, favelados – cria-se uma subcategoria altamente descartável de seres humanos de maneira assimétrica, universalizando-se a condição negra vivida desde os tempos coloniais – o devir negro do mundo[49].

Em lugar do ideal das democracias liberais, que apontava para o fortalecimento da autodeterminação dos sujeitos por meio do imperativo da liberdade, o que se vê atualmente é a subversão deste em prol de projetos de soberania "cujo projeto central não é a luta pela autonomia, mas a instrumentalização generalizada da existência humana e da destruição material de corpos humanos e populações"[50], apelando, para tanto, à exceção e a uma noção ficcional do inimigo.

Assim, a morte passa a ser um desfecho aceitável, mas somente para alguns: aqueles que são a exceção, que representam perigo, que são inimigos. Os abjetos. Esse direcio-

---

44. Essa é uma outra temática central no trabalho, e será oportunamente melhor discutida.
45. FOUCAULT. *Microfísica do poder. Op. cit.*
46. FOUCAULT, Michel. *Em defesa da sociedade*: curso no Collège de France (1975-1976). 2 ed. São Paulo: Editora WMF Martins Fontes, 2010. p. 201-223.
47. FOUCAULT. *Microfísica do poder. Op. cit.*, p. 278-296.
48. MBEMBE. *Necropolítica: biopoder, soberania..., op. cit.*
49. MBEMBE, Achille. *Crítica da razão negra*. São Paulo: n-1 edições, 2019.
50. MBEMBE. *Necropolítica: biopoder, soberania..., op. cit.*

namento das políticas de morte cria, para Mbembe, uma divisão entre dois mundos: os mundos de vida e os mundos dos sujeitos à morte. Assim, determinadas existências sociais abarcam um grande conjunto de pessoas que são marcadas pelo status de mortos-viventes. Criaturas que vivem *para* a morte, ainda que não morram, efetivamente, no curto prazo.

Judith Butler já nos provocava, em 2009, sobre qual o peso de determinadas vidas, ao questionar se havia algumas vidas mais passíveis de luto que outras[51]. Para Butler, condições como a extrema precarização e ausência de acesso a direitos básicos são capazes de se transformar em práticas de assujeitamento precárias. Assim, "a concepção mais ou menos existencial da 'precariedade' está, assim, ligada à noção mais especificamente política de 'condição precária'"[52].

Alguns sujeitos, enquadrados em determinadas molduras, não têm as suas vidas passíveis de luto. Dessa forma, não parece exagerado afirmar que existem sujeitos no mundo que não são reconhecíveis como sujeitos, e que, também, há vidas cujos modos de existência não são enquadrados dentro do conceito de vidas passíveis de luto.

Conceitos-chave para este trabalho são as noções de precariedade, abjeção, necropolítica e porosidade do Estado punitivo. Eles serão propriamente trabalhados nos capítulos seguintes.

Elas parecem dar corpo e visibilidade aos dramas narrados em função do crack. Assim, embora seja inegável que o crack atinge todas as classes sociais[53], é na rua e na pobreza que ele é visibilizado.

Percebo, com esta introdução, que o crack, ao se transformar em uma questão visível mediante narrativas de imprensa, opinião pública e discursos médico-jurídico-políticos, tem no corpo dos usuários e nas cracolândias duas categorias de acusação. É importante perceber que, como observa Loïc Wacquant,

> [a]s pessoas que trabalham sobre o corpo, a cultura cotidiana, a produção do desejo não se interessam geralmente pelo Estado; aqueles que deciframas políticas de justiça, tipicamente, não se preocupam nunca com a marginalidade urbana ou com a política social; os especialistas em questões penais não prestam atenção nem ao corpo nem às políticas de Estado que não envolvem oficialmente a luta contra o crime. O meu argumento é que não podemos separar o corpo, o Estado social ou penal e a marginalidade urbana. É necessário captá-los em conjunto, nas suas imbricações mútuas[54].

Corpos, Estado, precariedades. É na tentativa de emoldurá-los em conjunto e fazer sentido desse olhar tanto em forma quanto em conteúdo que a tese irá caminhar.

---

51. BUTLER. *Quadros de guerra...*, op. cit.
52. BUTLER. *Quadros de guerra...*, op. cit. p. 16.
53. GARCIA, Mariana. Uso problemático do crack e a classe média. In: SOUZA, Jessé (org.). *Crack e exclusão social*. Brasília: Ministério da Justiça e Cidadania, Secretaria Nacional de Política sobre Drogas, 2016.
54. WACQUANT, Loïc. O corpo, o gueto e o estado penal. (Entrevista concedida a Susana Durão). In: *Revista Etnográfica*, v. 12, n. 2, Lisboa, 2008. p. 470.

Capítulo Um
PROIBICIONISMO E MEDICINA SOCIAL

"Nem cadeia tem isso"[1].
"Parabéns ao Brasil, parabéns a essa nação cristã. Deus acima de todos"[2].

---

1. Bruno, codinome escolhido para um entrevistado egresso do sistema de internação forçada em comunidades terapêuticas, em entrevista ao jornal The Intercept Brasil. *Cf.*: LEVY, Clarissa. FERRAZ, Thais. Clínica anti-drogas tinha solitária, trabalho forçado e ameaças. Tudo pago pelo governo. *The Intercept Brasil*, 10 mar. 2019. Disponível em: <https://theintercept.com/2019/03/10/tratamento-drogas-governo/>. Acesso em 04 mar. 2021.
2. Fala do ex-senador Magno Malta, proferida em seção solene de aprovação do projeto de lei que reformula a política nacional de drogas, a Lei nº 13.840/2019. *Cf.*: LEVY, Clarissa. FERRAZ, Thais. Quem ganha com a nova lei de drogas não são os dependentes químicos – são os donos de clínicas. *The Intercept Brasil*, 17 maio 2019. Disponível em: <https://theintercept.com/2019/05/16/nova-lei-drogas-donos-clinicas/>. Acesso em 04 Mar. 2021.

1. Capítulo Um
PROIBICIONISMO E MEDICINA SOCIAL

"Aqui o coordenador até brinca: é terapia do bloco. Carregar bloco de concreto de construção é o tratamento para o nosso vício".

"Pelado, na cama, sem colchão, fiquei algemado lá durante dois dias, recebendo uma porçãozinha só de comida".

"Aqui as pessoas ficavam escravizadas, porque eram nove meses de contrato e tem gente que tem um ano e meio que tá aqui"[3].

Estes relatos são algumas das vivências de internos da CT Centradeq-Credeq, localizada no município de Lagoa Santa, região metropolitana de Belo Horizonte. onde eram realizadas internações para tratamento de usuários de substâncias químicas lícitas ou ilícitas, em especial o álcool e o *crack*. Em outubro de 2018, internos foram resgatados do local em função de maus tratos e tortura, por uma ação conjunta do Ministério Público Federal (MPF) e do Mecanismo Nacional de Prevenção e Combate à Tortura (MNPCT), e encaminhados aos Centros de Atenção Psicossocial (CAPS) da malha assistencial do SUS.

Em entrevista ao psicólogo responsável pelo atendimento do CAPS-Lagoa Santa/MG, os internos relataram a vontade de deixar a comunidade terapêutica – seguida de impedimentos pelos membros da CT –, bem como tentativas frustradas de dialogarem com os gestores para permitirem a saída. As violações ocorriam em adultos e em adolescentes. Jovens relatam tentativas de suicídio em função dos abusos e torturas pelos quais passaram.

"Eu tenho certeza absoluta que a minha metodologia funciona. Nós contemos, é diferente de violência. Você já viu alguém surtando por causa de crack? Você acha que essa pessoa não precisa ser contida? Aqui ela é contida, literalmente. Amarrada". Com esta fala, o terapeuta holístico Ivan Renaje Pinto, um dos donos da Centradeq-Credeq – cujo outro dono é o pastor Welington Vieira –, justifica as torturas praticadas no local.

---

3. CENTRADEQ-CREDEQ, Um pesadelo financiado pelo estado. *The Intercept Brasil*. YouTube. 8 abr. 2019. Disponível em: <https://www.youtube.com/watch?v=cT7_QBVj_iw&feature=emb_logo>. Acesso em 31 mar. 2021.

"É tudo... isso aqui é uma empresa de fazer dinheiro. Não tem tratamento nenhum aqui. Tá todo mundo estressado, com a saúde mental debilitada", afirma Marcio Monteiro, ex-interno da comunidade terapêutica mencionada.

Por cada interno, o Centradeq-Credeq recebia cerca de R$2.600,00 do governo federal. Mesmo após a investigação do Ministério Público, a comunidade terapêutica continua na lista de repasses da União, conforme consta na portaria nº 37 de 9 de outubro de 2018.

Os depoimentos prestados por internos da Centradeq-Credeq não são um ponto fora da curva. O relatório elaborado pelo CFP, em parceria com o MNPCT, a Procuradoria Federal dos Direitos do Cidadão (PFDC) e o Ministério Público Federal (MPF), denuncia a prática de violações graves de direitos humanos na maioria das CTs fiscalizadas pela equipe.

Na política de atenção e cuidado aos usuários de drogas, o que percebo é a perpetuação do modelo manicomial de tratamento. Ainda que modelos abstêmios e políticas de redução de danos disputem esse espaço,

> [a] privação de liberdade é a regra que sustenta esse modelo de atenção, visto ocorrer não apenas nos estabelecimentos que autodeclaram realizar internação involuntária e compulsória, mas também naqueles que anunciam atender somente internações voluntárias, embora não oportunizem aos internos condições reais de interromper o "tratamento". Trata-se, portanto, da imposição real de barreiras, que vão desde a retenção de documentos, intervenção para dissuadir a vontade apresentada, até a não viabilização de transporte para a saúde de instituições isoladas dos perímetros urbanos. Além desses obstáculos, não há política ativa de informação e transparência que permita à pessoa internada uma tomada de decisão autônoma e soberana acerca de quando cessar o "tratamento"[4].

Algumas das violações aos direitos humanos verificadas na inspeção concernem à privação de liberdade[5], castigos, punições e tortura física e psicológica, violação à liberdade religiosa e à diversidade sexual, laborterapia[6], fragilidades nas equipes de trabalho, internação de adolescentes[7] – tudo isso custeado por financiamento público ilegal, já que quaisquer destinações de verbas públicas têm de ser sucedidas de acompanhamento e fiscalização das práticas desenvolvidas, o que não ocorreu, segundo constatou a equipe técnica do MNPCT nas vistorias realizadas[8].

As CTs de que falo são associações de cunho não governamental, destinadas a oferecer abrigamento a usuários de drogas, objetivando a recuperação de cenários de uso prejudicial de substâncias por meio da abstinência total.

---

4. Conselho Federal de Psicologia. *Relatório da inspeção nacional em comunidades terapêuticas*. Mecanismo Nacional de Prevenção e Combate à Tortura. Procuradoria Federal dos Direitos do Cidadão. Ministério Público Federal. Brasília: CFP, 2018. Disponível em: <https://site.cfp.org.br/publicacao/relatorio-da-inspecao-nacional-em-comunidades-terapeuticas/>. Acesso em 04 mar. 2021.
5. Ao arrepio da Lei de Reforma Psiquiátrica.
6. A laborterapia consiste em trabalhos forçados e sem remuneração.
7. A contrapelo do Estatuto da Criança e do Adolescente.
8. *Cf*.: Conselho Federal de Psicologia. *Relatório da inspeção...*, *op. cit*.

É difícil precisar quantas CTs existem em funcionamento no Brasil. Isso porque os dados que constam em plataformas – como o relatório de inspeção das CTs realizado pelo MNPCT, obtidos em reportagens, e os dados coletados de acordo com a Secretaria Nacional de Política sobre Drogas – são contrastantes. O Ministério da Saúde afirma haver cerca de 2500 CTs em funcionamento, responsáveis pelo abrigamento de 80% dos usuários de drogas que passam pelo sistema de saúde brasileiro[9]. Jornalistas, por sua vez, estimam que no Brasil haja cerca de 2 mil unidades em funcionamento. Ainda de acordo com o último levantamento do Observatório "Crack: é possível vencer" – programa do governo federal em vias de ser descontinuado –, haveria 252 CTs regularizadas no país[10].

O desencontro de informações, bem como a falta de precisão nos números exatos acerca da existência das CTs, demonstra que há diversas entidades que escapam à regulação do Estado e da fiscalização devida, trazendo ao tema ainda mais imprecisão, nebulosidade e controvérsias.

As primeiras CTs datam da década de 1950, e surgiram com o propósito de fornecer tratamento de transtornos psíquicos aos soldados ingleses, no período que sucedeu a Segunda Guerra Mundial (1939-1945). Em sua primeira modelagem, a forma terapêutica baseava-se em terapias calcadas no diálogo, compartilhamento de vivências comuns e em uma rigorosa rotina de convivência em grupo[11].

A forma de organização das CTs pressupõe o abrigamento diuturno dos internos, com o objetivo de romper o vínculo com formas de vida pregressas e estabelecer uma nova sociabilidade. Assim, os "indivíduos se mantêm em um ambiente residencial por 24 horas, segregados da sociedade, o que provoca uma ruptura com os papeis anteriormente exercidos"[12].

Entretanto, o recorte das CTs ampliou-se com o passar do tempo. De um abrigamento bem delimitado, voltado a ex-combatentes da Segunda Guerra Mundial, as comunidades expandiram-se, alcançando o status de instituições de acolhimento psiquiátrico geral. A partir da década de 1960[13], as CTs passaram a se estabelecer como instituições para o tratamento de pessoas marcadas pelo uso problemático de drogas.

No que tange à metodologia para a abordagem do uso de drogas, as CTs basearam-se nos princípios já estabelecidos pelos Alcoólicos Anônimos (AA), institucionalizando esse método e mesclando-o com abordagens espirituais ou religiosas. Nessa esteira, os

---

9. DAMAS, Fernando Balvedi. Comunidades terapêuticas no Brasil: expansão, institucionalização e relevância social. *Revista de Saúde Pública*, n. 6, v. 1, 2013. p. 50-65.
10. BRASIL. Observatório Crack é Possível Vencer. *Relatório sobre Comunidades Terapêuticas* – 2014. Disponível em: <http://www.brasil.gov.br/observatoriocrack/cuidado/ comunidades-terapeuticas.html>. Acesso em 01 Fev. 2020.
11. DAMAS. *Comunidades terapêuticas no...*, op. cit.
12. RIBEIRO, Fernanda Mendes Lages. MINAYO, Maria Cecília de Souza. As comunidades terapêuticas religiosas na recuperação de dependentes de drogas: o caso de Manguinhos, RJ, Brasil. *Interface*, v. 19, n. 54, Botucatu, 2015. p. 516.
13. DAMAS. *Comunidades terapêuticas no...*, op. cit.

tratamentos giravam em torno de abrigamento em regime fechado por um período mínimo de um mês, buscando, mediante ensino religioso, estabelecer uma relação de confiança entre os internados. Em que pese o enfoque religioso-comunitário, contudo, desde o início das CTs é possível perceber uma tônica bastante notável: a presença de culpa e de ideais individualistas na condução das abordagens – assim, era o usuário, e somente ele, o responsável ou culpado pelo uso da substância, e o abandono do uso prejudicial passou a ser lido como uma questão tão somente volitiva. Nesse sentido,

> [a]pesar de basear-se em parte dos preceitos do AA, não estimulava[-se] a entrega da confiança a um ser superior, mas sim na autoconfiança do indivíduo. Muitas vezes utilizava recursos como a humilhação e a atribuição de culpa, sendo o trabalho (laborterapia) um dos pilares deste método[14].

No Brasil, as CTs se organizam frequentemente em sítios ou casas afastadas dos grandes centros urbanos. Embora não exista um censo preciso sobre o perfil dos abrigados, estudos[15] apontam para uma confluência marcada por pobreza, baixos graus de instrução formal, histórico de desemprego ou empregabilidade informal, histórico de problemas familiares ou distanciamento total de parentes, egressos do sistema de justiça penal e pessoas com trajetória de rua.

Ainda que essas CTs tenham se popularizado nos últimos anos, respondendo pela internação de cerca de 80% das pessoas com transtornos decorrentes do uso prejudicial de substâncias, a metodologia terapêutica por elas empregada carece de evidências científicas que atestem a sua eficácia e o seu enquadramento como uma política pública:

> até mesmo estudos internacionais são escassos. Uma revisão sistemática recente sobre o tema encontrou poucos estudos relevantes, e, mesmo estes, com sérias limitações metodológicas. Conclui-se que ainda não há evidência científica suficiente que apoie uma superioridade do método das CT em relação a outras formas de tratamento, exceto se comparado a modelos carcerários[16].

Essa questão se complexifica em face de dados que apontam que, na prática, as CT têm um público-alvo muito bem delimitado: "indivíduos socialmente desfavorecidos, e com grave dependência química ao crack, e, em segundo lugar, ao álcool, acabam formando a população de internos das CTs"[17].

Escolho iniciar este capítulo – em que tratarei de dar conta da complexidade que circunda o tema das internações involuntárias de usuários de drogas – com relatos e problematizações incipientes sobre as CTs. Elas constituem, hoje, um dos braços das políticas de saúde mental e dos mecanismos de combate ao uso de drogas ilícitas.

---

14. *Ibid.*, p. 53.
15. *Cf.*: SOUZE, Jessé (org). *Crack e exclusão...*, *op. cit.*
16. DAMAS. *Comunidades terapêuticas no...*, *op. cit.* p. 55.
17. DAMAS. *Comunidades terapêuticas no...*, *op. cit.* p. 61.

1.1 PROIBIR O QUÊ? PROIBIR A QUEM?

> *"Quando estamos na taberna*
> *Não pensamos em como iremos morrer*
> *Mas nos apressamos para jogar*
> *O que sempre nos faz suar*
> *O que se passa na taberna*
> *Onde o dinheiro é anfitrião*
> *Podeis muito bem querer saber*
> *Escutai, pois, o que digo"*[18].

Tendo em perspectiva o fato de que o próprio conceito de drogas é excessivamente polissêmico, inicio essa seção na tentativa de desatar algumas de suas tramas[19]".

Uma pletora de trabalhos acadêmicos torna segura a afirmação de que o consumo de substâncias que alteram a consciência corporal esteve presente desde os primórdios da humanidade. Na verdade, posso afirmar que existe uma linha muito borrada entre o surgimento da consciência e a sua utilização lúdica e/ou incrementada por substâncias.

Não é forçoso, portanto, dizer que há uma certa coincidência temporal entre indivíduos anatomicamente humanos, como os *Homo sapiens sapiens*, e a busca por experiências psicoativas. De fato,

> substâncias psicoativas podem ser vistas como integrais para a constituição da cultura. Elas têm sido fundamentais para a natureza da sociabilidade e um elemento ativo na construção da experiência religiosa, das categorias de gênero e dos rituais da vida social. Nenhum relato etnográfico ou histórico-cultural é completo sem levar em consideração as substâncias psicoativas. Elas têm sido centrais para a formação das civilizações, a definição da identidade cultural e o crescimento da economia mundial. Elas são, de fato, peculiares[20].

---

18. ORFF, Carl. Carmina Burana: *Cleveland Orchestra*. 1974. Disponível em: <https://open.spotify.com/album/6qhs0KJyOcA7CERbkddjtE?si=8IdNYWVLTEqrYXHYH3noHA>. Acesso em 13 mar. 2021.
19. A etimologia da palavra droga é excessivamente controversa. Ainda que o objetivo deste trabalho não seja o de efetuar um extenso recorte histórico no conceito de "droga", algumas palavras sobre o assunto são pertinentes. Dentre as hipóteses etimológicas levantadas para dar conta da origem da palavra droga, a que parece mais acertada no consenso histórico é a raiz holandesa da palavra. Droga seria, assim, um vocábulo derivado de *droghe vate*, que significa "barris de coisas secas", e cuja utilização é rastreada a partir do século XVI. Essa hipótese parece interessante, porque situa as primeiras utilizações da palavra justamente com os primeiros grandes contatos dos europeus com outros povos – durante o período de navegações de exploração colonial e após as Cruzadas. Essas navegações passaram a suprir uma demanda cada vez mais crescente por mercadorias muito específicas, as especiarias e os alimentos-droga. *Cf.*: VARGAS, Eduardo. Fármacos e outros objetos sócio-técnicos: notas para uma genealogia das drogas. In: LABATE, Beatriz *et al. Drogas e cultura*: novas perspectivas. Salvador: EDUFBA, 2008. p. 42.
20. GOODMAN, Jordan. LOVEJOY, Paul. SHERRATT, Andrew. *Consuming habits*: drugs in history and anthropology. Londres: Routledge, 1995. p. 33.

Longe de ser um domínio exclusivamente humano, há relatos e indícios de que a utilização de substâncias capazes de alterar o comportamento e o humor também está presente em animais. Vasta literatura descreve o consumo deliberado de plantas, frutas e alimentos fermentados por animais como cabras, formigas e elefantes, demonstrando que a psicodelia também desempenha um papel acentuado no próprio desenvolvimento da noção de consciência em várias espécies – além da humana[21].

Entretanto, o caminho que atravessa a história das substâncias psicoativas até as drogas é sinuoso. Isso porque, se o consumo de substâncias que alteram a percepção ou a consciência é uma constante no tempo, as formas de se regular esse consumo não são. De fato, não é possível falar em "drogas" como se o nome estivesse atrelado ao conceito de forma inequivocamente igual ao longo do tempo. O que convencionalmente chamamos, hoje, de "drogas", possui semântica e lógica próprias – marcadas por tensionamentos de poder e da imbricação de discursos.

Nesse sentido,

[p]oucos fenômenos remetem a tamanhas e intricadas redes de significações históricas e culturais comparáveis e, ao mesmo tempo, têm se prestado a formas extremadas de simplificação conceitual e manipulação política como o uso de "drogas"[22].

Psicoativo, alimento, bebida, medicamento, droga. O que essas cinco categorias têm em comum é o fato de serem substâncias psicoativas capazes de alterar modos de ser e estar no e com o mundo. Entretanto, as suas repercussões práticas guardam pouca correlação entre si. Igualmente distintas são as maneiras de serem reguladas. Faz sentido, portanto, que a linguagem e a forma de *chamar as coisas pelo nome* seja um tema crucial quando as pesquisas sobre drogas se iniciam.

Não me parece desarrazoado asseverar que tudo o que conhecemos por "civilização ocidental" estaria em xeque, caso esses cinco elementos não tivessem sido agentes no curso da história. A retórica da proibição e da abstinência desloca as substâncias psicoativas em direção a um espectro negativo e carregado de moralidades. Contudo, essas mesmas substâncias são um dos maiores elos da história do capitalismo e da própria cultura humana. Assim, "[f]oi em torno do comércio de 'alimentos-droga' como o açúcar, o chá, o café, o tabaco e as bebidas alcoólicas, produtos exóticos convertidos em itens da dieta cotidiana de inúmeras populações, que se desenvolveu o moderno mercado mundial"[23].

Vale ressaltar que tamanha era a centralidade de alguns desses itens para a acumulação de riquezas e para a gestão estatal que o brasão do Brasil Imperial contava – e

---

21. *Cf.*: SAMORINI, Giorgio. *Animals and psychedelics*: the natural world and the instinct to alter consciousness. Nova Iorque: Park Street Press, 2002.
22. SIMÕES, Julio Assis. Prefácio. In: LABATE, Beatriz et al. *Drogas e cultura*: novas perspectivas. Salvador: EDUFBA, 2008. p. 13.
23. *Ibid.*, p. 14.

o brasão de Armas da República até hoje ostenta – com o entrelaçar de ramos de duas substâncias psicoativas: o café (à esquerda) e o tabaco (à direita):

Fig. 05 – Brasão Brasil Imperial.   Fig. 06 – Brasão Armas República

A história é, assim, permeada de referências a substâncias psicoativas. Dizer sobre a humanidade é, também, dizer sobre essas elas. Mas, se pretendo trazer um pouco dessa história para o trabalho, é porque vejo a importância de alguns elementos e atravessamentos que se configuraram a partir da descoberta e aplicação dessas substâncias no cotidiano. O fio condutor, que se apresenta como um dos pilares de sustentação do que hoje convencionou-se chamar de guerra às drogas, foi a sua transformação em mercadoria.

Um primeiro momento que vale a pena destacar na história da relação entre humanos e substâncias psicoativas está na entrada das especiarias na cultura europeia. Após um período de retração entre trocas comerciais entre povos europeus e orientais, em função da separação do Império Romano, as Cruzadas (séculos XI a XIII) trouxeram um resultado para além do conflito bélico-religioso: a inserção de especiarias no modo de vida europeu. Devido a isso, é possível dizer que

> em nenhuma outra época da história europeia ele [o gosto pelas especiarias exóticas] foi tão pronunciado quanto nos séculos que seguiram ao fim das Cruzadas, a tal ponto que se pode considerar tal período como tendo sido marcado pela "loucura das especiarias"[24].

As especiarias estabeleceram, ao mesmo tempo, duas importantes questões para o desenvolvimento da percepção das drogas na contemporaneidade. A primeira reside na consolidação de rotas comerciais entre países, que também permitiu a acumulação de riquezas em uma escala sem precedentes, a ponto de dar ensejo à criação de bancos, como o primeiro banco mundial[25].

---

24. VARGAS. *Fármacos e outros...*, op. cit. p. 43.
25. CARNEIRO, Henrique. *Drogas*: a história do proibicionismo. São Paulo: Autonomia Literária, 2019.

A segunda diz respeito à difusão de um horizonte onírico do desconhecido, até então não experimentado pela sociedade europeia em larga escala. Nesse sentido, as especiarias representavam[26] uma conexão com um modo de vida muito distinto do europeu medieval – e por isso potencialmente sedutor. "[O]s mesmos valores atribuídos ao Oriente, terra misteriosa e distante, 'horizonte onírico', sobre o qual os ocidentais projetaram toda sorte de desejos e utopias"[27].

Essas rotas de comércio utilizadas pela corrida das especiarias, aliadas às novas rotas ultramarinas que marcaram o estabelecimento do período da corrida colonialista das Américas, África e Ásia pelos países europeus trouxeram consigo

> um sistema econômico, político e militar mundial baseado na exploração de recursos ultramarinos que se tornaram algumas das principais mercadorias da acumulação do capital, da alteração da vida cotidiana e, da cultura alimentar e farmacológica ocidental. O mercantilismo se expandiu na disputa destes produtos, cujo comércio constituiu a maior parte da atividade das primeiras companhias mercantis, estimulando o surgimento da primeira bolsa de valores e do primeiro banco mundial em Amsterdão[28].

Outros produtos, como café, chá, tabaco, chocolate, açúcar e ópio passaram a ser comercializados, produzidos e distribuídos em larga escala. O período colonial permitiu que a simbiose entre produção e comercialização de substâncias psicoativas e exploração humana atingisse seu ápice nas *plantations*[29]. Em especial, os alimentos-droga, como café, chá e açúcar, encontraram nas monoculturas espalhadas pelas Américas, em especial na Central e na do Sul, um meio de rápida produção e difusão no comércio ultramarino.

Ressalto que a maior parte desses alimentos-droga contém substâncias estimulantes. Café, chá, açúcar e tabaco, cada um à sua maneira, ativam o sistema nervoso central de modo a promover um incremento na concentração, no foco e na precisão disciplinar – seja pela liberação energética, como no caso da cafeína ou da teína, pelo teor de carboidratos ou pela presença de nicotina no tabaco. Como observa Eduardo Vargas, essas substâncias parecem ter sido cruciais para o surgimento de um modelo de desenvolvimento incipiente do capitalismo, já que

> se conformam com os ditames do capitalismo emergente e seus reclamos por sobriedade, racionalidade e disciplina no trabalho, o tabaco e as bebidas alcoólicas destiladas tornam mais suportáveis

---

26. É lugar-comum na historiografia tradicional a explicação de que a corrida das especiarias foi motivada pela necessidade europeia de se conservar alimentos como as carnes, já que algumas ervas e temperos poderiam ser utilizadas para essa finalidade. Entretanto, essa leitura não mais se sustenta – ou ao menos é fortemente questionada –, já que existia um meio abundante de conservação, muito mais barato e acessível: o sal. Além deste, já popularmente utilizado à época para a conservação de alimentos, outros meios eram utilizados, como o vinagre e o óleo. *Cf.*: VARGAS. *Fármacos e outros...*, op. cit.
27. VARGAS. *Fármacos e outros...*, op. cit. p. 44.
28. CARNEIRO. *Drogas: a história...*, op. cit. E-book Kindle.
29. Em síntese, o termo *plantation* designa um modo específico de produção agrícola voltado à exportação de mercadorias por meio da exploração do território latifundiário no sistema monocultor, predominantemente. A mão de obra, para tanto, era predominantemente oriunda da escravidão, e marcou o sistema de produção e de acumulação de riquezas das colônias europeias entre os séculos XVI e XIX. *Cf.*: WELCH, Clifford (org.). *Camponeses brasileiros*: leituras e interpretações clássicas. São Paulo: Editora UNESP, 2009.

a crescente (o)pressão disciplinar e as precárias condições de vida que se abatem aos mais pobres ao entorpecê-los. Enquanto isso, o açúcar, rico em calorias, além de fornecer energia indispensável para o trabalho, adoça tudo aquilo com que ele se mistura...[30]

Essas substâncias, suas trocas e negociações – e também os seus regimes de opressão – foram responsáveis por aquilo que Henrique Carneiro caracteriza como "uma nova cultura psicoativa em integração"[31]. Isso significa que emergiu uma nova forma de se pensar, produzir e difundir substâncias psicoativas em larga escala, de modo a conjugar em um movimento ritmado a exploração humana das *plantations* coloniais, o surgimento de novos e inexplorados nichos mercadológicos e também a necessidade de corpos produtivos para o capitalismo incipiente – e extremamente dependente do trabalho braçal humano.

Até então, destaquei que a utilização humana de substâncias que alteram estados de consciência, muito embora tenha sido uma constante na história, contém movimentos que se destacam e que são capazes de provocar agenciamentos. Ainda que brevemente, evidenciei a simbiose entre emergência de mercados transnacionais de comércio, exploração colonial e a marcação no tempo de substâncias psicoativas como mercadorias – e como essa história dialoga com o capitalismo incipiente. Esse fluxo se deu, em especial, entre os séculos XIV a XVI. Contudo, um outro valor é agregado a essas formas de utilização de substâncias, envolvendo-se com um outro tipo de saber que começava a emergir a partir do século XVII: o nascimento da clínica e a emergência da cultura terapêutica e quimioterápica.

Concomitante, portanto, ao aprimoramento das técnicas de sintetização de substâncias e da especialização da medicina e das artes de curar, surgiu uma nova forma de governar por meio do controle da vida. O poder, que na Idade Média se ocupava de funções de guerra e de paz e, posteriormente, agregou dimensões administrativas e jurídicas a essas duas esferas, também passou a abarcar uma outra forma de governamentalidade.

Conforme salienta Michel Foucault, "[e]is que surge, no século XVIII, uma nova função: a disposição da sociedade como meio de bem-estar físico, saúde perfeita e longevidade"[32]. Saúde e bem-estar passam a ser centrais na gestão e execução do poder político, elegendo assim o princípio da saúde como um imperativo de comando tanto individual quanto coletivo.

Há inúmeros fatores responsáveis pela assimilação da saúde e do corpo por uma racionalidade de governo. Dentre eles, dois, em especial, parecem estar intimamente conectados com os desenvolvimentos que elaborei até então. Em primeiro lugar, a consolidação do capitalismo nos séculos XVII e XVIII dependia de um imperativo de otimização da força de trabalho e dos impactos da aglomeração humana em cidades. Em segundo lugar, esse controle ou, melhor dizendo, biocontrole, somente se tornou possível pelo intermédio de substâncias psicoativas.

---

30. VARGAS. *Fármacos e outros...*, op. cit., p. 48.
31. CARNEIRO. *Drogas: a história...*, op. cit., pos. 65. E-book Kindle.
32. FOUCAULT. *Microfísica do poder*. Op. cit. p. 301.

Como já dito, alimentos-droga foram verdadeiros melhoramentos da capacidade humana para o trabalho. Além disso, esses séculos evidenciaram uma inédita disponibilidade de substâncias sintetizadas para fins medicinais. Até aquele momento, o tratamento de enfermidades por meio de substâncias girava em torno do uso de plantas rudimentarmente manipuladas e de tinturas. No período do renascimento, alquimistas passaram a incrementar o uso e manipulação dessas substâncias, porém de modo ainda bastante localizado e artesanal.

Foi somente com o aprimorar da ciência química que se abriu uma nova forma de terapia, com a introdução "nas práticas médicas de substâncias 'puras' de origem mineral (como o iodo), vegetal (como a morfina) ou animal (como a insulina), produzidas em um campo de investigação tão afastado quanto possível dessas práticas, a saber, o da química da síntese"[33]. Essas novas substâncias sintetizadas popularizaram-se ao longo do século XVIII e trouxeram consigo uma mudança radical no poder interventivo da medicina terapêutica – seguidas posteriormente da vacinação e da descoberta da penicilina, já em 1930[34].

No século XX, a medicalização novamente atinge patamares nunca antes alcançados, consolidando a medicalização dos corpos que teve seu início nos séculos anteriores e que é contemporânea da consolidação do capitalismo. Essa intervenção medicamentosa incisiva foi fundamental para o processo de controle e também prolongamento da vida. Porém, longe de negar os evidentes benefícios trazidos pela introdução de fármacos na vida cotidiana, chamo a atenção neste trabalho para um outro ponto: os efeitos adversos da introdução de medicações pouco conhecidas até então[35].

Esse brevíssimo[36] recuo histórico evidencia a força da produção químico-substancial da subjetividade. Busquei demonstrar que é cada vez mais marcante a "modelação e modulação química da subjetividade"[37] nas formas de produção de vidas, de mortes, de acumulação de riquezas e de formas de governar.

No entanto, todas essas substâncias passam por regimes de controle muito distintos em extensão e intensidade[38] de outras – também psicoativas, porém, agenciadoras de

---

33. VARGAS. *Fármacos e outros...*, op. cit. p. 49.
34. VARGAS. *Fármacos e outros...*, op. cit.
35. O avançar da medicalização dos corpos trouxe consigo a descoberta de uma vasta gama de efeitos adversos, tendo o seu caso mais conhecido com a administração da droga talidomida, que acarretou, na década de 1960, em uma série de má-formações fetais e em neonatos – a focomelia. Nesse sentido, observa Eduardo Vargas que "os efeitos nocivos das práticas médicas não resultam apenas do que se convencionou chamar de erro médico, pois, desde quando as práticas médicas se mostraram suficientemente eficazes para fazer alguém sair vivo de um hospital, começou-se a perceber que a 'medicina poderia ser perigosa, não na medida que é ignorante ou falsa, mas, na medida em que sabe, em que é uma ciência'". Cf.: VARGAS. *Fármacos e outros...*, op. cit. p. 53.
36. Como não é o objetivo deste trabalho, busquei resumir brevemente a passagem das drogas no tempo, salientando estrategicamente os eventos mais marcantes para a narrativa que desenvolvo. Entretanto, essa história é riquíssima, e muito bem narrada por Antonio Escohotado e Eduardo Vargas.
37. CARNEIRO. Drogas: a história..., *op. cit.* E-book Kindle.
38. *Cf.*: VARGAS, Eduardo; SANCHIS, Pierre. Entre a extensão e a intensidade: corporalidade, subjetivização e uso de drogas. Programa de Pós-Graduação em Antropologia (FAFICH). Tese de Doutorado. 2001.

inúmeros pânicos e permanente no imaginário coletivo como uma verdadeira representação das maiores mazelas humanas: as drogas.

Muito diferente da permeabilidade da história pelas substâncias psicoativas é o destaque que algumas drogas possuem desde o século XIX, como uma categoria de problema social a ser duramente combatida. Um "reencantamento do mal"[39], as drogas emergem na lógica comum ocidental como um

> [m]al insidioso, responsável por incontáveis tragédias pessoais ou familiares, ruínas econômicas ou morais, dramas políticos ou sociais. Mal contagioso, capaz de penetrar em praticamente todos os cantos, dos mais notórios aos mais recônditos, dos mais expostos aos mais bem guardados[40].

A ideia da perversidade das drogas – e frequentemente de quem as utiliza – é um dos primeiros movimentos da tecnologia-droga. É por meio do agenciamento de um determinado objeto que a sua indeterminação começa a se dissipar[41]. O "reencantamento do mal" dá ensejo às políticas de controle e de repressão por parte do Estado.

O seu aparecimento coincide com um discurso que a ordena simultaneamente como um retrato fantasmagórico do mal e também como um problema de saúde e segurança – uma unificação em singular de um objeto plúrimo e abstrato[42].

Nesse sentido,

> somos todos drogados, mas se define pouco explicitamente a natureza comum de se tomar remédios psicoativos, bebidas alcoólicas, tabaco, café e substâncias ilícitas, separados por cargas simbólicas altamente significativas decorrentes de seus diferentes regimes de normatização[43].

Por isso, chamar as coisas pelo seu nome importa. A linguagem importa. É por isso que algumas substâncias, não obstante sejam psicoativas, não são chamadas de alimento, bebidas ou de medicamentos, mas sim de drogas, ao passo que outras são tidas como bens de consumo regulares. O território das drogas situa-se em um lugar de assunção e de acusação; é uma categoria – um dispositivo – que traduz a sua utilização ora em uma patologia, ora em um desvio moral grave que acarreta o vício ou a dependência, sendo, por tudo isso, lido como um grave problema de saúde e de segurança a ser violenta e ostensivamente combatido e reprimido. Uma ameaça a uma sociedade que, clamando por ideais de ordem e limpeza, naturaliza a estigmatização e a violência, e simultaneamente amplifica a repressão.

O que ressalto, portanto, é o modo por meio do qual as substâncias são reguladas, o que vai além da mera discussão se uma substância é psicoativa ou não. Por isso, não é forçoso afirmar que é impossível narrar a história e o significado das drogas sem que seja dito sobre os seus regimes de circulação e regulação, bem como as suas políticas de

---

39. ZALUAR, Alba. *Condomínio do diabo*. Rio de Janeiro: Revan: UFRJ, 1994.
40. VARGAS. *Entre a extensão...*, op. cit. p. 21.
41. DELEUZE; GUATTARI. *Mil platôs: capitalismo...*, op. cit.
42. CARNEIRO. *Drogas: a história...*, op. cit.
43. *Ibid.* E-book Kindle.

repressão ou tolerância. É por isso que o proibicionismo ganha destaque na narrativa que este trabalho pretende tecer.

Afinal, ainda que o valor das substâncias psicoativas tenha sido simbolizado tanto pelas trocas mercantis do capitalismo incipiente quanto pela panaceia em torno das suas formas de produção de subjetividades, houve uma hipertrofia de seu valor e significado a partir da proibição e regulação maciça das drogas. Assim,

> [a] proibição agregou um enorme valor às substâncias cujo mercado clandestino permitiu formas de hiperacumulação de capital por meio de isenção fiscal, margem de lucro gigantesca e regime de monopólio com o uso da violência sobre a força de trabalho produtora, o sistema comercial e o mercado consumidor. A proibição foi a expressão de uma biopolítica absolutista (...)[44].

Esse hipervalor é circundado de mistificações e de pânico moral, responsáveis por uma veiculação de imagens fetichizadas do mal em torno de consumidores de *algumas* drogas e de traficantes de *algumas* classes sociais.

Por tudo isso, as drogas são uma polissemia – mas, também, uma tecnologia. Se tecnologias são o conjunto de técnicas, habilidades e processos utilizados na produção de algum determinado bem, o que a tecnologia das drogas produz?

Verifico que a produção igualmente polissêmica das drogas se caracteriza como uma tecnologia, mas gostaria de salientar alguns produtos da tecnologia-droga que servem ao propósito da análise das internações involuntárias: (i) o proibicionismo como tática e (ii) a partilha moral das substâncias – temas que irei desenvolver ao longo da próxima seção.

---

44. *Ibid*. E-book Kindle.

1.2 A CRIMINALIZAÇÃO DAS DROGAS

> *"Ai, ai, és a gota orvalina*
> *Só tu és minha vida*
> *Só tu, ó cocaína*
> *Ai, ai, mas que amor purpurina*
> *É o vício arrogante*
> *De tomar cocaína"*[45].

A proibição e criminalização das drogas, tão imbricadas em sociedades contemporâneas, são eventos muito recentes na história da humanidade. Um movimento abrupto e vigoroso, que representou uma virada paradigmática na maneira de se ver o uso de substâncias psicoativas e de categorizá-las conforme padrões de uso e de produção.

Ainda que, em outras épocas, tenha havido inúmeras medidas governamentais ou costumeiras de controle do uso de algumas substâncias, como o tabaco e o álcool, a percepção de que as drogas seriam um problema eminentemente jurídico e médico desponta como uma novidade trazida pelo século XX.

Foi justamente nesse século que duas categorias passaram a circundar algumas substâncias psicoativas: a categoria droga e a criminalização/proibição. Se, no passado, quase nenhuma droga era objeto de regulação ostensiva pelo direito e de controle pelos aparatos de polícia, "ao longo do século XX, praticamente todos os países do mundo viriam a implementar políticas mais ou menos repressivas em torno do uso de certas drogas"[46].

É impossível dissociar esse movimento do avanço do discurso biomédico e da descoberta da sintetização de drogas e da medicina social. Ambos serviram de apoio e fundamento para que a criminalização e proibição de um *certo* tipo de substâncias psicoativas fossem levadas adiante. Inexiste uma "guerra às drogas" sem um conjunto de outras guerras e micropolíticas que articulem interesses econômicos, locais de saberes privilegiados, controle de populações e geopolítica.

Não há, portanto,

> geopolítica das drogas sem interesses da indústria bélica e bancos, sem estratégias de política externa, sem diplomacia e acordos internacionais, sem o proibicionismo que em nome da saúde de todos

---

45. SINHÔ. Compositor que escreveu, em 1923, o tango *A cocaína*. Na dedicatória, Sinhô anotou "ao meu amigo Roberto Marinho". Cocaína, na época, não era uma droga proibida no Brasil e era comercializada em uma miríade de medicamentos. Após o proibicionismo, a canção foi relegada ao esquecimento. *Cf*.: SIMAS, Luiz Antonio. Marlene, Sinhô, Drummond e cocaína. Disponível em: <https://simaopessoa.com.br/marlene-sinho--drummond-e-cocaina/>. Acesso em 16 jul. 2021.
46. VARGAS. *Fármacos e outras...*, *op. cit.* p. 54.

procura exterminar hábitos milenares, sem políticas de segurança pública que visam controlar, conter e, no limite, eliminar minorias éticas e maiorias miseráveis[47].

As navegações pré-modernas e o período do Renascimento fizeram com que a expansão do comércio ultramarino difundisse mercadorias centrais para o capitalismo mercantil, como o açúcar, o álcool destilado, o ópio, o cacau, o café, o chá e o tabaco. Contudo, até o século XIX, as substâncias psicoativas compartilhavam entre si uma condição de serem corriqueiramente consumidas e muito pouco reguladas – e certamente não criminalizadas. Assim, ainda que houvesse restrições de horário e locais de circulação, bem como incidências distintas de taxas e impostos, substâncias como o álcool, o tabaco, os cafeínicos, o ópio, a cannabis e a coca "não [foram] objeto de nenhuma iniciativa de interdição ou controle internacional".[48-49]

Houve, contudo, um momento de ruptura – uma separação moral, cultural e jurídica estrita, que resultou em uma forma diferente de se perceber essas substâncias como objetos que ocupam posições muito polarizadas. Essa polarização é extremamente multifatorial e capilar, entretanto. A influência de interesses econômicos, moralismo religioso e tensionamentos entre o global e o local integram a trama que permitiu com que algumas substâncias passassem a ser sumariamente controladas e proibidas.

Ainda que o discurso biomédico tenha avançado nos séculos XIX e XX, os critérios objetivos suscitados para que algumas substâncias psicoativas fossem proibidas basearam-se muito pouco em seu efetivo potencial lesivo dessas, ou mesmo em suas características de toxicidade e potencial para a condução à dependência. A urgência do controle de substâncias me parece estar muito mais vinculada a um regime de controle específico daquele momento histórico: a gestão de populações e corpos por meio do controle do desvio.

Esse modo de governar[50] se voltava para o imperativo do aumento da produtividade dos corpos, em sintonia com a produção de sujeitos dóceis, controlados e sadios, aptos à convivência em cidades cada vez mais superpopulosas e simultaneamente ao trabalho exaustivo e ao controle da vida em torno da produção terceirizada de riquezas. Nesse sentido,

> [a] lógica da utilidade dócil era, todavia, bastante afeita aos sentimentos humanistas de progresso e dignidade humana. Assim, o horror aos castigos e suplícios do Antigo Regime levou à criação de novas instituições e técnicas para tratar dos "desviados" na esperança de tratá-los, salvá-los, torná-los úteis no convívio social ou mesmo se apartados dele[51].

---

47. RODRIGUES, Thiago. Drogas e guerras. In: LABROUSSE, Alain. *Geopolítica das drogas*. São Paulo: Desatino, 2010. p. 14.
48. CARNEIRO. *Drogas: a história...*, op. cit.
49. Opioides e cocainoides, por exemplo, obtiveram a primeira regulação e restrição do consumo aos ambientes medicinais em 1912, a partir do Tratado de Haia. O café, por sua vez, entre restrições pontuais de circulação, como na Etiópia em 1511, no Egito em 1532 e na Prússia em 1777, permanece legal.
50. FOUCAULT. *Microfísica do poder*. Op. cit.
51. RODRIGUES, Thiago. Tráfico, guerra, proibição. In: LABATE, Beatriz *et al*. *Drogas e cultura*: novas perspectivas. Salvador: EDUFBA, 2008. p. 97.

Essa confluência entre intensificação do capitalismo, aumento das metrópoles, incremento das técnicas de controle biopolítica por meio da medicina social e a governamentalidade dos corpos por meio de seus usos é uma pista fortíssima capaz de como o proibicionismo emergiu.

De forma rápida, violenta e abrupta, substâncias passaram a ser vigiadas, controladas e duramente combatidas, assim como os seus usuários, mediante incentivo e chancela estatais por todo o globo. Para o modo de operação biopolítico, a proibição de substâncias representa uma sofisticação de suas técnicas, na medida em que abre espaço tanto para o refinamento tanto da prática médica quanto dos mecanismos de controle de populações.

Essas populações desviantes, que insistiam em manter hábitos de consumo de substâncias ou experimentar novas formas de administração de psicoativos, ao transitarem repentinamente da legalidade à ilegalidade – por meio da proibição –, automaticamente são enquadradas como sujeitos de interesse social em função de suas periculosidades. O uso de drogas passou, portanto, a ser considerado uma ameaça individual e coletiva, abrindo espaço para todo um segmento de produção de políticas públicas voltadas ao encarceramento ou à internação dos usuários. Portanto, os modos de circulação dessas substâncias e a forma de engajamento dos seus consumidores mudaram radicalmente.

Assim, ainda que, hoje, exista uma correlação necessária entre drogas e proibições, substâncias como a *cannabis*[52], a cocaína e o ópio não eram objeto de controle jurídico – muito menos penal – até o século XX. A despeito do fenômeno da proibição ser eminentemente multifatorial, três atores desempenham papeis cruciais neste movimento: o puritanismo cristão-religioso, interesses econômicos (gerais e específicos) e a gestão-organização das populações urbanas. Além desses elementos, a geopolítica desponta como um ator-mediador cujo peso é fundamental para a expansão do controle das drogas – e, como destacarei no próximo capítulo, para a própria origem do *crack*.

Em meio a inúmeros eventos que culminaram na proibição sistemática de algumas substâncias, chamo a atenção para a questão do ópio[53]. Uma das primeiras substâncias

---

52. O consumo da cannabis sativa, a maconha, é bastante antigo nos registros históricos. Estudos arqueológicos apontam que desde a pré-história é possível rastrear o consumo do cânhamo – uma fibra extraída da cannabis sativa. Seus usos eram variados, indo desde a alimentação até a confecção de vestuário, passando por tinturaria. Há discussão contemporânea sobre as origens dos usos da maconha no Brasil, mas estudiosos apontam que o hábito se iniciou com os primeiros africanos escravizados que foram forçadamente trazidos ao Brasil. O termo "maconha" possui etimologia angolana. *Cf.*: COURTWRIGHT, David. *Forces of Habit*: drugs and the making of the modern world. Cambridge: Harvard University Press, 2002. p. 41.
53. O termo "guerra do ópio" é, como bem observa Antonio Escohotado, um guarda-chuva. Diversos eventos geopolíticos centraram-se no que hoje comumente se denomina a guerra do ópio. Um primeiro momento de destaque ocorre em 1729, quando o primeiro imperador manchu condena à morte contrabandistas e proprietários de terras de fumo. Diante disso, a importação irregular, feita primordialmente pelos portugueses, incrementa-se. Posteriormente, em 1920, a pena de morte passa a ser aplicada também a usuários, não somente aos contrabandistas, causando novamente incremento do contrabando de substâncias psicoativas. O contrabando produz pela primeira vez na história chinesa o registro da balança comercial desfavorável em 1838, e o imperador Tao-Kuang reúne-se com seus conselheiros, que sugerem ora a legalização do uso e cultivo, ora o fecho de cerco ao contrabando. Sem autorização, o mandarim Lin Tse-Hsü joga ao mar uma grande quantidade de ópio, o que

a ser rotulada efetivamente como um problema, o ópio, na segunda metade do século XIX, despontou como efetivametne um problema na China e nos Estados Unidos, onde o seu consumo alçou proporções nunca antes experimentadas. Não é possível, entretanto, dissociar esse consumo de uma questão geopolítica premente: a contrapartida imposta pela Inglaterra colonial aos chineses. Nesse sentido, o problema

> do consumo de ópio fumado na China, ele se constituiu, fundamentalmente, em torno da contrapartida imposta pelos britânicos aos chineses em virtude do hábito "inglês" de tomar chá. Ópio por chá: essa fórmula não marcou apenas o sucesso do imperialismo inglês no extremo oriente, mas também o destino de milhões de pessoas em diferentes partes do mundo estava, direta ou indiretamente, atado ao uso e ao tráfico de "drogas"[54].

Isso porque, se até o século XVIII, as ações impostas pela Companhia das Índias Orientais, tais como a importação compulsória de ópio produzido na Índia submetida ao domínio britânico em troca de chá, faziam com que o consumo chinês de ópio fosse baixo, no século XIX, com a abundância desse produto e sob a violência britânica, o seu uso foi catapultado. Ainda que houvesse medidas governamentais chinesas para coibir o seu uso, "o endurecimento das posições chinesas contra o ópio acabou provocando o que ficou conhecido como as 'guerras do ópio', vencidas, todas, pelos ingleses, que, em nome do *free trade*, continuavam a insistir na venda de ópio para os chineses"[55].

Ainda, não é possível perder de vista o elemento moral que compõe o incipiente proibicionismo. Especialmente iniciadas nos Estados Unidos – mas certamente não adstritas a esse território –, as cruzadas puritanas marcaram o final do século XIX e início do século XX. Em prol de valores como a sobriedade, castidade, religiosidade e temperança, agremiações de cunho religioso, especialmente protestante, passaram a reunir-se para combater o uso de substâncias psicoativas vinculadas à deturpação dessas virtudes – em especial, o álcool e a maconha. É possível afirmar que a mais proeminente dessas agremiações tenha sido a Liga Anti-Saloon, organizada em 1893, que "reclamava, por exemplo, o fechamento dos bares, dos *saloons*, que eram, para os seus membros, espaços que concentravam os 'males' do jogo, da prostituição e do consumo de álcool"[56].

Outra faceta da cruzada puritana contra as substâncias psicoativas é a introdução de seu uso em meios influentes. O país, fortemente marcado pelos reflexos ainda persistentes da Guerra de Secessão, viu o consumo de ópio e também de derivados da coca, aumentar significativamente em uma parcela da população: mulheres, majoritariamente brancas e de

---

gera protestos da Inglaterra, que alega ter sido esse evento um atentado à liberdade comercial. Com a questão do uso prejudicial disseminado na China, já em 1880, é criado o primeiro programa público de desintoxicação voluntária, custeado pelo Estado, para aqueles que desejam abandonar o uso de ópio. Com certo controle do uso prejudicial, e tendo a China em 1890 uma produção interna de ópio de quase 85%, não mais dependendo de demandas inglesas para suprir o seu mercado interno, o governo chinês é surpreendido por uma carta do Parlamento inglês, que declara o tráfico de ópio como um evento moralmente injustificável, e que deveria ser duramente combatido. Esse breve relato resumido encontra-se esmiuçado em: ESCOHOTADO, Antonio. *Las drogas*: de los orígenes a la prohibición. Madrid: Alianza, 1994.
54. VARGAS. *Entre a extensão...*, op. cit. p. 197-198.
55. *Ibid.*, p. 198.
56. RODRIGUES. *Tráfico, guerra, proibição. Op. cit.* p. 93.

classe média. Essa parcela da população, sensível aos olhares e atenções públicas, fez com que a parcela de religiosos, políticos e formadores de opinião majoritária se voltassem para o tema do uso de substâncias psicoativas.

Nesse sentido,

> o movimento de "Temperança" foi decisivo (...) por radicalizar a contenda em torno do que então se percebia como atitudes de vício, entre as quais se incluía o uso de "narcóticos", particularmente de opiáceos, assinalando que, no lugar de liberação ou de moderação, a única resposta cabível às atitudes de "vício" eram, pura e simplesmente, as de proibição/erradicação, posição que culminou com a entrada em vigor, em 1920, da Oitava Emenda à constituição americana, também conhecida como "lei seca"[57].

O que, até então, eram movimentos limitados a um controle pontual do ópio na China, transformou-se em uma racionalidade política e jurídica. Ainda que os Estados Unidos tenham sido pivôs na consecução da lógica proibicionista, ela não foi exclusiva desse país. Grã-Bretanha, França, Alemanha (previamente Império Austro-Húngaro), Holanda, Japão e China também estabeleceram medidas drásticas e esforços mútuos para suprimir o uso de ópio e derivados da coca em detrimento de produtos farmacêuticos como os alcaloides[58].

Interesses econômicos de outra ordem, assim, também entram em cena, principalmente em função da explosão do mercado farmacêutico e das profissões a ele atreladas. Além disso, a expansão da burocracia jurídico-administrativa em torno do encarceramento decorrente da proibição – uma casta de juízes, promotores, advogados, efetivos de forças armadas ou militarizadas, carcereiros e gerentes das engrenagens do aprisionamento – também detém uma força econômica considerável, pois é capaz de fornecer emprego e renda a parcelas da classe média enquanto amplia a sua atuação.

Dessa forma, as repressões ao consumo de substâncias que passaram a ser proibidas envolvem uma complexa tecelagem que entrelaça fundamentos jurídicos e de saúde. As respostas ao consumo de drogas, elevadas ao status de normativas a partir do século XX, portanto, têm como escopo a punição para quem as fabrica e distribui, por um lado, e a medicalização para quem as usa. É nesse sentido que Michel Foucault aponta que

> [u]ma outra consequência desse desenvolvimento do biopoder é a importância crescente assumida pela atuação da norma, às expensas do sistema jurídico da lei. A lei não pode deixar de ser armada, e sua arma por excelência é a morte; aos que transgridem, ela responde, pelo menos como último recurso, com essa ameaça absoluta. A lei sempre se refere ao gládio. Mas um poder que tem a tarefa de se encarregar da vida terá necessidade de mecanismos contínuos, reguladores e corretivos. Já não se trata de pôr a morte em ação no campo da soberania, mas de distribuir os vivos em um domínio de valor e utilidade. Um poder dessa natureza tem de qualificar, medir, avaliar, hierarquizar, mais do que se manifestar em seu fausto mortífero; não tem que traçar a linha que separa os súditos obedientes dos inimigos do soberano, opera distribuições em torno da norma (...). Uma sociedade normalizadora é o efeito histórico de uma tecnologia de poder centrada na vida[59].

---

57. VARGAS. *Entre a extensão...*, op. cit. p. 200.
58. VARGAS. *Entre a extensão...*, op. cit.
59. FOUCAULT, Michel. *História da sexualidade*: a vontade de saber. 4. ed. Rio de Janeiro: Paz e Terra, 2017. p. 155-156.

Estes três atores mencionados acima – o puritanismo, os interesses econômicos e a gestão-organização das populações urbanas – trazem consigo um apelo: o de que o Estado, por meio de suas políticas, não somente elabore estatutos de proibição, mas destine grande parte de sua própria forma de operação para o combate às drogas.

Por meio dessa tríade, foi possível que Estados, por mais diversos que fossem entre si, em termos culturais, sociais e políticos, passassem a apresentar comportamentos e posicionamentos homogêneos no debate das drogas, o que repercutiu no surgimento de um controle cooperativo internacional no combate às drogas.

Assim, é, portanto, o proibicionismo: uma postura político-jurídica e moral de se fustigar o uso de determinadas substâncias psicoativas, que guarda uma certa coerência em padrões de repressão independentemente do país que o empregue.

Um dos marcos da história do proibicionismo é certamente a aprovação do Volstead Act, em 1919 – a Lei Seca estadunidense. Uma emenda à constituição dos Estados Unidos da América fez com que, repentinamente, toda produção ou circulação de bebidas alcoólicas em seu território fosse proibida. O que se buscava era, por meio de uma técnica jurídica, banir um hábito arraigado na população. O efeito dessa proibição não foi, entretanto, o da queda do consumo de álcool, mas, antes, "a criação de um mercado ilícito de negociantes dispostos a oferecê-lo a uma clientela que permanecia inalterada"[60].

Em torno desse marco normativo, ergueu-se uma estrutura capilar e densa de controle repressivo e punitivo de substâncias, como departamentos dedicados ao controle de narcóticos, intensificação do policiamento ostensivo e das instâncias punitivas para aqueles que cometiam delitos relacionados à Lei Seca. Embora, com o avançar dos anos, o álcool tenha voltado à legalidade nos Estados Unidos, o aparato estatal repressivo não parava de crescer – assim como a lista de substâncias psicoativas que entravam em proibição.

Por meio dessa estrutura proibicionista, o valor das drogas foi hipertrofiado. Tanto Henrique Carneiro[61] quanto Eduardo Vargas já apontaram para a "mais-valia terrorífica" das drogas, ou para o hipervalor das drogas – catapultados pela proibição.

A judicialização e a medicalização, por sua vez, remetem ao terceiro elemento que emerge nessa época: a administração e gestão de pessoas residentes no ambiente urbano. Para lidar com a nova formação de conglomerados humanos – que passou a articular-se em torno de cidades densas e populosas –, medidas de regulação, tais como difusão da noção de saúde pública e de higiene, controles sanitários, controle de taxas de natalidade e mortalidade, aparecem como regras de governança.

Nos parágrafos acima, busquei ressaltar que o proibicionismo vai muito além da simples regulamentação jurídica de um problema. Antes, ele representa uma racionalidade, uma tecnologia de governar que, simultaneamente, cria o problema e se retroalimenta da sua própria criação. Um peculiar sistema autofágico que se expande na medida em

---
60. RODRIGUES. *Tráfico, guerra, proibição.*, op. cit. p. 94.
61. *Cf.*: CARNEIRO. *Drogas: a história...*, op. cit.

que se alimenta das próprias subjetividades que produz. Assim, se o proibicionismo não esgota o que as drogas hoje representam, certamente ele as marca contundentemente[62].

Ainda, com isso, quero destacar que o proibicionismo deve ser lido para além das lentes que o enxergam como uma estratégia de combate ao uso prejudicial de drogas. O seu fracasso em combater o uso de substâncias psicoativas é diametralmente oposto ao seu sucesso em promover controle social e criminalização de setores da população que estão – simultaneamente – à margem do acesso aos direitos básicos e no centro da exposição a toda sorte de controles repressivos. Desde as cruzadas puritanas e dos movimentos de proibição, substâncias e corpos consubstanciaram-se. Isso significa que a diferença entre drogas e usuários foi borrada a ponto de passarem a ser confundidos os dois conceitos. Nesse sentido, o proibicionismo desenvolve-se não como combate ao uso de drogas, mas como um potente combate ao usuário de drogas – desviantes perigosos e ameaçadores às ordens e identidades em voga.

Não por acaso, a correlação necessária entre uso de drogas e grupos sociais em vulnerabilidade foi e é tão marcante. A representação do usuário sempre esteve vinculada a grupos de negros, latinos, periféricos e pobres, que corporificavam um mal a ser duramente combatido.

> Desse modo, era recorrente, nas primeiras décadas do século XX, entre grupos proibicionistas, na mídia e nos discursos governamentais nos Estados Unidos, a associação direta de negros à cocaína, hispânicos à maconha, irlandeses ao álcool, chineses ao ópio (...) Na Europa, Estados Unidos ou Brasil, essa massa amedrontado era conformada por negros, imigrantes e migrantes ruais, socialistas, anarquistas, ladrões, prostitutas, operários, mulheres, homens e crianças de "hábitos exóticos e não-civilizados"; eram eles a antítese do progresso e das maravilhas do mundo moderno[63].

Ainda que seja possível rastrear a história dessa correlação aos Estados Unidos, cada país do globo desenvolveu a sua própria, com as suas particularidades. No Brasil, os efeitos da simbiose entre políticas de repressão, puritanismo e controle social podem ser vistos, por exemplo, em reportagens sensacionalistas de jornais de mídia de massa ou mesmo no *modus operandi* das comunidades terapêuticas brevemente mencionadas nesta seção.

Como o fio condutor dessa tese pretende articular os alguns entrelaçamentos e emaranhados de técnicas que culminam nas políticas de internações involuntárias de usuários de *crack*, a partir de agora, permito-me traçar um novo rumo. Passo, assim, a analisar outro aspecto da política de proibição e repressão das drogas. Outro tipo de controle, menos ostensivo e mais velado, mas, nem por isso, menos intenso: o surgimento das políticas de controle de corpos desviantes por meio da medicina social. Pretendo abordar em que medida a guerra às drogas repercute na produção do saber médico que orienta as internações involuntárias e vice-versa.

---

[62]. FIORE, Maurício. O lugar do Estado na questão das drogas: o paradigma proibicionista e as alternativas. *Novos Estudos – CEBRAP*, v. 92, mar. 2012. p. 9-21.
[63]. RODRIGUES. *Tráfico, guerra, proibição.*, op. cit. p. 95-96.

1.3 TRATAR O QUÊ? TRATAR A QUEM?

> *"O entendimento de "cura" pressupõe a existência de uma pessoa doente. Quem usa drogas nem sempre é um doente, ainda que possa ter estabelecido uma relação adoecida com a droga. Se a pessoa consegue rever sua relação com a droga, com ajuda profissional terapêutica, pode viver melhor, diversificar suas fontes de prazer de modo a não ter esse problema"*[64].

> *"O oposto de vício não é sobriedade. O oposto de vício é conexão"*[65].

A compreensão das internações involuntárias de usuários de *crack* beneficia-se do mapeamento das controvérsias que emergem da relação complexa entre modelos de atenção à saúde, controle de corpos, vulnerabilidade social, políticas de Estado e gestão de pessoas em suas interações com substâncias. A essa tarefa se dedica a presente seção, em que busco apresentar as ferramentas por meio das quais o discurso jurídico das internações involuntárias de usuário de drogas foi forjado.

Percebo que há, ao menos, três grandes agenciamentos em torno desse tema, capazes de fazer com que as internações involuntárias ocupem o lugar que ocupam. O primeiro deles é de caráter histórico e concerne ao proibicionismo – já salientado – e à medicina social, responsáveis por efetuar uma partilha moral[66] entre drogas lícitas e ilícitas, e com isso, auxiliar no controle social de uma parcela indesejada da população.

O segundo encontra-se na discussão sobre a necessidade do resgate da autonomia por/de indivíduos *sequestrados* pela droga. Gira em torno, portanto, da (in)capacidade de autodeterminação, que restaria afetada pelo uso de drogas como o *crack*. Por fim, um outro agenciamento relevante para a compreensão da manicomização das drogas é a lógica punitivista que permeia o direito, sem a qual não seria possível pensar nos dutos que impõem a uma parcela similar da população brasileira um regime de circulação de corpos e vivências entre manicômios e prisões.

Se as internações são, hoje, um campo controverso, os caminhos que diversos atores percorreram para que elas alçassem o *status* de uma política pública contemporânea também o são. Analisar os discursos capazes de transformá-las em uma *demanda* faz parte deste capítulo.

Na história da medicina, um tipo de saber específico imiscuiu-se às características das sociedades capitalistas: a medicina social-psiquiátrica. Analisá-la é, portanto,

---

64. PFEIL, Flavia. Profissionais de saúde tratam, mas o que pensam sobre isso? In: ACSELRAD, Gilberta; KARAM, Maria Lúcia (org.). *Quem tem medo de falar sobre drogas?* Saber mais para se proteger. Rio de Janeiro: Editora FGV, 2015. p. 129.
65. HARI, Johann. *Chasing the scream*: the first and last days of the war on drugs. Nova Iorque: Bloomsbury Publishing PLC, 2015. E-book Kindle.
66. VARGAS. *Entre a extensão...*, op. cit.

também investigar a construção desses saberes como discursos e práticas. É, ainda, estabelecer uma

> relação entre as teorias e as práticas políticas não em termos de exterioridade ou de justaposição, em que o poder se apropriaria de uma neutralidade científica e a utilizaria segundo objetivos que lhe são extrínsecos, mas de imanência: a dimensão política é constitutiva da existência dos discursos. Não trata, portanto, se de julgar da cientificidade da medicina, mas de analisar que novo tipo de saber ela representa e que novo tipo de poder ela implica necessariamente[67].

Torna-se relevante, assim, a busca pelo entendimento sobre as origens da internação psiquiátrica, bem como em que medida e sob quais regramentos ela passou a ser um instrumento técnico e científico do Estado. Embora seja certo que não pretendo negar o papel relevante da medicina e da psiquiatria, também procuro me afastar de lógicas que reiteram acriticamente um saber-poder.

Esse tipo de medicina sobre o qual escrevo – cuja existência é, simultaneamente, interpelante do e interpelada pelo modo de produção capitalista de sujeitos[68] e a forma de gestão de seus corpos – tem o seu contorno histórico-temporal marcado pela transição do século XIX para o século XX. Naquele momento, eclodiam as cidades urbanizadas e cada vez mais superpopulosas. Com a aglomeração humana em escala nunca antes experimentada, e também catapultados pelo acesso desigual aos recursos básicos de saneamento, higiene e moradia, diversos problemas sanitários surgiram.

Ressalto, com isso, que grande parte das questões sanitárias enfrentadas na virada desses séculos podem ser vinculadas à já incipiente – porém pungente – precarização do espaço urbano e à seletividade de sua ocupação. A medicina social que, paralelamente, se desenvolvia, assume, em tal contexto, feições de uma medicina de controle das cidades e "investe sobre a cidade, disputando um lugar entre as instâncias de controle da vida social"[69].

Essa disputa, por sua vez, não se restringiu ao âmbito das práticas médicas em sentido estrito, mas foi assimilada pelas práticas sociopolíticas da época. No Brasil colônia, por exemplo, as já péssimas condições sanitárias e de cuidado em que vivia grande parte da população, agravadas pelo processo de urbanização, fizeram surgir e se propagar diversas doenças, o que gerou uma demanda crescente por profissionais da área médica.

Não se pode enxergar essa questão de forma ingênua. A carência de políticas de atenção à saúde não decorria, simplesmente, da vertiginosa expansão dos centros urbanos. Trata-se, sobretudo, de um projeto: a proibição, imposta pelo colonizador, da

---
67. MACHADO et al. *Danação da norma...*, op. cit. p. 11.
68. Max Weber dedicou-se ao estudo da imbricação entre a produção de sujeitos e a religião, especialmente ao protestantismo e à emergência da noção de empreendedorismo aliada aos ideais ascéticos protestantes. Ainda que não explore essa ideia no meu trabalho, por considerar mais pertinente o recurso a autores contemporâneos e que dialogam notadamente com a produção neoliberal de sujeitos, considero relevante destacar o trabalho de Weber como um *ethos* peculiar de produção subjetiva a partir da influência religiosa na expansão do capitalismo enquanto sistema econômico. *Cf.*: WEBER, Max. *A ética protestante e o espírito do capitalismo*. 1. ed. São Paulo: Companhia das Letras, 2004.
69. MACHADO et al. *Danação da norma...*, op. cit. p. 18.

existência de instituições de ensino superior na colônia tornava necessária a importação de profissionais de saúde, o que, geralmente, raramente ocorria[70]. E, diante da escassez, o acesso aos poucos profissionais disponíveis ficava restrito às classes privilegiadas.

A medicina social não *tem uma relação* com a política. Ela, antes, *é* necessariamente política. Isso não significa que ela seja desnecessária ou que deva ser extinta, mas que a sua forma de intervenção na sociedade configura-se por meio de sua assimilação pelo Estado. Sem o Estado, a medicina social é esvaziada. Simultaneamente, o Estado funciona de forma prejudicada sem ela, já que, por meio desse saber, é possível executar políticas públicas.

A força institucional da medicina social no Brasil se concretizou em virtude de uma forte epidemia de febre amarela, no ano de 1849, que levou a vida de cerca de 4 mil pessoas. Em função disso, foi efetuado, pela primeira vez no Brasil, um plano conjunto entre Estado e juntas médicas para o combate à epidemia. Desse, resultaram as *Providências para prevenir e atalhar o progresso da febre amarela*, que estabeleceu à medicina social determinadas diretrizes, dentre elas a (i) constituição de um órgão governamental especializado para lidar com a saúde pública; (ii) divisão das cidades em blocos paroquiais; (iii) políticas de assistencialismo aos pobres e (iv) inspeção sanitária em estabelecimentos públicos[71].

Mesmo com o fim da epidemia de febre amarela, o aparelho médico-estatal permaneceu hígido. E a formalização do vínculo entre medicina e políticas públicas, que então se operou, transformou a medicina em algo social, característica que acabou por se tornar regra no século XX e se intensificou ainda mais no século XIX. Nesse sentido,

> [a] prática médica não deve mais se restringir a considerar a doença isoladamente, como uma essência independente, e a atuar sobre ela depois que ela tenha eclodido (...). Uma medicina da saúde é necessariamente uma medicina das causas das doenças, o médico vigilante devendo atuar para proteger os indivíduos contra tudo o que, no espaço social, pode interferir no seu bem-estar físico e moral[72].

A saúde, a partir dessa transformação, passa a ser uma questão pública. E, em torno disso, a medicina organiza-se como um poder político. Novamente, uma crítica do poder que se pretende radical não busca binarizar a discussão entre bom e mau. Existem vantagens em se socializar a medicina, tendo em vista a crescente desigualdade social e a necessidade de assistência média pública, gratuita e de qualidade às diversas camadas da população. Entretanto, chamar a atenção para o *locus* do saber médico é relevante, em especial quando o que está em questão é a análise do histórico da manicomização no Brasil e seu crescimento em conjunto com as políticas de proibição de drogas.

---

70. Quando a população local conseguia obter acesso a formas de tratamento, elas eram quase sempre fora do escopo médico tradicional. Em função da ausência de profissionais de saúde oriundos de Universidades, as doenças eram tratadas pela população indígena, pelos povos negros escravizados, pelos fazendeiros ou por jesuítas. Essas formas de tratar a doença passaram a ser fortemente penalizadas e fiscalizadas pela Coroa, que, no século XVIII, passa a marginalizá-las como saberes não oficiais.
71. MACHADO *et al. Danação da norma...*, *op. cit.*
72. MACHADO *et al. Danação da norma...*, *op. cit.*, p. 248.

No Brasil e no mundo, a psiquiatria é uma especialidade médica recente na história. A patologização de comportamentos e a busca por uma cura são traços típicos de um determinado momento histórico-cultural. A transformação da loucura em doença é traço marcante do surgimento da psiquiatria.

O primeiro hospital de doentes mentais no Brasil foi inaugurado em 1841. Constituído por determinação de Dom Pedro II, ele é tido por autores como o marco institucional do nascimento da psiquiatria brasileira. Contudo, ressalto que um marco temporal não significa um nascimento a partir do nada. Antes, ele é um decalque situacional: uma consolidação de um determinado momento e de uma específica racionalidade.

Isso porque, se a medicina avança no campo do controle social, ela arregimenta, como sua aliada, a lógica proibicionista. A reverberação da lógica estadunidense, que postulava um maior controle estatal sobre a produção e distribuição de substâncias psicoativas, foi absorvida no Brasil de forma a estender a lógica punitiva. Assim, "o Brasil passou a impor (...) penas privativas de liberdade, em cárceres comuns ou manicômios"[73] àquelas pessoas que usassem ilegalmente alguma substância.

Simultaneamente, na primeira metade do século XIX, o Brasil passa a contar com a sua primeira norma proibitiva de uso de uma substância psicoativa delimitada: a maconha. Popularmente conhecida à época como *pito de pango*, o cigarro de maconha passou a ser proibido e seus contraventores, de acordo com o Art. 7º da Lei de Posturas da Cidade do Rio de Janeiro, editada em 1830 pela Câmara Municipal da cidade, seriam multados. Destaco, a esse respeito, trecho do comando da norma que é explícito ao dizer que "os contraventores serão multados, a saber, em 20$000, e os escravos, e mais as pessoas que deles usarem, em três dias de cadeia"[74].

É relevante perceber que, assim como já salientado ao longo desse trabalho, a razão por detrás da proibição parece ser muito menos vinculada ao grau de adição que pode ser provocado por uma substância, e muito mais vinculada a um tipo de controle que se pretende exercer. No caso brasileiro, a vinculação entre uso de *pito de pango* e pessoas escravizadas, fazendo crer que era entre eles que se encontrava a maioria dos usuários, denota uma já patente proposta de identificação do usuário com uma parcela da população, e de controle, por meio ou da abstinência ou da repressão, para fins de disciplinar, incrementar a produtividade econômica e a docilidade política desses sujeitos.

A primeira norma brasileira proibitiva revela, assim, uma lógica que se reitera até os dias atuais, de perseguição seletiva e criminalização de práticas vinculadas a determinados grupos sociais. Constrói-se, ao mesmo tempo, uma simbologia em torno do

---

73. DOS SANTOS, Maria Paula. PIRES, Roberto. Políticas de cuidado a usuários de álcool e outras drogas no Brasil: evolução história e desafios de implementação. In: PIRES, Roberto. DOS SANTOS, Maria Paula (orgs.). *Alternativas de cuidado a usuários de drogas na América Latina*: desafios e possibilidades de ação pública. Brasília: IPEA; CEPAL, 2021. p. 103.
74. RIO DE JANEIRO. *Lei de Posturas da Cidade do Rio de Janeiro*. Câmara Municipal do Rio de Janeiro, 1830. Revista do Arquivo Geral da Cidade do Rio de Janeiro. Disponível em: <http://www.rio.rj.gov.br/dlstatic/10112/4204432/4154908/revista_agcrj_n_9.pdf>. Acesso em: 27 mar. 2021.

uso de substância, atrelando-o a pessoas lidas como degeneradas e espoliadas, e caminhando no sentido de uma partilha moral entre vícios elegantes e vícios prejudiciais[75]. Nesse sentido,

> [t]eorias higienistas e eugenistas, muito influentes então, fomentavam a percepção de que a *toxicomania*, o alcoolismo e o *canabismo* provocavam "taras degenerativas", causadoras da degenerescência das famílias e da própria espécie (...). Essa visão higienista do período serviu de inspiração para a internação obrigatória que hoje existe como política pública[76].

A racionalidade que começo a delinear é justamente a da incorporação, pela medicina, do Estado e do social. E vice-versa. É assim que, da norma pontual da cidade do Rio de Janeiro, contrária ao uso do *pito de pango*, passou-se, em pouco tempo, a uma diretriz nacional, positivada na primeira legislação brasileira voltada à proibição da comercialização de derivados do ópio e da cannabis. O decreto nº 4.294/1921, fortemente inspirado nas primeiras Conferências do Ópio e na Conferência de Haia, além de proibir a circulação dessas substâncias, é um marco da saúde mental no Brasil, ao determinar, pela primeira vez, a construção de um estabelecimento de saúde específico para a internação de usuários de drogas: o sanatório dos toxicômanos[77].

É por isso que

> [d]o processo de medicalização da sociedade, elaborado e desenvolvido pela medicina que explicitamente se denominou política, surge o projeto – característico da psiquiatria – de patologizar o comportamento do louco, só a partir de então considerado anormal, e, portanto, medicalizável[78].

Os registros históricos dos primeiros hospitais psiquiátricos no Brasil já indicam que o surgimento dessas instituições tem evidentes contornos de gestão da pobreza, da marginalidade e do controle social. Utilizando-se de métodos similares aos das instituições de enclausuramento[79], eles passam a efetuar uma *governança* do abjeto: comportamentos presentes em uma população cada vez mais tipificada como desviante passam a ser vistos como necessários de uma intervenção direta e de uma cura.

Assim, aliado ao controle sanitário – que, ressalta-se, fora necessário à época para a contenção de inúmeras patologias virológicas e bacterianas que emergiam nas cidades brasileiras urbanizadas, surge a *polícia médica*. Instituição voltada a vigiar e recolher os loucos, a polícia médica deveria "se dirigir prioritariamente àqueles que circulam livremente pelas ruas, podem enfurecer-se e repentinamente cometer atos homicidas"[80]. É importante destacar dois aspectos dessa ação policial: o local de sua

---

75. BOITEUX, Luciana. Pádua, João Pedro. *Respuestas estatales al consumidor de drogas ilícitas en Brasil*: un análisis crítico de las políticas públicas (penales y civiles) para los consumidores. Academia.edu, 2014. Disponível em: <https://www.academia.edu/7376141/Respuestas_Estatales_al_Consumidor_de_Drogas_Il%C3%ADcitas_en_Brasil_un_Análisis_Cr%C3%ADtico_de_las_Pol%C3%ADticas_Públicas_Penales_y_Civiles_para_los_Consumidores_2014_>. Acesso em 28 abr. 2021.
76. DOS SANTOS. PIRES. *Políticas de cuidado...*, op. cit. p. 106.
77. FIORE, Maurício. *Uso de drogas*: controvérsias médicas e debate público. São Paulo: Mercado das Letras, 2006.
78. MACHADO et al. *Danação da norma...*, op. cit. p. 367.
79. MACHADO et al. *Danação da norma...*, op. cit.
80. MACHADO et al. *Danação da norma...*, op. cit. p. 377.

execução e a quem ela se destinava, eis que a *circulação livre pelas ruas* e a ideia de *fúria repentina* são características historicamente vinculadas a duas categorias sociais: pessoas pobres em situação de rua e/ou pessoas negras.

Por outro lado, os ricos, já isolados e devidamente protegidos de toda a sorte de epidemias que pudessem vir a surgir àquela época, deveriam ser "vigiados, alimentados e tratados em quartos fechados em suas próprias casas"[81], permanecendo fora do âmbito de atuação da polícia médica brasileira.

É nesse momento histórico que a figura do louco passa a ser objeto de retirada de circulação. A medicina não deve mais ser somente capaz de dominar a loucura. Antes, ela deve atuar *preventiva* e *ostensivamente*, a fim de promover a recuperação pelo isolamento. Loucura e prevenção, assim, passam a interligarem-se. Logo, "coube à medicina social a tarefa de isolar preventivamente o louco com o objetivo de reduzir o perigo e impossibilitar o efeito destrutivo de sua doença".

Os hospícios, consequentemente, vão sendo estatizados e exercendo uma função política de controle, enquanto o discurso psiquiátrico ganha força material e simbólica.

> Se a psiquiatria é inoperante quando o Estado não se define, em seu exercício jurídico-político, como garantidor das liberdades individuais, em contrapartida a gestão estatal de um microcosmo social – a população louca – exige uma forma disciplinar – econômica e científica – de governo. O caos do espaço asilar deve ser negado constantemente pela crítica que propõe condições para que dele se retire lucro político. Sem um poder técnico-científico, sem a positividade do exercício de poder característico da medicina no interior do espaço asilar, não há lucro político possível[82].

Em uma perspectiva história, posso dizer que, até a metade do século XX, predominou no Brasil o modelo de encarceramento ou internação dos usuários de drogas que fossem considerados problemáticos. Tendo em vista o grau elevado de seletividade que permeava a definição de algo como um problema decorrente do uso de drogas, associado à estigmatização social que emergia por meio da assimetria moral no tratamento do uso de drogas, não é de se espantar que as pessoas submetidas a terapêuticas de internação em manicômios ou hospitais psiquiátricos fossem, em sua maioria, pessoas negras, pobres ou mulheres desviantes[83].

A partir, entretanto, da segunda metade do século XX, modelos de tratamento alternativos aos estatais começaram a se proliferar no Brasil. Trata-se de modelos que, embora descentralizados do controle estatal, eram ainda mais pungentes em termos de controle e disciplina, notadamente, os grupos de autoajuda baseados em formas radicalmente abstinentes, que ganhavam força progressiva entre segmentos das classes média e alta brasileiras. Inspirados nos AA ou Narcóticos Anônimos (NA), esses grupos eram verdadeiras irmandades, que promoviam a abstinência por meio da leitura rigorosa da

---

81. MACHADO *et al. Danação da norma...*, *op. cit.* p. 377.
82. MACHADO *et al. Danação da norma...*, *op. cit.* p. 491.
83. VAISSMAN, Magda.; RAMÔA, Marise.; SERRA, Artemis. Panorama do tratamento dos usuários de drogas no Rio de Janeiro. *Saúde em Debate*. Rio de Janeiro, v. 32. n. 78-79-80, 2008. p. 121-132.

bíblia e demais diplomas religiosos cristãos, utilizando-os como recurso à renúncia ao hábito de beber[84].

Esses grupos foram basilares na construção ideológica das CTS. Na esteira da medicalização, esses grupos consideravam o uso abusivo de substâncias uma dupla ponta de doença crônica e desvio moral. Suas bases seriam tanto físicas quanto espirituais, "que suspende ou compromete a vontade dos sujeitos de interromper o uso de substâncias (mesmo reconhecendo os prejuízos deste uso), podendo levá-los à 'loucura ou à morte prematura'"[85].

Nesse ponto, há um importante movimento de destaque daquilo que viria a ser o fundamento jurídico das contemporâneas internações involuntárias: a construção da força do argumento da *perda de autonomia* como justificativa para que um sujeito seja compelido a se submeter a um determinado tratamento contra a sua vontade. Não por acaso, o primeiro passo da filosofia dos 12 passos da filosofia dos AA ou NA é o reconhecimento de que a pessoa é totalmente impotente perante as drogas e por isso não possui controle sobre a sua própria vida.

É por isso que mapear os regimes de construção de narrativas e das suas consolidações como *verdades* faz sentido no presente trabalho. Ao tornarmos um hábito a associação entre o uso de substâncias psicoativas e a dupla falha moral e orgânica, o que se assume é a perda do controle total mediante o uso de drogas por indivíduos que corriqueiramente as utilizam. Se, conforme objetivei demonstrar, há uma patente seletividade na proibição das drogas, que capta principalmente uma parcela determinada da população já em situação de vulnerabilidade, e se essas pessoas falham moral e biologicamente ao usar essas substâncias, então a elas qualquer sorte pode ser imputada.

Segundo Eduardo Vargas,

> nos habituamos a associar o uso ilícito de drogas a uma dupla falta ou fraqueza, física e moral. Assim, enquanto os estudos no campo da neurobiologia, apoiados na constatação de que o corpo humano não só possui receptores orgânicos capazes de interagir com opiáceos, estimulantes, alucinógenos e canabidióides, como também secreta substâncias similares a essas drogas psicotrópicas, especulam sobre a existência de predisposições genéticas para o uso de drogas (...). É, pois, sob o modo do defeito físico e/ou moral, da falha orgânica e/ou psicológica, em suma, é sob as categorias clínico-morais do "vício" e da "doença" que o problema do uso "ilícito" de "drogas" vem sendo majoritariamente considerado entre nós[86].

Discutir a autonomia na tomada de decisões é tema que, por si, mereceria uma tese específica, e não pretendo exauri-lo neste trabalho. Contudo, se a autonomia – ou a falta dela – tem sido utilizada como argumento capaz de justificar toda uma sorte de imputações forçadas de tratamentos e reclusão em estabelecimentos psiquiátricos de

---

84. FRACASSO, Laura. Características da comunidade terapêutica. In: FEDERAÇÃO BRASILEIRA DE COMUNIDADES TERAPÊUTICAS. *Drogas e álcool*: prevenção e tratamento. Campinas: Komedi, 2012.
85. Alcoólicos Anônimos, 2002.
86. VARGAS. *Entre a extensão... op. cit.* p. 27.

usuários de drogas, é importante discutir o que se entende por tomada de decisão e quais os contornos da interação entre uso de drogas e autonomia.

Tradicionalmente, a teoria da adição a define como o comprometimento do autocontrole em função da ingestão reiterada de alguma substância psicoativa – isto é, considera-se, frequentemente, que uma pessoa é viciada em quaisquer substâncias quando ela se torna incapaz de exercer o melhor julgamento sobre o seu próprio comportamento em decorrência do uso que faz delas. A adição é, assim, tratada como um padrão que, uma vez adquirido, torna-se compulsivo e irrefreável.

É importante destacar, inicialmente, que aquilo que se considera autonomia na tomada de decisão é fortemente cultural. Como observa Henrique Carneiro,

> [e]xiste uma fronteira tênue estabelecida por cada cultura entre a autonomia e a heteronomia nas decisões humanas, distinguindo atos prescritos e proscritos de uma esfera vaga de ações de alçada puramente individual. Na cultura ocidental pós-iluminista, o âmbito das decisões pessoais alargou-se abrangendo os pensamentos filosóficos, científicos e religiosos. No século XX, a esfera dos atos sexuais, estéticos e existenciais dilatou-se ainda mais, reconhecendo-se uma maior amplitude para os direitos de livre disposição do próprio corpo[87].

Na cultura filosófica ocidental, o problema da autonomia costuma ser atrelado ao lema délfico, o imperativo do conhecimento de si, que Michel Foucault[88] observa ser uma atitude reflexiva que se transforma, por meio da absorção de diversas tecnologias de gestão de si, e que, atualmente, pode ser traduzida como um cuidado permanente de si por meio da tecnologia médica ou medicamentosa.

Essa gestão de si coincide com outro ideal fortemente forjado na modernidade e que, de certa maneira, acompanha o pensamento ocidental de forma persistente: a noção de identidade sólida. Norbert Elias é certeiro ao identificar esse momento da autocentralidade em si, ao trazer a figura do "homem encapsulado", que

> constitui um dos *leitmotifs* recorrentes da filosofia moderna, desde o sujeito pensante de Descartes, às mônadas sem janelas de Leibniz, e ao sujeito kantiano do pensamento (que nunca pode romper inteiramente sua concha apriorística para chegar "à coisa em si"), até o prolongamento mais recente da mesma ideia básica, o indivíduo inteiramente auto-suficiente (...). A concepção do indivíduo como *homo clausus*, um pequeno mundo em si mesmo que, em última análise, existe inteiramente independente do grande mundo externo, determina a imagem do homem em geral[89].

Assim, se a leitura moderna daquilo que nos faz humanos reside justamente na capacidade de se tornar esse lugar hipostático da pessoa, não é de se estranhar que o autocontrole e as técnicas de aprimoramento de si sejam elencadas como *disciplinas do humano*. Também não causa espécie a facilidade com que se vincula o usuário de drogas a alguém "escravizado por si mesmo", "acorrentado a seus desejos insaciáveis"[90].

---

87. CARNEIRO, Henrique. Autonomia ou heteronomia nos estados alterados de consciência. In: LABATE, Beatriz et al. Drogas e cultura: novas perspectivas. Salvador: EDUFBA, 2008. p. 65.
88. FOUCAULT, Michel. O governo de si e dos outros. 1 ed. São Paulo: WMF Martins Fontes, 2010.
89. ELIAS, Norbert. O processo civilizador. São Paulo: Zahar Editores, 1990. p. 238-242.
90. CARNEIRO. Autonomia e heteronomia..., op. cit. p. 76.

Contudo, mesmo sob o prisma mais tradicional das teorias da adição e do prejuízo da tomada de decisão autônoma, há estudos que colocam em xeque o tão propalado potencial aditivo das drogas.

Primeiramente, usuários frequentemente freiam o próprio consumo de drogas, por períodos longos ou curtos, e o fazem em função de incentivos comuns e, frequentemente, atrelados à formação de vínculos sociais, tais como a oferta de um novo emprego, a oportunidade de rever familiares ou amigos e, ainda, a inserção em novas redes de relações interpessoais.

Em segundo lugar, o consumo de uma droga requer uma série de ações elaboradas e concatenadas para que se busque a droga; há a necessidade de se obter dinheiro, de se deslocar até o local, de encontrar ou fabricar artefactos para o uso, de se esconder de eventuais forças de repressão. A cadeia de eventos é, enfim, extensa, sendo implausível pensar que essa grande cadeia é automatizada e dispensa tomadas de decisões autônomas. A adição, nesse sentido, não seria suficiente para a eliminação radical da tomada de decisão autônoma, ainda que o uso prejudicial possa ser vislumbrado como uma realidade[91].

Compreender, portanto, o uso prejudicial de substância e a sua relação com a tomada de decisão consciente e deliberada requer "uma perspectiva cientificamente e filosoficamente sofisticada sobre a agência humana"[92]. Em outras palavras, faz-se necessário um olhar atento a inúmeros aspectos da condição humana para que o uso prejudicial de substância possa ser propriamente abordado.

A ideia de que o uso prejudicial de uma substância química é uma doença que decorre da adição e que acomete (ao menos) o sistema nervoso central é fortemente difundida na literatura médica e também no direito. E, se o uso contumaz de uma substância é uma doença ela (i) merece um tratamento e (ii) pode ser tratada.

Abordar tal ideia é relevante, já que pode auxiliar na distinção entre duas noções que, ao longo da história da medicina e de seus reflexos no direito, adição e uso prejudicial sempre caminharam em conjunto. Isto é, a ideia em voga sobre o tema prescreve que "o uso de qualquer substância química culmina necessariamente em dependência", sendo que, na verdade, o que estudos apontam é que importa muito mais para a problemática o padrão de consumo e o contexto em que o sujeito está inserido do que, propriamente, a droga de escolha[93].

A associação da adição à doença sustenta-se em dois pilares. O primeiro deles parece recair sobre a ideia de que o uso reiterado de uma determinada substância causa uma disfunção em veredas neuronais específicas. Entretanto, ainda que haja disfunções

---

91. LEVY, Neil. *Addiction and self-control*: perspectives from philosophy, psychology, and neuroscience. Oxford: Oxford University Press, 2014. p. 2.
92. *Ibid.*, p. 3.
93. MARQUES, Ana. MÂNGIA, Elisabete. A construção dos conceitos de uso nocivo ou prejudicial e dependência de álcool: considerações para o campo de atenção e cuidado à saúde. *Revista de Terapia Ocupacional da Universidade de São Paulo*, v. 21, n. 1, jan./abr. 2010. pp. 10-14.

neuronais que possam ser acarretadas pelo uso reiterado de alguma substância, elas não são suficientes para que se considere que a adição é uma patologia, "uma entidade nosológica distinta e autônoma"[94].

Isso não significa que devamos nos comportar de "forma moralizante em relação a quem sofre as consequências do uso prejudicial de drogas. Se isso diz algo, é no sentido de nos compelir a ter atitudes e respostas mais compassivas e efetivas no que tange à resposta ao vício"[95]. Antes, implica na insuficiência de se tomar o modelo da adição isoladamente para se compreender a problemática ou mesmo traçar seus limites epistemológicos e práticos.

Ao efetuar o descolamento entre adição e patologia, não se busca romantizar ou negar auxílio às pessoas que se encontram em condição de uso prejudicial de substâncias. Contudo, é necessário que quaisquer recortes jurídicos sejam fundamentados por evidências científicas, o que não parece ocorrer quando se atrela a adição à doença. É possível, por outro lado, afirmar que a desordem capaz de catapultar o uso prejudicial de alguma substância seja contextual. Isso significa que é fundamental situar a adição em contextos sociais.

Como salienta Neil Levy, deixar de abordar a adição como uma doença não implica em abandonar o cuidado e a necessidade de se pensar em formas éticas de auxiliar as pessoas que porventura venham a sofrer com o uso prejudicial de alguma substância. Não significa, tampouco, que essas pessoas devam ser culpadas individualmente ("se não é uma doença, você pode parar, é só ter força de vontade"). Entretanto, a força de admitir que existe, ao menos, uma *dúvida razoável*[96] sobre a caracterização da adição como uma doença, possui repercussões importantes na consecução de políticas públicas de tratamento que visem a uma "cura" forçada. Isso porque

> a afirmação de que o vício não é uma doença cerebral nos permite realocar o vício no ambiente social da pessoa em uso prejudicial. Isso pode ocorrer porque a pessoa não possui os recursos que a habilitem a deixar o ambiente em que ela frequentemente encontra os gatilhos que despertam a ânsia pela droga, e em que os seus recursos de autocontrole são exauridos pelas demandas constantes, estresse e má-nutrição. Pode ser porque a pessoa não possui acesso a bens que venham a competir com o uso de drogas. Os fatos que explicariam o vício e os fatos que explicariam o sofrimento são fatos parcialmente sobre ela, e fatos parcialmente sobre o ambiente em que ela se insere. Além disso, os fatos sobre essa pessoa – e que explicariam o seu vício e o sofrimento associado são mediados pelo ambiente (e alguns - mas somente alguns) dos fatos sobre o seu ambiente são, na verdade, mediados por ela[97].

---

94. MARQUES, Ana. MÂNGIA, Elisabete. *A construção dos...* Op. cit., p. 13.
95. LEVY, Neil. *Autonomy and addiction*, 2020 (no prelo).
96. Saliento que o uso do termo "dúvida razoável" não faz alusão ao instituto jurídico do *beyond reasonable doubt*, que é um método de provas legais por meio do qual a validação de uma sentença criminal deve ser submetida em sistemas de justiças adversariais, típicos do Common Law. Cf.: HALE, Sandra. The discourse of *Court Interpreting*: discourse practices of the Law, the Witness and the Interpreter. Nova Iorque: John Benjamins, 2004. p. 3-5.
97. LEVY. *Autonomy and addiction*. Op. cit.

Neste trabalho, ressalta-se mais uma vez, não se está negando que a adição seja uma condição que envolve uma disfunção neuropsicológica e que mereça a atenção devida. Coloca-se, entretanto, em questão, se a melhor abordagem do problema seja por meio (i) do modelo da cura pela abstinência e (ii) que a forma de tratamento deva seguir a internação involuntária como uma política pública. A adição existe em função da incrustação (*embeddedness*) social, e é necessário que se responda a ela por meio da oferta de condições sociais que permitam aos usuários a compreensão sobre a droga de uso, além de oferecer recursos que, de fato, preservem e promovam os direitos fundamentais em face de sofrimentos pelos quais usuários possam vir a passar.

Não pretendo esgotar, na presente tese de doutorado, a discussão neurocientífica sobre se a adição representa, de fato, um prejuízo considerável na autonomia do usuário.

Entretanto, parto desta discussão para que se afirme que existe dúvida razoável sobre o caráter patológico de tal condição, e que, em situações nas quais o direito se depara com uma dúvida razoável, políticas públicas não devem seguir o caminho ainda não comprovado[98].

Até agora, pretendi interligar pontos aparentemente desconectados na história dos séculos XIX e XX para evidenciar as suas repercussões em rede na manicomização do uso de drogas. Em retomada, o que busquei salientar foi, em um primeiro momento, como surgiu a lógica da proibição homogênea e sistemática de determinadas substâncias psicoativas, por meio dos usos jurídicos e da criminalização. Também quis demonstrar que essa criminalização sempre foi bastante seletiva, capturando uma parcela muito bem definida da população.

Em um segundo momento, apresentei que, em paralelo aos movimentos de criminalização de substâncias psicoativas, crescia uma medicalização da vida em torno da segregação espacial de determinadas populações, por meio do incremento da medicina social e da psiquiatria nas esferas mais cotidianas. E, finalmente, que esses caminhos intercruzam com ideias de autonomia, que se veem fraturadas pela construção de si por meio de usos de drogas.

Assim, por mais que este trabalho dê um peso estratégico às políticas de proibição das drogas, procuro me distanciar da restrição do problema das drogas à sua mera legalidade ou ilegalidade. Ainda que o debate sobre a descriminalização das drogas seja relevante, ele não esgota o tema sob exame. Por isso, volto a insistir na questão do *enquadramento*. Se, como busquei evidenciar, a definição daquilo que é considerado droga decorre menos de sua composição química e mais do valor que o Estado dá a determinada substância, as internações involuntárias de usuários de *crack* também são um enquadramento permitido, ou imposto licitamente, a seres humanos que são vistos

---

98. Caso esse fosse um raciocínio jurídico adequado, seria possível pensar em políticas públicas para tratamento de doenças que possam vir a surgir com base em medicamentos cuja comprovação para o tratamento ainda não fora evidenciada, problema esse que foi (e é) enfrentado no Brasil com relação ao tratamento da doença causada pelo vírus SARS-CoV-2 por medicações cuja eficácia para a doença viral não foi comprovada.

de forma diferencial pela racionalidade jurídica. De que modo esse olhar foi configurado será o tema dos próximos capítulos.

Adianto desde logo que, no fundo, teme-se o rompimento das identidades tão caras ao ocidente e à sua moralidade. É o não lugar abjeto de que tanto fala Taniele Rui, essa fronteira que alguns usuários de drogas, como os usuários de *crack*, esgarçam e que

> tem servido de fundamento para os modos hegemônicos como a condição do sujeito vem sendo concebida e experimentada entre nós, a saber, aquele que postula que a plena condição de sujeito humano deriva da autonomia individual e do controle de condutas[99].

Iniciei este capítulo com falas de pessoas internadas em comunidades terapêuticas. Ao retomar as falas dos internos da Centradeq-Credeq – internados em um equipamento com aval do governo federal e formalmente de maneira *voluntária* –, bem como as vivências de inúmeros outros sujeitos submetidos às políticas de internação involuntária por uso de drogas, uma pergunta se impõe: como chegamos a esse estado de coisas? Ainda: sob o argumento da ausência de autonomia, quais formas de exclusão, sofrimento e crueldade são produzidas? Ou, em outras palavras: como o uso de drogas foi manicomizado?

Quero apontar, agora, para dois momentos em especial: no primeiro deles, destaco a racionalidade política da gestão do uso de drogas, emaranhando o histórico legislativo e o histórico da criação dos aparelhos de cuidado em saúde mental para usuários de drogas. Em seguida, pretendo demonstrar que o fio condutor que me parece permear tudo isso é a "distribuição diferencial da precariedade"[100] – uma condição de se distribuir, de maneira desigual, a disposição afetiva para sentir emoções politicamente significativas como horror, culpa e indiferença.

Para essa abordagem, escolhi dividir meu recorte analítico em duas frentes. Na primeira, apresento as principais normas que disciplinam as políticas de drogas. Escolho o foco no panorama legislativo por entender que ele norteia políticas públicas e diretrizes gerais (mas também específicas) para que estados, municípios e entes da administração pública possam balizar os seus regramentos.

Posteriormente, apresento uma linha do tempo de eventos, narrativas, movimentações do Executivo e do legislativo que marcaram a gestão do uso de drogas e os movimentos de manicomização dos usuários de drogas no Brasil. Essa linha, mais extensa e detalhada, conta com regramentos federais, estaduais, municipais e, ainda, resoluções, portarias e encaminhamentos de congressos de especialistas.

Os apontamentos de regramentos têm uma pretensão maior do que elencar as normas vigentes sobre a matéria, entretanto. Justamente por compreender a temática como uma controvérsia, estabeleço uma linha do tempo a fim de desenhar um mapa cronológico dos vários pontos de inflexão concernentes à política de gestão do uso de

---

99. VARGAS. *Entre a extensão...*, op. cit. p. 28.
100. BUTLER. *Quadros de guerra...*, op. cit., p. 45.

drogas. Assim, espero registrar as perspectivas e interações do sistema que gira em torno dessa gestão e das atuais formas de internação de usuários de *crack*.

Essa evidência me trouxe a perspectiva de que as legislações que tratam das internações de usuários de drogas, especialmente o *crack*, são o reflexo, mas também o empuxo, de táticas de invisibilização e de circulação da pobreza e da marginalidade, aliadas a políticas de controle e de vigilância – tudo sob o discurso do risco, do perigo, do insalubre, do incapaz.

Essa percepção é compartilhada por autores como Ygor Alves e Pedro Pereira, que afirmam haver

> por trás de leis, pretensamente dedicadas à defesa da saúde pública, uma intenção higienista, amparada na guerra às drogas, em que discursos sobre o risco acabam por engendrar políticas de controle e vigilância (…). A ideia de controle de riscos também é acionada, na medida em que pode servir de chave para se compreender certas ofensivas sobre as liberdades individuais, como são as internações[101].

É por isso que a gestão do uso de drogas no Brasil resiste a abordagens reducionistas. E escolho a palavra *gestão* de modo consciente. A política de drogas no Brasil não apenas atua como elemento coercitivo em condutas. Antes, ela pode ser considerada, na esteira do argumento performativo, um modulador, que "decodifica identidades, valores e modos de vida por meio dos quais os sujeitos realmente modificam a si próprios, e não apenas o que eles representam de si próprios". Ao controlar a modelagem de corpos por meio da linguagem da guerra às drogas, de maneira corolária, se controla o discurso do sofrimento como um poder.

---

101. ALVES, Ygor. PEREIRA, Pedro. A controvérsia em torno da internação involuntária de usuários de crack. *Revista Sociedade e Estado*, v. 34, n. 2, Maio/Agosto, 2019. p. 515.

1.4 REGRAMENTOS JURÍDICOS DA GESTÃO DO USO DE DROGAS

> *"Pode ser surpreendente para alguns que os crimes relacionados a drogas estivessem decrescendo, e não aumentando, quando a Guerra às Drogas foi declarada. De uma perspectiva histórica, contudo, a falta de correlação entre crime e punição não é nenhuma novidade"*[102].

Da manicomização à reforma psiquiátrica... e de volta?

Inicio esta seção com uma pergunta provocativa. Em outras palavras, seria possível afirmar que as mudanças nas formas de tratamento do sofrimento psíquico, fruto de lutas antimanicomiais que abriram espaço para que tivéssemos iniciado o século XXI com regramentos menos agressivos e impositivos, cederam espaço à requentada lógica manicomial de atenção ao usuário de drogas?

E, ainda que eu mesma tenha iniciado esses questionamentos, já rechaço-os. Isso porque, conforme pretendo demonstrar, a gestão desse sofrimento psíquico parece-me muito mais como uma roda-gigante do que como um tudo-ou-nada. Assim, prefiro falar em graus do que em ausência e presença.

Como força-motriz dessa roda-gigante, há uma pluralidade de elementos. Atores, eventos, sujeitos e discursos engajam-se na produção de discursos capazes de transformar a internação de usuários de *crack* em uma demanda e, assim, em algo passível de regulação pelo Estado brasileiro.

Via de regra, parte significativa dos trabalhos que pretendem discutir a questão das drogas no Brasil destaca a Lei nº 11.343/2006, popularmente conhecida como Lei de Drogas (LD), como ponto de partida. A LD é o ponto central das medidas e estratégias tomadas para a política criminal de drogas contemporânea e seus regramentos atuam como balizas para decisões tomadas em sede legislativa, executiva ou judiciária.

Ainda que não queira questionar a posição privilegiada dessa Lei ante o ordenamento brasileiro, que será também discutido nesta seção, gostaria de ramificar a análise das políticas de drogas para outros regramentos que, num contínuo, atuam como elementos importantes para a compreensão do cenário atual.

Como afirma Strano,

> a atual lei brasileira de drogas é resultado de um complexo quadro de reformas legais, incluindo a Lei do Crime Organizado, a Lei do Regime Disciplinar Diferenciado e a Lei do Abate de Aeronaves (...). Nota-se que, ao menos em teoria, a lei tinha por escopo enfatizar a repressão ao "grande" traficante,

---
102. ALEXANDER. *A nova segregação...*, op. cit. p. 44.

isto é, aquele associado a organizações criminosas, ao tráfico internacional e ao financiamento dessa modalidade delitiva[103].

Esse movimento de descentralização é importante, tendo em vista as suas estipulações, ao menos no enquadramento que proponho, não estarem somente adstritas a um ou outro diploma legal[104].

A ambiguidade da LD encontra-se no fato de que a sua pretensão inicial se chocou com a sua aplicação real, tendo ela sido um marco do encarceramento em massa no Brasil. Assim como os primeiros Hospícios brasileiros, que originalmente deveriam recepcionar somente "loucos, e dentre os loucos, só os curáveis" e, por fim, destinaram-se ao asilo de toda uma "aglomeração de personagens absolutamente diversos que existiriam nas anacrônicas instituições a serem ultrapassadas e enterradas enquanto testemunhos da barbárie humana e do atraso civilizatório"[105], a LD, na prática, apresenta-se como a quintessência do Estado-centauro[106] brasileiro: extremamente robusto em suas bases e extremamente tímido em seu topo.

O caminho traçado entre legislações relacionadas às drogas e à saúde mental frequentemente coincidem-se na mesma estrada. Ao contrário do que geralmente é dito, essa coincidência não se dá somente pela preocupação com a saúde dos usuários de drogas, mas, antes, por meio de técnicas de controle e gestão que emergem e são exercidas quando as ideias de *saúde* e de *usuário* são conjugadas na mesma frase.

Os primeiros marcos temporais-legislativos que trago como destaque são três decretos do ano de 1921, elaborados como corolário à adesão brasileira à Convenção de Haia —um marco na repressão da produção e difusão de drogas, em especial opioides e cocaína. Os Decretos nº 4.294/1921, nº 14.969/1921 e nº 15.683/1921, disciplinaram penas para quem comercializasse drogas, além de, pela primeira vez, trazer à baila a internação compulsória como punição para usuários de entorpecentes que cometessem delitos.

Merece destaque o regramento contido no decreto nº 4.294/1921, em especial a redação de seu Art. 6º, que prevê a criação de estabelecimento próprio para recolhimento de pessoas que façam uso das substâncias previstas no decreto, quais sejam, "álcool ou substâncias venenosas":

> Art. 6º O Poder Executivo creará no Districto Federal um estabelecimento especial, com tratamento medico e regimen de trabalho, tendo duas secções: uma de internandos judiciarios e outra de internandos voluntários.
>
> § 1º Da secção judiciaria farão parte:
>
> a) Os condenados, na conformidade do art. 3º;

---

103. STRANO. *Crack: política criminal...*, op. cit. p. 185.
104. Cf. STRANO. *Crack: política criminal...*, op. cit. e SAPORI. MEDEIROS. *Crack: um desafio...*, op. cit.
105. MACHADO et al. *Danação da norma...*, op. cit. p. 473-474.
106. WACQUANT, Loïc. *Punir os pobres: a nova gestão da miséria nos Estados Unidos*, Rio de Janeiro: Editora Revan – Coleção Pensamento Criminológico, 2013.

b) Os impronunciados ou absolvidos em virtude da dirimente ao Art. 27, § 4º, do Codigo Penal, com fundamento em molestia mental, resultado do abuso de bebida ou substancia inebriente, ou entorpecente das mencionadas no Art. 1º, paragrapho unico desta lei.

§2º Da outra secção farão parte:

a) os intoxicados pelo alcool, por substancia venenosa, que tiver qualidade entorpecente das mencionadas no Art. 1º, paragrapho unico desta lei, que se apresentarem em juizo, solicitando a admissão, comprovando a necessidade de um tratamento adequado e os que, a requerimento de pessoa da familia, forem considerados nas mesmas condições (lettra a), sendo evidente a urgencia da internação, para evitar a pratica de actos criminosos ou a completa perdição moral.

Paralelamente aos movimentos legislativos, também crescia a atenção popular em torno das figuras dos "doentes mentais". É criada, assim, em 1923, a Liga Brasileira de Higiene Mental. A relevância dos conceitos higienistas, já discutida, ainda que brevemente, neste trabalho, reverberava-se agora não mais dentro dos hospícios, mas também fora dele. No Brasil do início do século XX, que passava por inúmeras transformações oriundas do crescimento dos espaços urbanos, das consequências de políticas pós-abolição da escravidão e da grande quantidade de pessoas forçadas à margem das políticas públicas e das condições mínimas de subsistência, a Liga foi idealizada.

Liderada pelo psiquiatra Gustavo Riedel, a organização, que almejava à modernização dos atendimentos psiquiátricos[107] e recebia massivos incentivos e subsídios do governo federal da época, logo ampliou seu escopo. Sob a influência da inspiração fascista no Brasil da década de 1930, a Liga, extremamente influente nos círculos de psicologia e psiquiatria brasileiros, mudou a sua política,

de modo que uma clara tentativa de "normalizar a população tornou-se o principal objeto para o médicos em seus esforços para inibir os deficientes mentais. Os princípios da eugenia e da higiene mental incentivavam psiquiatras que pretendiam colaborara para a criação de uma nação próspera, moderna e mais saudável[108].

Ainda que os regramentos acima tenham contribuído para a construção do imaginário legislativo em torno das políticas de atenção à saúde mental de usuários de drogas, foi em 1934 que entrou em vigor a legislação mais longeva até hoje sobre a temática da internação de pessoas em sofrimento psíquico[109]: o Decreto nº. 25.559, de 3 de julho de 1934.

O decreto do governo de Getúlio Vargas dispõe sobre o que chama de profilaxia mental, assistência e proteção à pessoa e aos bens dos psicopatas (sic), a fiscalização dos serviços psiquiátricos, além de dar outras providências.

---

107. COSTA, Jurandir Freire. *História da psiquiatria no Brasil*. 5 ed. Rio de Janeiro: Garamond, 2007.
108. SEIXAS, André. MOTA, André. ZIBREMAN, Mônica. A origem da Liga Brasileira de Higiene Mental e seu contexto histórico. *Revista de Psiquiatria do Rio Grande do Sul*, v. 31, n. 1, 2009. p. 82.
109. Isso porque o Decreto nº 25.559/1934 perdurou como o regramento principal das internações de pessoas em sofrimento mental, incluindo o uso de drogas, até a entrada em vigor da Lei nº 10.216, de 6 de abril de 2001 – popularmente conhecida como Lei da Reforma Psiquiátrica.

A centralidade normativa do decreto encontra-se no seu Conselho, disciplinado no Art. 2º, § 2º, que dispõe incumbir ao conselho o estudo de problemas sociais relacionados com a proteção aos psicopatas (sic), e o auxílio aos órgãos de propaganda de higiene mental.

É, também, o primeiro regramento em nível nacional a requerer autorização das autoridades competentes[110] para a abertura e direção de estabelecimento de recolhimento psiquiátrico.

Merece atenção o regramento da condição dos usuários de drogas, conforme estipula o Art. 7º:

> Art. 7º Os estabelecimentos psiquiátricos públicos dividir-se-ão, quando ao regimen, em abertos, fechados e mixtos.
>
> § 1º O estabelecimento aberto, ou a parte aberta do estabelecimento mixto, destinar-se-á a receber:
>
> a) os psicopatas, os toxicómanos e intoxicados habituais referidos no § 5º do Art. 3º que necessitarem e requererem hospitalização.
>
> b) os psicopatas, os toxicómanos e intoxicados habituais que, para tratamento, por motivo de seu comportamento ou pelo estado de abandono em que se encontrarem, necessitarem de internação e não a recusarem de modo formal.
>
> c) os indivíduos suspeitos de doença mental que ameaçarem a própria vida ou a de outrem, perturbarem a ordem ou ofenderem a moral pública e não protestarem contra sua hospitalização;
>
> d) os indivíduos que, por determinação judicial, devam ser internados para avaliação de capacidade civil.
>
> § 2º O estabelecimento fechado, ou a parte fechada do estabelecimento mixto, acolherá:
>
> a) os toxicómanos e intoxicados habituais e os psicopatas ou *indivíduos suspeitos*, quando não possam ser mantidos em estabelecimentos psiquiátricos, ou os que, por suas reações perigosas, não devam, permanecer em serviços abertos;
>
> b) os toxicómanos e intoxicados habituais e os psicopatas ou *indivíduos suspeitos* cuja internação for determinada por ordem judicial ou forem enviados por *autoridade policial ou militar, com a nota de detidos ou à disposição de autoridade judiciária* (grifo meu).

A década de 1930, em especial em seu final, acompanhou os efeitos já sentidos da influência da Convenção de Haia, e o Brasil recrudesceu os seus esforços na guerra às drogas. Em 1938, entra em vigor o decreto-lei nº 891, responsável pela fiscalização dos entorpecentes. Seguindo uma lista extensa de substâncias que passaram a ser enfaticamente controladas e proibidas, o decreto-lei reforça e define a noção de *toxicomania*.

Em capítulo dedicado à internação e à interdição de usuários de drogas, a toxicomania é definida como doença de notificação compulsória, como pode-se perceber na redação seguinte:

> Art. 27 – A toxicomania ou a intoxicação habitual, por substâncias entorpecentes, é considerada *doença de notificação compulsória*, em carater reservado, à autoridade sanitária local.
>
> Art. 28 – *Não é permitido* o tratamento de toxicômanos em domicílio.

---

110. À época, o ministro da educação e saúde pública, conforme o Art. 5º do decreto em tela.

Art, 29 – Os toxicômanos ou os intoxicados habituais, por entorpecentes, por inebriantes em geral ou bebidas alcoolicas, são passíveis de internação obrigatória ou facultativa por tempo determinado ou não.

§ 1º A internação obrigatória se dará, nos casos de toxicomania por entorpecentes ou nos outros casos, quando provada a necessidade de tratamento adequado ao enfermo, ou for conveniente à ordem pública. Essa internação se verificará mediante representação da autoridade policial ou a requerimento do Ministério Público, só se tornando efetiva após decisão judicial.

O uso de drogas, ao ser taxado como uma doença cuja notificação é compulsória, apresenta-se como um entrelaçamento entre controle do sistema de justiça e, simultaneamente, do sistema de saúde. Os processos de criminalização e de cuidado, como reiterado ao longo deste trabalho, completam-se e conceituam-se uns aos outros, indicando caminhos possíveis para as políticas de atenção aos usuários de drogas.

Assim, como salientam Annabelle Vargas e Mauro Campos, pesquisadores do Laboratório de Gestão e Políticas Públicas da Universidade Estadual do Norte Fluminense, "[v]ê-se que as questões jurídicas e de medicina acabam por manter uma relação dialética, embora aparentemente polêmicas"[111]. Essa confluência transforma a experiência dos usuários de drogas em regramentos, por meio da criminalização, da medicalização, da internação e do policiamento. É a partir desse paradigma que usuários de drogas passam a ser captados.

Por meio dos regramentos, delineiam-se os contornos dessa apreensão da vida de quem usa drogas. Vale ressaltar, novamente, que esses contornos são uma *decisão*. Optou-se, nesse momento da história brasileira, por regular determinadas substâncias em detrimento de outras. Machado *et al.* são enfáticos, por exemplo, em salientar que o consumo de drogas no Brasil da década de 1930 era extremamente incipiente, sendo, porém, o uso de bebidas alcoólicas bastante presente – e tolerado[112].

O panorama que compõe a moldura das internações involuntárias de usuários de *crack* é composto por vários elos de várias correntes. Talvez nenhum deles, isoladamente, seja capaz de dar conta da complexidade do fenômeno, mas todos eles em conjunto operam um enquadramento altamente tecnológico e espraiado. Até o momento, foi possível conectar elos tais como o controle e a circulação de mercadorias-especiarias na formação do capitalismo acumulativo, a partilha moral e a assimetria de regramentos entre substâncias, a confluência entre medicina social e urbanização brasileira e, agora, a imbricação entre psiquiatria e direito. Esses elos conduzem àquilo que há quase um século se reverbera no Brasil: a ideia de *epidemia* de drogas.

Nesse contexto, é promulgado o Código Penal de 1940, por meio de decreto-lei, que institui regramentos para compra e venda de drogas ilícitas sem, contudo, trazer regramentos sobre as internações dos usuários. A tônica proibicionista do Código Penal brasileiro é evidente, ainda que Nilo Batista sustente que o regramento penal desde então

---

111. VARGAS, Annabelle. CAMPOS, Mauro. A trajetória das políticas de saúde mental e de álcool e outras drogas no século XX. *Ciência & Saúde Coletiva*, v. 24, n. 3, 2019. p. 1045.
112. MACHADO et al. *Danação da norma...*, *op. cit.*

abria margem para a descriminalização da posse de drogas, trazendo o tratamento do usuário para a esfera sanitária[113].

O ponto de Batista é crucial, porque reflete a lógica que perdura até hoje na questão que envolve o usuário de drogas e o seu enquadramento jurídico. Por um lado, há um regramento penal que tipifica o uso de drogas. Por outro lado, há um regramento médico que captura o usuário de drogas como doente. E, imbricado entre pena e medicina, perdura um aparato judiciário, moral e midiático que, a todo instante, reitera a incapacidade dos usuários de decidirem os rumos de seus tratamentos – ou mesmo a necessidade de serem tratados. Assim, são esses elos de várias correntes que se desvelam no horizonte e coincidem com as internações involuntárias em estabelecimentos hospitalares.

As décadas de 1960 e 1970 passaram sem que grandes transformações no panorama legislativo fossem notadas em nível federal[114]. Excetua-se desse lapso temporal a entrada em vigor da Lei nº 6.368, de 21 de outubro de 1976, que dispunha sobre medidas de prevenção e repressão ao tráfico ilícito e uso indevido de substâncias entorpecentes. Essa lei é relevante para a temática das internações, já que ela reitera o já movimento de patologização do uso de drogas, trazendo o discurso da dependência química como um problema de direito e, portanto, de repressão.

Em seu capítulo II, regulamenta-se o tratamento e a recuperação dos usuários de drogas, prevendo a ampliação dos hospitais psiquiátricos para os chamados dependentes químicos em níveis federais, estaduais e municipais, além do Distrito Federal. Ainda, traz, em seu Art. 10, a obrigatoriedade do tratamento, nos seguintes moldes:

> Art. 10. O tratamento sob regime de internação hospitalar será obrigatório quando o quadro clínico do dependente ou a natureza de suas manifestações psicopatológicas assim o exigirem.
>
> § 1º Quando verificada a desnecessidade de internação, o dependente será submetido a tratamento em regime extra-hospitalar, com assistência do serviço social competente.
>
> § 2º Os estabelecimentos hospitalares e clínicas, oficiais ou particulares, que receberem dependentes para tratamento, encaminharão à repartição competente, até o dia 10 de cada mês, mapa estatístico dos casos atendidos durante o mês anterior, com a indicação do código da doença, segundo a classificação aprovada pela Organização Mundial de Saúde, dispensada a menção do nome do paciente.

O modelo manicomial de internação de usuários de drogas seguiu relativamente inabalado do ponto de vista legal até a entrada do século XXI no Brasil, quando entra em vigor da Lei nº 10.216/2001, popularmente reconhecida como Lei de Reforma Psi-

---

113. BATISTA, Nilo. Política criminal com derramamento de sangue. *Revista Brasileira de Ciências Criminais*, v. 5, n. 5, 1997. p. 129-146.
114. Não é possível dizer o mesmo com relação a movimentações internacionais e nacionais infralegais. Como será possível perceber na linha do tempo anexa a este trabalho, tais décadas representaram um recrudescimento político e moral da guerra às drogas, com intervenções da Organização das Nações Unidas, dos Estados Unidos da América e, também, de movimentos de resistência, como é o caso da luta antimanicomial. Por motivos de recorte, escolhi dissertar, aqui, sobre as legislações que dialogam diretamente com o binômio drogas-saúde mental. Entretanto, não se pode desconsiderar o impacto de tais movimentações descritas na linha do tempo.

quiátrica – LRP. Contudo, faço um breve recuo para explicitar o seu conturbado pano de fundo de mais de 10 anos entre proposição e promulgação, bem como para trazer à tona as resistências exercidas pelos movimentos antimanicomiais.

As décadas de 1970 e 1980 foram um marco para a resistência política no Brasil. Em contraposição ao endurecimento da ditadura militar no Brasil (1964-1985), eclodiram movimentos de denúncia às arbitrariedades, às torturas e à falsificação de dados. Suas pautas, excessivamente plurais para que este trabalho possa expor em detalhe, também não deixaram de pautar o sistema brasileiro de assistência à saúde mental.

Assim,

> as políticas de saúde mental (SM) e atenção psicossocial (AP) no SUS têm relação direta com a *ideia-proposta-projeto-movimento-processo* da reforma sanitária e com a conjuntura da transição democrática e, consequentemente, com a construção do próprio estado democrático[115].

Um evento marcante à época para mudanças que hoje estão incorporadas no modelo de atenção à saúde mental foi a mobilização de bolsistas e residentes dos hospitais psiquiátricos vinculados à rede de atenção à saúde pública, em especial os do estado da Bahia. Segundo Amarante e Nunes,

> [o] episódio diz respeito à mobilização de bolsistas e residentes dos hospitais psiquiátricos do Ministério da Saúde (MS), onde as condições eram absolutamente precárias. A partir de uma carta encaminhada ao Ministério da Saúde com denúncias e reivindicações, foram demitidos 260 profissionais, desencadeando um processo de novas denúncias, manifestações e matérias na imprensa durante vários meses[116].

A repercussão desse evento é um marcador da reformulação de regramentos asilares e manicomiais por meio da reforma psiquiátrica. Nessa esteira, ocorreu a primeira consolidação nacional de um movimento em prol de melhorias no cuidado e atenção às pessoas internadas em centros psiquiátricos – o Movimento dos Trabalhadores em Saúde Mental (MTSM).

Movimento que possui influências do pensamento de Franco Basaglia[117] e de Felix Guattari – que inclusive fizeram parte do V Congresso Brasileiro de Psiquiatria, ocorrido em Santa Catarina –, foi um dos propulsores da revisão ou reforma das práticas psiquiátricas.

---

115. AMARANTE, Paulo. NUNES, Mônica. A reforma psiquiátrica no SUS e a luta por uma sociedade sem manicômios. *Ciência e saúde coletiva*, v. 25, n. 6, 2018. p. 2068.
116. *Ibid.*, p. 2068.
117. Franco Basaglia, médico psiquiatra italiano, é um dos nomes corriqueiramente levantados como um dos precursores e ativistas pela luta antimanicomial. Basaglia, como coordenador de hospitais psiquiátricos, foi responsável pela condução de fechamento de alas de internações de contenção, buscando a humanização do hospital e o respeito ao direito à integridade física e mental dos internados. De base filosófica influenciada por Erving Goffman, Michel Foucault e Frantz Fanon, além de leituras aprofundadas marxistas, Basaglia propunha, com base nesses autores, uma reforma psiquiátrica ampla, denotando os limites institucionais de aparatos de internação hospitalar. *Cf*.: AMARANTE. NUNES. *A reforma psiquiátrica...*, *op. cit*.

Diversas conferências, debates e publicações acadêmicas seguiram no final das décadas de 1970 e 1980. Os movimentos por reforma psiquiátrica aproximaram-se, nesse contexto, de outras entidades, tais como a Associação Brasileira de Pós-Graduação em Saúde Coletiva, em "mais uma estratégia de ampliação da articulação do movimento com o campo mais geral da saúde"[118].

É, entretanto, em 1987, que as pautas reformistas propostas no início do período da ditadura militar migram para o plano antimanicomial consolidado. Com o lema de *"por uma sociedade sem manicômios"*, grupos acadêmicos que se organizavam periodicamente para debater as melhores práticas no ramo da atenção à saúde mental tornam-se, simultaneamente (i) mais abertos em sua composição e (ii) mais radicais em suas propostas. Surge o Movimento de Luta Antimanicomial (MLA).

Se a luta por reformas na psiquiatria e na atenção à saúde mental foi, inicialmente, restrita ao ambiente acadêmico, com o MLA, a sua constituição é diversificada e ampliada. Assim, um movimento outrora profissional passa a contar com apoiadores de inúmeros ramos – não só da pesquisa acadêmica, mas também da sociedade civil como um todo. Ainda, radicaliza-se a forma de lutar por direitos, na medida em que reformas já não parecem suficientes, sendo necessário substituir por completo o modelo assistencial à saúde mental —dessa vez, abolindo-se a lógica manicomial[119].

A articulação do MLA com diversos setores da sociedade civil e com o incipiente SUS deu origem e continuidade a diversos fóruns de "crítica ao modelo biomédico em psiquiatria e aos interesses que os orientam"[120].

Gostaria de, neste momento, tecer breves apontamentos sobre a importância de se espraiar na sociedade as pautas da reforma psiquiátrica. Como mencionado, há um contraste entre o início das lutas por reformas psiquiátricas e a ampliação trazida pelo MLA, no que tange à participação e à representatividade. Em um país flagrantemente marcado pelo colonialismo, as lutas por reformas no modelo de atenção à saúde mental, em seus primórdios, não escaparam a essa estrutura. O rastro deixado pela violência racista naturalizada e imbricada nas relações sociais brasileiras afeta tanto aqueles que são objetos da tutela psiquiátrica quanto a formação dos movimentos que lutam pela reforma dessa tutela.

Ainda que pretenda elaborar este tema de modo mais aprofundado nas seções seguintes, desde já destaco a relação íntima entre violência institucional, racismo e manicomização. Relação essa que já fora destacada por Angela Davis, em quem me apoio para pensar essa relação, ao dizer que é problemático e correlacional o encadeamento

---

118. AMARANTE. NUNES. *A reforma psiquiátrica...*, op. cit. p. 2069.
119. Abolir a lógica manicomial significa abolir o uso do modelo de encarceramento dos que sofrem e, ao mesmo tempo, pugnar por mudanças na estrutura dos tratamentos àqueles que buscam o atendimento de saúde. Essa é uma noção central para este trabalho, na medida em que pretendo demonstrar que a lógica manicomial é o que perpassa as internações involuntárias de usuários de crack.
120. *Ibid.* p. 2070.

entre a atenção psiquiátrica e a reclusão prisional – geralmente, conduzidas pela violência consentida[121] contra pessoas negras e pobres[122].

Assim, não é possível nem responsável pensar as origens de um movimento que conquistou inúmeras liberdades, como é o MLA, sem que se critique as suas próprias origens. Para tanto, trago o auxílio de Frantz Fanon, psiquiatra, e suas críticas à estrutura racista das políticas de saúde mental.

As estruturas que codificam o mundo por um viés de raça têm repercussões não somente nos tópicos tradicionalmente afetos ao racismo, que não é, assim, redutível às ações diretas de preconceito contra pessoas negras, não obstante essas sejam uma de suas facetas. São diversas condutas que, reiteradas e sistemáticas, garantem um enquadramento que lhes oferece horizontes difíceis de se escapar[123].

Sendo o racismo uma condição sistêmica, mesmo que um determinado mecanismo não carregue consigo o nome de racismo, ainda assim ele poderá segregar racialmente uns, mas não outros. É por isso que

> [é] muito mais conveniente imaginar que a maioria dos homens afro-americanos nas áreas urbanas escolheu livremente uma vida no crime do que aceitar a possibilidade real de que suas vidas foram estruturadas de uma forma que praticamente garantiu sua admissão precoce em um sistema do qual eles nunca podem escapar. A maior parte das pessoas está disposta a reconhecer a existência de uma gaiola, mas insiste que a porta foi deixada aberta[124].

O racismo funciona, portanto, como uma racionalidade – mais do que um mero veículo – de opressão sistêmica, que permeia a política, o direito, a psicologia e diversos outros campos do saber responsáveis pela configuração das percepções subjetivas. Tal atravessamento é percebido por Fanon, ao observar que as psicopatologias de um mundo racista impõem transtornos de natureza profunda, enraizada e de difícil apreensão a olho nu. Essa latência do racismo reitera cotidianamente o status de colonizado por brancos aos negros, o que, por sua vez, produz sentimentos de autorrejeição e autodepreciação – salientados, pelo autor, como a única oportunidade que homens negros podem ter de habitar em um mundo branco[125].

---

121. Considera-se o racismo como fisiológico, já que, ainda que não seja uma política declarada de Estado, é por meio do seu binômio entre seu caráter implícito e explicito que princípios de nobreza, pureza e cidadania forjaram o nosso Estado. Isso contrasta com o imaginário de, no Brasil, vivemos em uma sociedade plural e diversa quando, na verdade, virtualmente todos os aspectos econômicos, sociais e políticos da sociedade brasileira perpassam a implícita divisão racista da sua população. Assim, "o racismo é uma decorrência da própria estrutura social, ou seja, do modo 'normal' com que se constituem as relações políticas, econômicas, jurídicas e até familiares, não sendo uma patologia social e nem um desarranjo institucional. O racismo é parte de um processo social que 'ocorre pelas costas dos indivíduos e lhes parece legado pela tradição (...)'". *Cf.*: ALMEIDA, Magali da Silva. Desumanização da população negra: genocídio como princípio tácito do capitalismo. *Revista em Pauta*. Rio de Janeiro, n. 34, v. 12, 2014. p. 38-39.
122. *Cf.* DAVIS, Angela. *A liberdade é uma luta constante*. São Paulo: Boitempo, 2018.
123. YOUNG, Iris. *Inclusion and democracy*. Nova Iorque: Oxford University Press, 2000.
124. ALEXANDER. *A nova segregação...*, *op. cit.* p. 265.
125. FANON, Frantz. *Alienação e liberdade*: escritos psiquiátricos. São Paulo: Ubu Editora, 2020.

O adoecimento mental, portanto, não deve ser analisado a partir de uma perspectiva que o descole da realidade à qual algumas pessoas estão submetidas. Por isso, Fanon evidencia que o corpo e suas afetações orgânicas e psíquicas são forjados nos contextos sociais. Atualmente, os estudos da psicopolítica ou da etnopsiquiatria colonial fornecem continuidade à ideia do psiquiatra, que afirma que,

> [n]uma época em que neurologistas e psiquiatras se esforçam para delimitar uma ciência pura, isto é, uma neurologia pura e uma psiquiatria pura, seria válido introduzir no debate um grupo de doenças neurológicas que são acompanhadas de distúrbios psíquicos e levantar a questão legítima a respeito da essência desses distúrbios (…). Não acreditamos que um distúrbio neurológico, por mais que esteja inscrito no plasma terminativo de um indivíduo, possa engendrar um quadro psicológico determinado. Mas queremos mostrar que toda afecção neurológica incide de algum modo sobre a personalidade (…). Nossa ótica médica é espacial e deveria se temporizar cada vez mais[126].

Com esse recuo ao pensamento de Fanon em mente, parece-me que situar o racismo no âmago de quaisquer análises voltadas à compreensão dos sofrimentos psíquicos é premente. Devido a isso, destaco que o movimento iniciado no ambiente acadêmico, à época majoritariamente branco e universitário[127], como era de se esperar, deixou de colocar em evidência a centralidade do colonialismo e do racismo na estrutura das políticas de saúde mental no Brasil.

Os reflexos de se pautar a condição dos negros na reforma psiquiátrica somente após a consolidação do MLA e de sua consequente ampliação de horizontes críticos, denotam que oposições radicais ao modelo racista de gestão psíquica ainda são incipientes. Ainda, que a absorção e "a animação dos brasileiros com a luta antimanicomial e com o pensamento de Basaglia estaria ligada aos personagens que marcaram a história do Brasil e da luta por uma cultura de tolerância"[128], não de enfrentamento. Se, hoje, elas se fazem bastante presentes nas esferas do MLA, ressalto que a estrutura em que o pensamento antimanicomial foi forjado nem sempre as encampou.

O período da ditadura militar foi severamente repressivo em relação ao pensamento crítico e dissidente e ainda mais rigoroso com as manifestações e ideias de autores negros. Ainda assim, jovens estudantes negros durante as décadas de 1970 e 1980 dedicaram-se a trazer a obra de autores como Fanon à baila[129], como uma prática de resistência a opressões sistêmicas.

Nesse contexto, a luta antimanicomial foi ao encontro da produção crítica do racismo, da produção de violências e de desigualdades. Percebo esse movimento de conexão especialmente a partir do final da década de 1980. No Manifesto de Bauru, redigido em 1987 e produto do II Congresso Nacional de Trabalhadores em Saúde Mental, consta a seguinte passagem:

---

126. FANON. *Alienação e liberdade…, op. cit.* p. 31-32.
127. Como é ainda hoje.
128. PASSOS, Rachel. Frantz Fanon, reforma psiquiátrica e luta antimanicomial no Brasil: o que escapou nesse processo? *Sociedade em debate*, v. 25, n. 3, set./dez. 2019. p. 83.
129. PASSOS. *Frantz Fanon, reforma…, op. cit.*

[a] opressão nas fábricas, nas instituições de adolescentes, nos cárceres, a discriminação contra negros, homossexuais, índios, mulheres. Lutar pelos direitos de cidadania dos doentes mentais significa incorporar-se à luta de todos os trabalhadores por seus direitos mínimos à saúde, justiça e melhores condições de vida[130].

Considero, destarte, relevante sublinhar que, não somente os movimentos conservadores organizados em torno das políticas de saúde mental têm em seu cerne a estrutura racista mas, também, que mesmo movimentos progressistas frequentemente carregam consigo as mesmas estruturas de subjugação e invisibilidade. O racismo atravessa a psiquiatria e a história da medicina social no Brasil, desde os primórdios até os dias atuais.

Se as noções higienistas de internação e tratamentos forçados no Brasil pós-colonial, que delinearam a consolidação dos manicômios e sanatórios do final do século XIX e início do século XX, no século XXI, observamos, também, que noções similares, por vezes idênticas, conduzem as políticas e regramentos de internações involuntárias. No caso atinente aos usuários de *crack*, as reverberações são ainda mais prementes, tendo em vista que a população de usuários da droga é composta por ao menos 80% de pessoas negras. Muito embora não seja o tema da minha tese, não posso deixar, também, de mencionar os reflexos das estruturas supracitadas na retirada forçada de bebês de mulheres usuárias de *crack*, bem como na prática de esterilização forçada de mulheres negras e pobres.

O resgate da história do MLA, ainda que feito de modo sucinto, me permite demonstrar que reformas legislativas, extremamente relevantes para o redirecionamento das políticas públicas, necessariamente devem estar conectadas à articulação estrutural – com os comuns, os coletivos, as gentes.

Sem tal articulação, a absorção dos princípios do SUS pela Constituição da República, de 1988, seria dificultosa. A CR/88, além de garantir como direito fundamental o acesso à saúde a todos os que se encontrem em território brasileiro, resultou em uma série de revisões das práticas de internação daqueles que se encontram em sofrimento mental.

Um emblemático exemplo dessa absorção ocorreu na cidade de Santos, no estado de São Paulo, em 1989. Após reiteradas denúncias de violações a direitos fundamentais que ocorriam nas instalações do hospital psiquiátrico público do município, os gestores públicos, amparados pela Constituição recente, optaram por fechar o hospital e criar, com recursos públicos, o que foi chamado de *rede substitutiva*.

Essa rede era

[c]omposta não apenas de serviços descentralizados, distribuídos pelo território, mas também de dispositivos que pudessem contemplar outras dimensões e demandas da vida, tais como moradia, trabalho, lazer, cultura etc. Além da criação de cinco Núcleos de Atenção Psicossocial (NAPS), foram abertas residências para egressos do hospital, uma cooperativa de trabalho, um projeto cultural de

---

130. MANIFESTO DE BAURU. Disponível em: <https://site.cfp.org.br/wp-content/uploads/2017/05/manifesto-de-bauru.pdf>. Acesso em 22 jan. 2022.

rádio, TV e teatro, além de vários outros programas intersetoriais com crianças e jovens, profissionais do sexo, redução de danos, violência doméstica, dentre outros[131].

O caso de Santos foi sucesso no que tange à substituição do modelo hospitalar pelo modelo ambulatorial descentralizado. Se, antes, os pacientes psiquiátricos eram submetidos a internações fechadas e prolongadas – unicamente focadas em modelos biomédicos de tratamento, após a reformulação constatou-se a eficiência da promoção de modelos não asilares, descentralizados, bem como a viabilidade orçamentária para a consecução da reestruturação.

Outrossim, serviu de modelo para a proposta do Projeto de Lei nº 3.657/1989 que, após longos 12 anos de tramitação e debate, foi alterado e entrou em vigor em 2001 como a Lei nº 10.216/2001, a LRP.

A entrada em vigor da LRP foi contemporânea da III Conferência Nacional de Saúde Mental, permitindo a divulgação ampla do novo panorama em atenção à saúde mental no Brasil. Ao dispor sobre a proteção e os direitos das pessoas portadoras de transtornos mentais, redirecionou o modelo assistencial em saúde mental, com contribuições relevantes para a temática.

A LRP é um marco na caracterização das internações psiquiátricas, além de ser extremamente relevante para o estatuto das capacidades no direito brasileiro. Ao trazer, em seu Art. 6º, requisitos específicos para que uma pessoa seja internada em instalações psiquiátricas, disciplina que

> Art. 6º A internação psiquiátrica somente será realizada mediante laudo médico circunstanciado que caracterize os seus motivos.
> Parágrafo único. São considerados os seguintes tipos de internação psiquiátrica:
> I – internação voluntária: aquela que se dá com o consentimento do usuário;
> II – internação involuntária: aquela que se dá sem o consentimento do usuário e a pedido de terceiro; e
> III – internação compulsória: aquela determinada pela Justiça.

A leitura e interpretação do Art. 6º deve ser conjunta a do Art. 4º, que preconiza a internação como recurso último, a ser utilizado quando somente os meios extra-hospitalares de internação tenham se esgotado. Para contemplar os regramentos da LRP, foi delineada uma profunda reformulação do SUS. O Sistema passou a contar com os Centros de Atenção Psicossocial – CAPS, por meio da Portaria GM nº 336, 19 de fevereiro de 2002. Os Centros passaram a acolher pacientes psiquiátricos e pessoas com trajetória de uso prejudicial de álcool e outras drogas – nos CAPS-AD[132].

---

131. AMARENTE. NUNES. *A reforma psiquiátrica...*, op. cit. p. 2071.
132. Em conjunto com os CAPS, diversos aparelhos e serviços públicos foram suplementares à tentativa da LRP de se trazer um panorama desinstitucionalizante para as políticas de saúde mental. Um deles é o Estratégia Saúde da Família que, em 2003, ampliou sua atuação, por meio do Programa de Expansão e Consolidação da Estratégia de Saúde da Família, e passou a integrar práticas de atenção à saúde mental em seu rol de especialidades. Ainda em 2003, outras duas medidas foram impactantes. Com o programa De volta para a casa, de iniciativa do governo federal, foi sancionada a Lei nº 10.708, de 2003, que institui o auxílio-reabilitação psicossocial para egressos de internações psiquiátricas.

Ainda em 2002, é editada nova portaria, nº 2391/GM, que regulamenta o controle das internações psiquiátricas involuntárias e voluntárias, também em atendimento à LRP. A linha orientativa para acolhimento dos pacientes passou a ser a desinstitucionalização dos pacientes. De acordo com a portaria, toda internação involuntária deveria ser comunicada aos municípios e ao MP.

A desintiticionalização não deve ser confundida com a mera transferência da política assistencial dos manicômios para os hospitais. Antes, ela indica uma tentativa de realocar a perspectiva do acolhimento de uma doença para um outro léxico, desvinculado das ideias de punição e de controle e, finalmente, enfrentando os fatores que contribuem para o acometimento de sujeitos com trajetória marcada pelo uso prejudicial de uma substância. Fatores, não sujeitos.

Assim, é mais do que "simplesmente deslocar o centro da atenção do hospício, do manicômio, para a comunidade. Enquanto este existir como realidade concreta, as ações perpassarão, necessariamente, por desmontar esse aparato, mas não acabam aí"[133].

Em virtude disso, retorno ao ponto de partida desta seção: a Lei de Drogas. Em seus quase 16 anos de vigência, a política brasileira de repressão à produção não autorizada e ao tráfico ilícito de drogas, a Lei nº 11.343/2006, atinge a adolescência trazendo consigo desafios às discussões que pretendem estabelecer estudos interseccionais sobre o sistema penal.

O modelo de encarceramento que se observa no Brasil, a partir da aplicação desta lei, parece reiterar a estrutura racista, de exclusão de classe e de desigualdade de gênero, fortemente marcado pelos reflexos de exclusões sociais, por falhas nas consecuções de políticas públicas e, em especial, por uma seletividade punitiva. Em meio ao debate acadêmico e ativista sobre a descriminalização das drogas e pressões legislativas por um controle de produção e uso cada vez mais proibicionista, o encarceramento brasileiro desponta no cenário internacional como detentor da terceira maior população prisional do mundo.

São mais de 919.651 vidas humanas que se encontram privadas de liberdade, de acordo com o Levantamento Nacional de Informações Penitenciárias de 2021 e do Conselho Nacional de Justiça do Brasil. Nesse contexto, destacam-se as prisões relativas aos crimes de drogas. O número de crimes tentados ou consumados pelos quais pessoas privadas de liberdade foram condenadas ou aguardam julgamento em função de violações à legislação específica sobre drogas corresponde a 55% das mulheres e 30% dos homens presos.

Esses dados tornam-se ainda mais significativos quando são contrastados no tempo: uma análise comparativa entre o Levantamento Nacional de Informações Penitenciárias de 2005 – anterior, portanto, à LD, e o referente ao ano de 2021, revela que, enquanto a quantidade de pessoas condenadas por crimes referentes ao "tráfico de entorpecentes", em 2005, era de 32.880, após 16 anos sob a vigência da referida lei,

---
133. HIRDES, Alice. A reforma psiquiátrica no Brasil: uma (re)visão. *Ciência e saúde coletiva*, v. 14, n. 1, 2009. p. 299.

esse número chega a 203.625 pessoas presas. Em termos percentuais, evidencia-se, portanto, um aumento absoluto de cerca de 619% na taxa de encarceramento relacionado às drogas[134].

O regramento anterior à LD, a Lei nº 6.368/1976, previa a obrigatoriedade da internação involuntária de pessoas que, capturadas pelo sistema de justiça criminal, aparentassem usar drogas de modo prejudicial, como dispunha seu Art. 10:

> Art. 10. O tratamento sob regime de internação hospitalar será obrigatório quando o quadro clínico do dependente ou a natureza de suas manifestações psicopatológicas assim o exigirem.
>
> §1º Quando verificada a desnecessidade de internação, o dependente será submetido a tratamento em regime extra-hospitalar, com assistência do serviço social competente.

Já na LD, a internação aparece como *faculdade* do juízo, que deverá colocar à disposição do infrator o tratamento gratuito, preferencialmente ambulatorial, conforme estipula o Art. 28, § 7º.

Assim,

> Art. 28. Quem adquirir, guardar, tiver em depósito, transportar ou trouxer consigo, para consumo pessoal, drogas sem autorização ou em desacordo com determinação legal ou regulamentar será submetido às seguintes penas:
>
> I – advertência sobre os efeitos das drogas;
>
> II – prestação de serviços à comunidade;
>
> III – medida educativa de comparecimento a programa ou curso educativo.
>
> (...)
>
> § 2º Para determinar se a droga destinava-se a consumo pessoal, o juiz atenderá à natureza e à quantidade da substância apreendida, ao local e às condições em que se desenvolveu a ação, às circunstâncias sociais e pessoais, bem como à conduta e aos antecedentes do agente.
>
> § 7º O juiz determinará ao Poder Público que coloque à disposição do infrator, gratuitamente, estabelecimento de saúde, preferencialmente ambulatorial, para tratamento especializado.

A abertura facultada ao juízo, todavia, tem resultado em aplicações paradoxais da LD, terminantemente severas para uns, mas não para outros. Pesquisas da Rede Justiça Criminal[135] indicam que a maioria de presos provisórios denunciados por tráfico de drogas é composta por jovens negros de escolaridade baixa, indiciados apenas com base nos depoimentos policiais, sem a presença de advogados no momento da apresentação às autoridades competentes e, também, sem registros prévios no sistema penal.

---

134. BRASIL. Departamento Penitenciário Nacional e Fórum Brasileiro de Segurança Pública. Ministério da Justiça. *Infopen* – Levantamento Nacional de Informações Penitenciárias. Disponível em: <https://dados.gov.br/dataset/infopen-levantamento-nacional-de-informacoes-penitenciarias1>. Acesso em 11 jul. 2022.

135. REDE JUSTIÇA CRIMINAL. *Sumário executivo das pesquisas sobre prisão provisória*. Agosto de 2013. Disponível em: <http://www.soudapaz.org/upload/pdf/justi_a_rede_fasciculo1_perfil_preso_11_11_13.pdf>. Acesso em 02 jul. 2018.

Além disso, para Strano[136], ocorre que, tanto a LD quanto a LRP, ao vedarem a prisão de usuários – ainda que com flagrante seletividade na aplicação do regramento – e a imporem a substituição do modelo de tratamento hospitalar pelo ambulatorial, deixaram lacunas repressivas que foram preenchidas por iniciativas do Executivo e do Judiciário. Reordenaram-se, portanto, de forma ramificada e de difícil rastreio, as políticas criminais e de saúde mental no Brasil que, a partir de 2006, passaram a contar com um rol extensivo de portarias, decretos e recomendações, por um lado, e de megaoperações repressivas e Projetos de Lei visando à alteração da LD e da LRP, do outro.

A reorganização das políticas de repressão e cuidado aos usuários de drogas, a despeito de um *aparente* menor impacto na integridade do ordenamento jurídico brasileiro, na realidade, apresentou-se como uma remodelagem às avessas daquilo preconizado pela própria LRP. Se, de 2003 a 2006, a tônica da gestão da saúde mental voltada ao uso de drogas era composta por tentativas de ampliação do modelo assistencial ao egresso do sistema de internação e do rol de tratamentos pelo SUS, a partir da entrada em vigor da LD, passamos a evidenciar um grande conjunto de ações e regramentos distribuídos em torno de três eixos: (i) a tentativa de ocupar leitos de internações vazios ou ociosos de instalações antigas, (ii) a panaceia em torno do *crack* e (iii) o aumento do discurso religioso como modalidade terapêutica.

Em levantamento realizado na base de dados da Câmara dos Deputados, foi possível perceber que no período que engloba o ano de 2001 ao ano de 2022, 97 proposições acerca das internações involuntárias de usuários de *crack* foram apresentadas. Dessas, 51 ainda estão em tramitação. Em sua distribuição no tempo, certamente os anos de maior propositura foram os de 2011 e 2012, com 16 e 15, respectivamente.

Destaco as propostas de Projeto de Lei que versam sobre o tema. Ao todo, são 22. Desse conjunto, destaco 13 projetos que visam à alteração dos regramentos inclusos na LRP ou na LD para, ora ampliar as possibilidades de internações involuntárias, ora criar brechas para que essas também sejam possíveis de ocorrer em estabelecimentos privados.

Ano	Número	Proponente	Partido	Síntese
2019	PL 3411/2019	Daniel Silveira	PSL/RJ	Altera a LD para trazer pena de detenção aos usuários de crack.
2020	PL 3553/2020	Marreca Filho	PATRIOTA/MA	Institui diretrizes para tratamento de gestantes usuárias de drogas, dando ênfase ao uso de crack.
2019	PL 2083/2019	Pastor Sargento Isidoro	AVANTE/BA	Indica diretrizes para que as CTs seja consideradas como Política Pública Permanente no Brasil.
2019	PL 7665/2010	Raul Henry	PMDB/PE	Amplia a internação involuntária para redes privadas, quando não houver absorção pelo SUS.
2017	PL 7142/2017	Francisco Floriano	DEM/RJ	Institui o Serviço de Proteção e Atendimento Especializado a Gestantes Dependentes Químicas, para acolhimento de usuárias de crack que, grávidas, não são aceitas em CTs em virtude de "não terem o que fazer com o bebê".

---

136. STRANO. *Crack: política criminal... Op. cit.*

Ano	Número	Proponente	Partido	Síntese
2016	PL 5251/2016	Vitor Valim	PMDB/CE	Torna obrigatória a internação de usuários de crack, que não tenham familiares, em estabelecimentos de saúde autorizados.
2015	PL 158/2015	Roberto de Lucena	PV/SP	Considerar definitivamente que o crack é uma droga não passível de legalização.
2012	PL 4871/2012	Francisco Escórcio	PMBD/MA	Possibilita ao juiz a internação compulsória de usuários de crack, em virtude da substância apreendida e do comportamento do infrator.
2012	PL 3365/2012	Eduardo da Fonte	PP/PE	Traz a indeterminação do prazo máximo de internação para usuários de drogas, especialmente de crack.
2012	PL 4911/2012	Onofre Santo Agostini	PSD/SC	Estabelece diretrizes para internação involuntária de usuários de crack em logradouro público.
2011	PL 440/2011	Ratinho Júnior	PSC/PR	Estabelece que o juiz determinará a imediata internação de usuários de crack para tratamento.
2010	PL 7663/2010	Osmar Terra	PMDB/RS	Aumenta a pena de tráfico de crack de 1/6 a 2/3.

Tabela 01 – Projetos de Lei que ampliam a LRP ou a LD.
Fonte: Elaboração própria.

Por sua vez, o rol de Projetos de Decreto Legislativo de Sustação de Atos Normativos do Poder Executivo apresenta três propostas sobre a temática, que têm como objetivo sustar o financiamento público de CTs ou congêneres.

Ano	Número	Proponente	Partido	Síntese
2022	PDL 111/2022	Erika Kokay	PT/DF	Susta os Edital de Chamamento Público nº 03/2022, do Ministério da Cidadania, que visa à transferência de recursos a CTs e congêneres
2020	PDL 249/2020	Fernanda Melchionna; David Miranda; Marcelo Freixo; Áurea Carolina e outros	PSOL/RS-RJ-SP-PA-SP-MG	Susta os efeitos da revogação da Portaria nº 2/GM/MS, que redireciona o modelo terapêutico ambulatorial para pessoas em conflito com a lei para o hospitalar.
2018	PDC 1090/2018	Erika Kokay	PT/DF	Susta a Portaria nº 3.659/2018, que prevê a interrupção dos repasses de custeio mensal aos CAPS, SRT, UA e RAPS, do SUS.

Tabela 02 – Projetos de Decreto Legislativo de Sustação de Atos Normativos do Poder Executivo.
Fonte: Elaboração própria.

No que tange à configuração partidária dos proponentes das 97 propostas legislativas vinculadas às internações involuntárias de usuários de *crack*, sejam as voltadas ao fortalecimento do modelo assistencial e de redução de danos, sejam as dedicadas à retomada do modelo abstêmio e hospitalar/asilar, a configuração partidária ocorre da seguinte maneira:

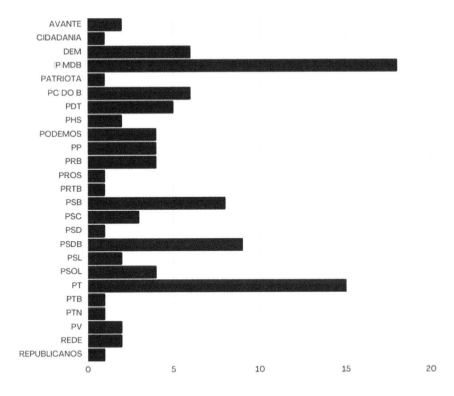

Tabela 03 – Comparativo de proposições por partidos políticos brasileiros
Fonte: Elaboração própria.

No Supremo Tribunal Federal – STF –, foi possível perceber que a matéria em torno do *crack* foi 108 julgada em acórdãos. Em todos eles, o objeto da querela jurídica girava em torno da concessão de habeas corpus àqueles privados de liberdade por conta de delitos de drogas. Desses 108, 43 trazem destaque para a *natureza da droga* como fator determinante para o julgamento.

Frequentemente, os votos dos ministros do STF fazem alusão à jurisprudência do órgão, que consolidou o entendimento que a natureza da droga apreendida deve ser critério empregado, tanto na primeira fase de dosimetria, quanto na graduação da minorante prevista no art. 33, § 4º, da LD. Para o Ministro Gilmar Mendes, "o comércio do *crack*, droga violentamente devastadora, não pode ser visto como o das demais drogas mais leves, a exemplo da maconha"[137].

Em outro voto sobre matéria similar, afirma o Ministro Dias Toffoli, que

> a ainda que se verifique que o apelante possa fazer jus ao benefício, é condizente a mensuração no patamar mínimo com a situação evidenciada nos autos, pois este guardava ou tinha em depósito 29

---

137. BRASIL. HC 192659 AgR / SP – SÃO PAULO. Relator(a): Min. GILMAR MENDES. Julgamento: 16/11/2020. Publicação: 03/12/2020. Disponível em: <https://jurisprudencia.stf.jus.br/pages/search/sjur437615/false>. Acesso em 3 ago. 2022.

(vinte e nove) pedras de crack, drogas de alto poder deletério e que, nos termos do art. 42 da Lei de Drogas, merece ser coibida com maior rigor[138].

Se destaquei os regramentos que correm nas casas legislativas e judiciárias, especialmente na Câmara dos Deputados, certamente não foi no intuito de apontar que somente eles articulam as políticas de internação involuntária de usuários de *crack*. Na verdade, eles se enredam em meio a outros, oriundos do poder executivo, do poder judiciário, de narrativas e de outros atores que, confluídos de maneira controversa, ora contrapõem-se, ora convergem-se.

Na tentativa de visualizar em conjunto as movimentações que considero principais para o direcionamento das políticas contemporâneas de internação involuntária, organizei sinteticamente as informações no formato de uma linha do tempo, situada no Anexo I do trabalho. Foram, para tanto, destacados os seguintes movimentos:

i. Movimentações do Poder Executivo, especialmente em relação à condução de estudos dirigidos, grupos de trabalho, ações de enfrentamento e instituição de programas;

ii. Regramentos legais, especialmente os Decretos-Lei, Leis e Decretos que versem sobre a temática das internações;

iii. Regramentos infralegais, como portarias ou resoluções de órgãos de controle ou da administração pública ou, ainda, conselhos profissionais;

iv. Narrativas sobre o *crack* ou sobre as internações e;

v. Eventos que se destacam na história política e jurídica do tema em discussão.

Após a depuração no tempo das movimentações destacadas acima, uma nova Lei entra em vigor, alterando substancialmente o regramento das internações e absorvendo parte das proposições acima mencionadas. o do *crack*, em conjunto com as megaoperações repressivas em regiões de cracolândia e à movimentação dos poderes executivo e judiciário em torno da questão, que houve uma centralidade das políticas no governo federal[139].

Entra em vigor, em julho de 2019, a Lei nº 13.840, decretada pelo Congresso Nacional e sancionada pelo Presidente da República. Essa Lei promoveu, além de alterações na LD, a instituição da nova Política Nacional sobre Drogas – NPND. Além disso, também disciplinou *especificamente* a aplicação supletória à LRP dos modelos de internação para de uso de drogas, especificamente. Recordo que a LRP não traz menção às internações

---

138. BRASIL. Ag. Reg. No RO em HC 152.037 - Santa Catarina. Relator: Min. DIAS TOFFOLI. Julgamento em 27/03/2018. Disponível em: <https://jurisprudencia.stf.jus.br/pages/search/sjur383511/false>. Acesso em 3 ago. 2022.
139. Os sete parágrafos seguintes foram retirados, com pequenas modificações de adequação, de texto já publicado por mim, em coautoria com Natasha Burrell. *Cf*.: NASSER CURY, Carolina Maria. RIBEIRO, Natasha Burrell. Em qualquer parte, de qualquer maneira: necropolítica, neoliberalismo e os corpos rentáveis do crack. In: Natacha Rena; Marcela Brandão; Daniel Medeiros; Isabel de Sá. (Org.). *Urbanismo Biopolítico*. 1 ed. Belo Horizonte: Agência de Iniciativas Cidadãs, 2021, v. 1. p. 335-372.

involuntárias especificamente voltadas à população usuária de drogas, mas, em sentido amplo, a todos aqueles acometidos de sofrimento psíquico. Após a entrada da NPND no ordenamento jurídico brasileiro, o Decreto nº 9.761/2019, que a regulamenta em específico, determina a repartição do orçamento público entre o sistema CAPS-SUS e as Comunidades Terapêuticas.

A NPND trouxe diversas modificações relevantes à compreensão das internações involuntárias. Sublinho quatro que, dentre todo o regramento, destacam-se por trazer uma reorientação em contraste aos desenvolvimentos decorrentes da entrada em vigor da LRP e de todo o seu histórico: (i) houve a troca do modelo de redução de danos para o modelo abstêmio, (ii) redefine as internações involuntárias especificamente voltadas aos usuários de drogas, (iii) adota o padrão de uso e o tipo da droga como critérios para a indicação à internação e (iv) fraciona o orçamento público entre o sistema CAPS e as CTs.

As novidades apresentadas passam, portanto, a nortear as políticas públicas que irão atingir, principalmente, os usuários de *crack* que ocupam os territórios das cracolândias.

Iniciei este capítulo com uma frase do ex-senador e proprietário de uma CT, Magno Malta, sobre a aprovação da NPND, em 2019. Na ocasião, parlamentares, notadamente da bancada evangélica, celebraram a aprovação da medida que fraciona o orçamento público para políticas de tratamento de usuários de drogas entre SUS e CTs privadas[140].

Ainda que o slogan da campanha do atual Ministério da Cidadania sobre drogas seja *"Você nunca será livre se escolher usar drogas"*, a realidade demonstra que, na verdade, o cerceamento das liberdades individuais é uma tônica nas práticas das CTs.

As CTs são associações não governamentais que atuam como asilo temporário de usuários de drogas. Têm como política geral a abstinência e contam com, estimadas, quase 2 mil unidades em território nacional. A partir de 2019, essas entidades passam a atuar, em conjunto com hospitais e equipamentos gerais do SUS, como instituições de tratamento dos usuários de drogas, recebendo auxílio financeiro que consome mais de R$153,7 milhões anualmente[141].

O chamamento público para distribuição de recursos às CTs ocorre anualmente, por meio de edital. Em edital apresentado em 2022[142], visando à seleção de organizações da sociedade civil que prestem atendimento como hospital psiquiátrico, e que tenham como objeto o tratamento de pessoas com trajetória de uso prejudicial de substâncias psicoativas, o Ministério da Cidadania, mesmo após reiteradas denúncias de órgãos de controle, da mídia e de organizações pelos direitos humanos, continua a incentivar,

---

140. *Cf*.: LEVY; FERRAZ. *Clínica antidrogas tinha…*, op. cit.
141. SASSINE, Vinícius. Governo multiplica investimento em comunidades terapeuticas de cunho religioso para atender usuários de drogas. *O Globo*, abr. 2019. Disponível em: <https://oglobo.globo.com/sociedade/governo-multiplica-investimento-em-comunidades-terapeuticas-de-cunho-religioso-para-atender-usuarios-de-drogas-23617574>. Acesso em 30 set. 2019.
142. BRASÍLIA. *Edital de chamamento público nº 03/2022*. Disponível em: <https://www.gov.br/cidadania/pt-br/servicos/editais-1/chamamento-publico/SEI_71000.011057_2022_04.pdf>. Acesso em: 05 maio 2022.

financeira e discursivamente, a internação em CTs. Ao longo de quatro anos, o investimento nas CTs foi de R$ 560 milhões.

Ressalto que, muito embora o repasse mencionado não seja uma inovação apenas trazida pela NPND à história das políticas de internação do Brasil – tendo inclusive constado no planejamento plurianual em 2015 –, a centralidade dessa política é recente. Mesmo com o congelamento de gastos públicos, foi dada, a partir de 2019, prioridade orçamentária para o programa em que as despesas de CTs estão alocadas, tendo consumido 89% das despesas da pasta de "redes de cuidados e reinserção social"[143].

A discrepância entre o financiamento das CTs e do SUS é considerável. Não só pelo incremento no repasse de verbas públicas às CTs, que desde 2019 têm sido vultosos, mas, também, pelo congelamento de gastos públicos, que acarretou sub-repasses aos CAPS e aos CAPS-AD. Ainda, a falta de transparência é, também, outro ponto de atenção, no que tange ao monitoramento da aplicação das políticas previstas pela NPND e do repasse de recursos públicos às organizações privadas. Isso porque, desde 2014, o país passa pelo denominado "apagão de dados da saúde mental", já que não houve registro de novos levantamentos produzidos sobre a estrutura, o perfil dos internados e o tempo de hospitalização em instituições psiquiátricas da rede SUS[144].

O Secretário da pasta, Quirino Cordeiro, chega a afirmar que "a luta antimanicomial no Brasil causou um caos na assistência para pessoas que apresentam transtornos mentais e dependência química (...). É o que tem de mais atrasado, mofado, extemporâneo"[145].

As CTs possuem como metodologia a cura pela abstinência, pela religião e pelo trabalho, muitas vezes impostos forçadamente. Retomo, por isso, o Relatório da Inspeção Nacional em Comunidades Terapêuticas, que destaca a observação de violações de direitos, por meio de práticas terapêuticas que recorrem, como método, ao isolamento e à restrição do convívio social, à incomunicabilidade e à restrição de visitas, à retenção de documentos ou dinheiro, à ausência de projetos terapêuticos, à violação da liberdade religiosa, à laborterapia, à administração irregular de medicações, à violência psicológica, à tortura, dentre outros flagrantes ataques aos direitos humanos[146].

Ao integrarem a NPND, as CTs passam a carregar consigo um leque vasto de possibilidades de uso do aparato estatal tanto para fins privados quanto para a violação da autonomia e da liberdade de cidadãos, por meio da internação em estabelecimentos fortemente marcados pela tortura e pela absoluta violação de direitos, além da reificação dos internados.

---

143. CONECTAS Direitos Humanos. *Financiamento público de comunidades terapêuticas brasileiras entre 2017 e 2020*. Disponível em: <https://www.conectas.org/wp-content/uploads/2022/04/Levantamento-sobre-o-investimento-em-CTs-w5101135-ALT5-1.pdf>. Acesso em 05 maio 2022.
144. MINISTÉRIO da Cidadania prevê R$ 5,7 milhões a hospitais psiquiátricos com histórico de maus tratos e tortura. *Jornal Hoje*, 25 jul. 2022.
145. MINISTÉRIO da Cidadania..., *op. cit*.
146. Conselho Federal de Psicologia. *Relatório da Inspeção Nacional em Comunidades Terapêuticas*. Mecanismo Nacional de Prevenção e Combate à Tortura; Procuradoria Federal dos Direitos do Cidadão; Ministério Público Federal. Brasília: CFP, 2018.

1.5 ARREMATE DO CAPÍTULO UM

A sensação de terminar uma seção dedicada ao panorama crítico das políticas de internação por drogas no Brasil é a de que ainda haveria muito a ser dito sobre o assunto. Isso diz bastante sobre o tema ao qual me dediquei nesta parte do trabalho. O assunto é, de fato, extremamente ramificado e conectado a vários pontos da história do Brasil.

As políticas de internação de usuários de drogas, especialmente aquelas construídas em torno do imaginário que circunda o *crack*, atravessam ideologias políticas. São um tipo de racionalidade que entremeiam diversos campos políticos[147]. É, portanto, estruturante e simbiótica a outras marcas estruturais que permeiam a formação social brasileira.

Os movimentos contemporâneos da política de internação de usuários de drogas apresentam o despontar do *crack* como pivô. A droga desponta como categoria-controvérsia de mobilização de esforços do Poderes Executivo, Legislativo e Judiciário, além de diversos outros órgãos e estruturas. Fiz questão de salientar a descentralização e ramificação de um conjunto amplo de eventos, narrativas, regramentos legais e infralegais para demonstrar a notável polifonia, isto é, ao fazer ecoar de diversos tons, sons e narrativas que, juntos, integram a construção das políticas de internação dos usuários de *crack*.

Demonstrei a existência de uma controvérsia para, então, buscar a sua desnaturalização. Salientei a correlação íntima entre as políticas de internação com as próprias configurações históricas e representações de segregações e exclusões estruturais. Captadas em conjunto, elas colocam em movimento um enquadramento que aponta para o descolamento do *crack* de uma mera substância psicoativa para um dispositivo.

O seu caráter híbrido e complexo, por sua vez, indica a necessidade de colocar em evidência analítica os elementos responsáveis pelo despontamento das políticas em torno do *crack* como uma *demanda*. Apresento alguns contornos possíveis para tais elementos:

(i) a ideia de que o uso de *crack* se espalhou como uma epidemia, demandando esforços contundentes em prol da sua contenção e repressão;

(ii) a peculiar correlação entre *crack* e imaginário abjeto;

(iii) a noção de que o *crack* seria uma droga capaz de sequestrar o sujeito de si;

(iv) a vontade de segmentar o controle social para além dos muros de uma prisão.

A comunhão dos quatro contornos acima mencionados é uma das responsáveis pela propagação de que a internação involuntária de usuários de *crack* configura medida justificada, seja em nome de uma suposta autonomia individual, seja em nome de uma defesa da sociedade.

A sujeira e a sarjeta, imagens e cenários retratados em grande parte das narrativas sobre as cracolândias, perturbam os ideais de higiene, saúde e ordem pública e são elementos que conferem ao poder público e à sociedade um imperativo para que as internações sejam uma política de Estado.

---

147. *Cf.*: DELMANTO, Júlio. *Camaradas caretas*: drogas e esquerda no Brasil. São Paulo: Alameda, 2015.

Nesse sentido,

> [a] incapacidade do louco deve ser, portanto, cuidadosamente regulada, para que não se transforme em possibilidade de atentado à liberdade individual. O louco deve delegar a sua vida a um elemento idôneo. Não é portanto suficiente dar ao louco o estatuto de doente. É necessário e fundamental dar a ele estatuto de menoridade e fazer destes dois aspectos uma mesma realidade[148].

Trilhando um caminho em que vejo estrita correlação entre noções de cuidado com as de punição e entre narrativas que produzem formas de estar vivo com condições sobre as quais se permite morrer, volto, agora, meu olhar para o *crack* e seus agenciamentos. Pretendo demonstrar que eles são elementos centrais tanto para a descaracterização dos sujeitos como pessoas quanto para o reforço do imaginário repressivo.

---

148. MACHADO et al. *Danação da norma*..., op. cit. p. 483.

Capítulo Dois
QUE PEDRA NO CAMINHO?

> "Seus amigos são
> Um cachimbo e um cão
> Casa de papelão (...)
> Não de foice ou faca
> Esquartejada alma amarga, amassa lata
> Estoura pulmão
> Toda pedra acaba, toda brisa passa
> Toda morte chega e laça
> São pra mais de um milhão
> Prédios vão se erguer e o glamour vai colher
> Corpos na multidão"[1].

---

1. CRIOLO. *Casa de papelão*. Convoque seu Buda. São Paulo: Oloko Records, 2014. Disponível em: <https://open.spotify.com/track/6gfEwOVH4VlQ6xVTLmq6IS?si=415b4b2f624c48f5>. Acesso em 17 Jul. 2022.

2. Capítulo Dois
QUE PEDRA NO CAMINHO?

"Nunca me esquecerei desse acontecimento
Na vida de minhas retinas tão fatigadas
Nunca me esquecerei que no meio do caminho
Tinha uma pedra"[2].

As palavras são uma representação de seu tempo. A linguagem, construto ativo, é capaz de forjar comportamentos e sentimentos, tendo o condão de instigar ações e reações em todos os afetados pelas construções linguísticas.

Para uma geração marcada pelas aflições trazidas pela Covid-19, não é forçoso afirmar que a palavra *epidemia* seja um catalisador de emoções e sensações distintas – porém intensas – nas vidas de todos aqueles que vivem e convivem com as incertezas da época e se depararam com a finitude prematura de inúmeras vidas perdidas.

Contudo, como toda palavra de seu tempo, *epidemia* não é um termo circunscrito somente à circulação de um vírus letal. É possível afirmar que outra ideia envolve o conceito de epidemia, de forma permanente no imaginário de sociedades ocidentais: a epidemia de *crack*.

O Brasil, sempre às voltas com a tentativa de buscar soluções pontuais para questões ramificadas e multifacetadas, recepciona a emergência de ciclos de exposição midiática dessa suposta epidemia de *crack*. Um ciclo que se inicia com reportagens, em tom de denúncia, de uso de *crack* a céu aberto, seguido de ações repressivas por parte do Estado, que culminam na dispersão e na violação de direitos dos usuários para, em seguida, entrarem em um curto hiato de veiculação e serem, em sequência, retomadas por meio das reportagens, em tom de denúncia, sobre a insuficiência das medidas mitigadoras do *problema das cracolândias*.

Esse ciclo se retroalimenta, tendo como fundamento a criação de uma narrativa que aponta para a necessidade do recrudescimento das políticas repressivas de combate ao uso, mas especialmente orientada ao usuário de *crack*. Exemplos desse ciclo mencionado, definitivamente, não faltam:

---
2. DRUMMOND DE ANDRADE, Carlos. *Poesia completa*. Rio de Janeiro: Nova Aguilar, 2002. p. 16.

"A sociedade tratou de uma forma muito demagógica a epidemia de crack, inclusive emprestando conceitos muito fluidos e imprecisos de que, para o viciado em *crack*, deveria ser garantido o direito constitucional de livre escolha (…)"[3], diz a reportagem veiculada na Jovem Pan, em junho de 2022.

Já o G1 traz, em reportagem, a notícia de que "a forte ação policial [ocorrida nos Estados Unidos na década de 1990] contra o tráfico ajudou a combater a epidemia de crack"[4].

A Veja, em 2020, por sua vez, apresenta a solução de Ronaldo Laranjeira, professor de Psiquiatria da Universidade de São Paulo – USP –, para "acabar com essa epidemia que devasta o país". Curiosamente, no ano em que eclodiu a pandemia de Covid-19, a atenção pública se voltou ao ensejo de criar mecanismos de combate ao "estrondoso aumento de pontos de venda de drogas" por meio de "uma rigorosa política pública que culmine em ações que impeçam a importação e o abastecimento da rede [de] distribuição atual", caso contrário, "a epidemia do consumo de drogas continuará"[5].

Certa de que o volume das reportagens que reiteram o teor acima destacado ultrapassará – em muito – os limites de fato e de episteme desta tese, opto por interromper a colagem de notícias. Entretanto, sublinho que a construção simbólica de imaginários, realizada pelos aparelhos midiáticos, não se esgota somente na transmissão de informações.

Antes, são elementos de construção de sentidos, subjetividades, materialidades e corpos. Desde a teoria dos atos de fala de John Austin[6], tem-se a noção de que é impossível compreender a linguagem como um elemento estritamente descritivo da realidade, devendo-se considerá-la um elemento modificador da realidade. A linguagem, então, emerge como uma modulação entre observação, intenção, criação e inscrição em corpos e em sujeitos.

Contudo, a linguagem pode – e de fato caminha para – ocupar um espaço muito maior do que o previsto por Austin. Um enunciado que produz certa marca, isto é, que *produz* um determinado significado, carrega consigo o pressuposto de performatividade. Assim, "o ato de fala (…) se torna parte de uma máquina de escrever que funciona para além da presença daquele que enuncia, do destinatário e do contexto"[7].

---

3. PROCURADOR defende repressão contra o tráfico de crack e diz que muitos viciados estão 'condenados à morte'. *Jovem Pan*, São Paulo, 02 jun 2022. Disponível em: <https://jovempan.com.br/programas/panico/procurador-defende-repressao-contra-o-trafico-de-crack-e-diz-que-muitos-viciados-estao-condenados-a-morte.html>. Acesso em 15 jun 2022.
4. DE SALA para uso de drogas a 'tolerância zero': como cidades lidaram com 'cracolândias' pelo mundo. *G1* por BBC, 13 jun 2022. Disponível em: <https://g1.globo.com/sp/sao-paulo/noticia/2022/06/13/de-sala-para-uso-de-drogas-a-tolerancia-zero-como-cidades-lidaram-com-cracolandias-pelo-mundo.ghtml>. Acesso em 14 jun 2022.
5. LARANJEIRA, Ronaldo. Crack: como acabar com essa epidemia que devasta o país. *Veja*, 30 jul 2020. Disponível em: <https://veja.abril.com.br/coluna/letra-de-medico/crack-como-acabar-com-essa-epidemia-que-devasta-o-pais/>. Acesso em 14 jun. 2022.
6. AUSTIN, John. *How to do thing with words*: the William James Lectures delivered at Harvard University in 1955. Oxford: Oxford University Press, 1995.
7. PONZIO, Julia. Linguistic violence and the "body to come": the performativity of hate speech in J. Derrida and J. Butler. *Semiotica*, De Gruyter Mouton, Berlim, v. 225, 2018. p. 230.

Dessa forma, torna-se possível a iterabilidade de um enunciado[8] em contextos variados. Assim, a semântica tem o seu horizonte consideravelmente ampliado, já que atos de fala podem ser desvinculados de seu sentido original e carregar consigo sentidos distintos daquele originalmente pretendido[9]. Com isso, os corpos, originalmente pensados em seu sentido puramente biológicos, podem ser, noutro giro, pensados como corpos textuais ou corpos linguísticos.

A força que atos de fala imprimem em corpos torna possível "ler os traços dos atos de fala por meio dos quais esse [corpo] se constituiu, mas esse também é um corpo que pode reescrever-se, performando e enunciando a modalidade de sua constituição"[10].

É nesse sentido que a palavra *epidemia*, aplicada ao caso do *crack*, me causa um duplo-espanto. Inicialmente porque, se, originalmente, seus enunciados objetivavam causar pânico, por meio da nomenclatura utilizada, hoje, tendo vivido o ápice da pandemia de Covid-19, tomo a liberdade de, como um ato de fala performativo, descolá-la de seu sentido original de grande magnitude para ajustar a sua escala e ver que desautorizar os enunciantes da chamada *epidemia de crack* é reconhecer que os sentidos podem ser subvertidos.

Ao tratar uma questão tão multifacetada quanto o uso de uma determinada substância entorpecente como uma epidemia, o que os discursos fazem é trazer para o campo da medicalização, da moralização e da intensificação punitiva uma controvérsia que possui naturezas muito mais variadas do que aquela circunscrita ao campo da saúde e da segurança – e o faz de uma maneira sensacionalista e desarrazoada, como irei demonstrar adiante.

A proeminência do *crack*, como pivô da degradação completa de sujeitos, oportuniza que uma substância química seja alavancada ao status de produtora de mazelas incalculáveis. Ofusca-se, dessa maneira, fatores como a insuficiência da prestação de serviços públicos de saúde e educação, a indisponibilidade de equipamentos e serviços sociais de qualidade a todos os cidadãos, as inquestionáveis desigualdades sociais que permeiam o contexto brasileiro, o déficit habitacional que permeia cada centro urbano brasileiro, a crescente ausência de perspectiva e potencialidade de formação de vínculos sociais que marcam a história brasileira.

Aparta-se dos fatores acima elencados uma droga que, agora analisada isoladamente, passa a contar com um extraordinário poder narrativo, sendo apontada como

---

8. Tomo emprestadas as noções de iterabilidade presentes em John Austin, mas, especialmente, nas críticas ao pensamento austiniano apresentadas por Jacques Derrida em: DERRIDA, Jacques. Signature, event, context. In: *Margins of pfilosophy*. The University of Chicago Press, 1982. Disponível em: <http://hemi.nyu.edu/course-nyu/advanced/materials/text/derrida.html>. Acesso em 11 jul. 2022.
9. De fato, para Austin, um ato de fala válido é aquele que é efetivo quando vinculado a um determinado contexto. Por isso, o papel do enunciante é tão central na teoria de Austin. Aqui, chamo a atenção para um descolamento da centralidade do papel de quem enuncia para focar na desconexão entre enunciante e enunciado. Para Austin, um ato de fala que se descola de seu enunciante é uma exceção. Para autores como Derrida, por outro lado, é justamente o efeito incidental provocado por um determinado ato de fala que compõe a centralidade daquilo que um ato de fala é.
10. PONZIO. *Linguistic violence and…, op. cit…*, p. 223.

único fator de desestruturação de indivíduos que, supostamente sequestrados pelo poder descomunal do *crack*, passam a perambular como zumbis pelas cidades. Destarte, se essas pessoas são invisíveis do ponto de vista do acesso a direitos fundamentais, são também – e simultaneamente – o foco da visibilidade no que tange à criação de uma massa de corpos descartáveis, medicalizáveis e extermináveis, tornando-se culpados por horizontes quase-inescapáveis de hostilidades estruturais.

Essa manipulação de mão dupla entre visibilidade e invisibilidade traz, similarmente, outro desdobramento: o enredamento dos usuários de *crack* em tramas que deslegitimam suas capacidades de autonomamente performarem processos decisórios. Assim,

> os usuários de drogas ilícitas são comumente vítimas de estereotipagem e desqualificação. São frequentemente representados como irremediavelmente sujeitados às exigências da droga e incapazes de autodeterminação (…). A própria noção de uma epidemia de drogas, muitas vezes confirmada e divulgada por profissionais ligados ao atendimento a droga dependentes, carrega implícita a ideia do contágio. Nas escolas e em locais de trabalho, é comum a expulsão ou demissão de pessoas acusadas de uso de drogas ilícitas, sob a justificativa de seu sacrifício ser necessário para a proteção do grupo como um todo[11].

Do excerto acima, friso que o *crack* ativa uma série de narrativas permeadas por desinformação, alarmismo, exageros e descontextualização. Diante disso, é possível que inúmeros questionamentos emerjam.

Que droga é essa? O que é o *crack* e como ele surgiu? Quais os seus padrões de difusão no mundo? Qual a prevalência de uso da droga no Brasil? Quem usa crack no Brasil? O que significa ser usuário de *crack* no Brasil? E, finalmente: pode uma droga por si só ser capaz de sequestrar a capacidade de autodeterminação de uma pessoa?

Pretendo, nesta seção, conectar esses questionamentos em torno do uso de *crack* e da mistificação de seus efeitos no organismo. Mais do que responder a essas perguntas, o meu escopo é exteriorizar como, e em que medida, elas se conectam umas às outras, formando uma grande moldura capaz de enquadrar vidas, corpos e sujeitos.

---

11. MACRAE, Edward. TAVARES, Luiz. NUÑEZ, Maria (orgs.). *Crack*: contextos, padrões e propósitos de uso. Salvador: EDUFBA, 2013. E-book Kindle.

2.1 A PLETORA DE MOLDURAS DO *CRACK*

> *"Falar sobre drogas não costuma ter muito a ver com responder a perguntas. A cultura mais corrente é a de vender respostas. Respostas a perguntas não feitas. Respostas que não aceitam perguntas de volta. Respostas que não iluminam, não esclarecem"*[12].

Há inúmeras maneiras de iniciar uma discussão focada na busca pela definição do que é o *crack*. Poderia começar pela perspectiva farmacológica, por exemplo, e destrinchar os efeitos conhecidos do *crack* no organismo humano. Possível, também, seria o início a partir da capacidade de adição da droga, ou mesmo por sua prevalência de consumo nas cidades brasileiras. Muito embora pretenda abordar, também, esses aspectos, opto por iniciar a narrativa a partir de outro ponto: a história do *crack* como uma história de geopolítica das drogas. Antes, a história do *crack* como um corolário da história do proibicionismo.

Nos primeiros capítulos, delineei argumentos que apontam para a falha no projeto proibicionista em eliminar o consumo de substâncias psicoativas ilícitas no mundo, bem como o sucesso de se criar, de modo concomitante, um mercado de produção, distribuição e manutenção de drogas por todo o globo.

De *modo geral*, demonstrei que a guerra às drogas foi responsável consolidar e qualificar o sistema de justiça e de segurança, robustecendo os aparatos repressivos de Estados cada vez mais empenhados em combater o consumo e o consumidor de algumas substâncias ilícitas. Agora, de *modo específico*, me dedico a abordar como essa máquina se voltou para propalar o que, hoje, conhecemos como *crack* e os conflitos e disputas que ocorrem em torno dessa droga.

Assim,

> [i]mpulsionada pelos EUA, mas aceita pela chamada *comunidade internacional*, a diplomacia do controle de drogas seguiu, desde os anos 1910, as premissas do proibicionismo repressivo, preparando o caminho para tratados que consagraram a fórmula da criminalização de usuários e traficantes, como a Convenção Única da ONU, de 1961, e suas reformas posteriores (como a Convenção de Viena, de 1988, atualizada em 2009)[13].

Os primeiros registros da produção e do consumo de *crack* datam, aproximadamente, do final da década de 1970 e do início da década de 1980. Nesse período, o mundo assistia à consolidação e ao recrudescimento da repressão às drogas, capitaneada pelas políticas estadunidenses da década de 1970, durante o governo do então presidente Richard Nixon.

---

12. ABRAMOVAY, Pedro. Por que é tão difícil falar sobre drogas? In: ACSELRAD, Gilberta (org.). *Quem tem medo de falar sobre drogas?* Rio de Janeiro: Editora FGV, 2015. p. 7.
13. RODRIGUES *in* LABROUSSE. *A geopolítica das...*, *op. cit.*, p. 8.

A década de 1960 foi palco de inúmeros movimentos de *contracultura*. Esse termo guarda-chuva marca a aproximação da classe média branca e eminentemente urbana, insatisfeita e desobediente ao uso de psicoativos notadamente caracterizados pela promoção de estados lisérgicos de consciência[14].

Como observa António Escohotado,

> desde os meados dos anos sessenta a meados dos anos setenta, o consumo de certas drogas se vincula com questões de índole muito mais ampla, como o retorno à vida rural, a insistência em problemas relacionados ao meio ambiente, a liberação do sexo, o pacifismo, a corrente humanista da psiquiatria, a "contracultura" e, falando de maneira genérica, um abandono simultâneo de ideais burgueses e proletários em nome de uma espécie de individualismo pagão – tendo, por demasiado, traços cooperativistas – que demanda que o homem use do progresso tecnológico em vez de ser usado por ele[15].

Nesse contexto, como uma resposta tanto ao crescimento do uso de drogas ilícitas na classe média branca quanto aos ideais subversivos próprios daquela geração, o Congresso estadunidense aprova, em 1971, por unanimidade, um conjunto de políticas públicas repressivas contra as drogas. Nesse mesmo ano, a tão conhecida frase de Richard Nixon é veiculada, em um programa televisivo aberto à rede nacional de televisão, de que "o inimigo público número um da América é o abuso de drogas"[16].

Com a premissa, ao menos na narrativa oficial, de que os Estados Unidos da América eram um país consumidor, mas não produtor, de drogas ilícitas, os EUA lançaram-se à cruzada contra a produção das drogas no exterior. Ainda que essa premissa fosse meramente ficcional na narrativa estadunidense – já que, de fato, nunca houve uma divisão tão estrita entre produtores e consumidores de drogas, ao menos não dessa maneira —, o discurso foi vitorioso e deu margem a uma série de ações daquele país para a proteção nacional, por meio do fomento de conflitos dentro e fora de seu território[17].

Tais conflitos eram estabelecidos seguindo uma tríade: (i) a crescente militarização do seu território, que influo o aparato policial e militar repressivo; (ii) a intensificação do recrudescimento legislativo e judicial, que também expandiu as estruturas do sistema de justiça criminal, tais como instâncias de julgamento e prisões; e (iii) o combate ao narcotráfico no exterior, por meio de acordos de cooperação entre os EUA e países latino-americanos.

O conflito forjado em torno das drogas é, eminentemente, geopolítico. Ainda assim, não é um conflito geopolítico tradicional, já que não são Estados, propriamente ditos, que entram em conflito uns com os outros. Antes, Estados combatem estruturas que se organizam e desorganizam de maneira rápida e eficaz, e que têm um grau de maleabilidade interna, bem como uma capilaridade acentuada, ao mesmo tempo em que

---

14. ESCOHOTADO, António. *Historia general de las drogas*: incluyendo el apéndice Fenomenologia de las drogas. Madri: Editorial Espasa Calpe, 1998.
15. ESCOHOTADO. *Historia general de...*, op. cit., p. 879.
16. THE Nation: The new public enemy number one. *TIME*, 28 jun. 1971. Disponível em: <https://content.time.com/time/subscriber/article/0,33009,905238,00.html>. Acesso em 21 jun 2022.
17. PASSETTI, Edson. *Das fumeries ao narcotráfico*. São Paulo: Educ, 1991.

combatem uns aos outros, fazendo com que virtualmente impossível que se cumpra a pretensão inicial de *vencer a guerra às drogas*.

Thiago Rodrigues nomeia a guerra às drogas de "meta fracassada"[18]. Ouso dizer, ainda que compartilhe as visões do autor, que a meta foi cumprida. Se, desde o início da proibição de substâncias específicas, o proibicionismo se desvelou como uma prática moral e política de organização social e de criminalização de determinadas pessoas e práticas, nesse ponto, ele tem sido até hoje muito bem-sucedido.

Porquanto, no que diz respeito à meta de se combater as drogas e os seus mercados, o que se percebeu foram justamente as suas ampliações. Assim,

> [d]rogas antes consumidas com certa liberdade ou restrições frouxas passaram a ser de uso restrito ou totalmente vedado; a consequência direta não foi a redução ou eliminação dos mercados, mas seu incremento. O proibicionismo estabelece um novo crime e um novo mercado; as normas proibicionistas, antes de banir as drogas visadas, acabam por inventar o narcotráfico[19].

O surgimento do *crack* deixa explícito o momento em que a repressão ao consumo de uma substância acaba por engendrar uma série de desdobramentos que, ainda que imprevisíveis, sempre apontam um alvo na cabeça de pessoas determinadas. Passo, agora, a analisar esse ponto.

As drogas de origem natural[20], dentre as quais estão os derivados da folha de coca, da papoula e da cannabis/haxixe, seguem, atualmente, um modo de produção que a história, a partir da modernidade, tem conexão próxima: produções agrícolas de monoculturas que ocupam hectares extensos.

A territorialidade, portanto, importa. Os eventos que transformaram a relação de diversas populações com as suas plantas nativas, capazes de afetar, por exemplo, o fluxo milenar de consumo da folha de coca nos territórios sul-americanos, da papoula em países como Mianmar e Afeganistão e de cannabis ou haxixe nos Marrocos, no Afeganistão e no Paquistão, estão intimamente conectados à territorialidade como um campo de força e de poder.

De plantas milenares utilizadas no dia a dia de populações não hegemônicas, de povos indígenas e tradicionais na América do Sul a minorias religiosas como os xiitas ismaelitas no Afeganistão[21], essas plantas, com o advento do proibicionismo, ganharam outros significados e aplicações, atrelados muito mais ao círculo comercial e cujos valores incrementam-se na mesma medida da intensificação de suas repressões.

---

18. RODRIGUES, Thiago. Tráfico, guerra, proibição. In: LABATE, Beatriz *et al.* (orgs.). *Drogas e cultura*: novas perspectivas. Salvador: EDUFBA, 2008. p. 91.
19. RODRIGUES. *Tráfico, guerra, proibição. Op. cit.*, p. 94.
20. As drogas sintéticas, por sua vez, apresentam-se como uma exceção ao padrão de produção de substâncias psicoativas por meio do plantio, já que seus compostos são de manipulação laboratorial e/ou química, sem uma necessidade de grandes hectares de plantação para que a matéria prima seja conseguida. *Cf.*: LABROUSSE. *Geopolítica das drogas. Op. cit.*
21. RODRIGUES. *Tráfico, guerra, proibição. Op. cit.*, p. 24.

Ainda que tenha mencionado poucas linhas acima, destaco novamente a noção de círculo comercial, pois essas plantas foram súbita e violentamente alçadas ao status de mercadoria em pouquíssimo tempo. A história do proibicionismo é recente, mas as drogas não podem ser consideraras mercadorias ordinárias.

Quando se atrela a uma mercadoria um valor alto, que se eleva em consonância com o incremento da sua repressão e proibição, é forjado um ultravalor. A corrida pela produção, difusão e proibição se retroalimenta, em um ciclo que desapropria hábitos milenares, precariza as relações de trabalho que giram em torno da produção das drogas e, finalmente, infla as carreiras jurídicas, policiais e administrativas de um Estado que, a todo custo, combate o uso e o usuário como uma panaceia para todas as mazelas da humanidade contemporânea.

Nesse sentido,

> [o] que talvez diferencie as "drogas" de outras mercadorias cuja produção, distribuição e consumo são consideradas atividades lícitas é que, no caso das "drogas" (como no caso de outras mercadorias ou "serviços" cuja produção, distribuição ou consumo são atividades criminalizadas), os lucros não são auferidos apenas a partir da forma "clássica" (capitalista) de exploração da mais-valia, isto é, via abuso do trabalho alheio sob o modo do mais-trabalho não remunerado, mas também a partir do que poderia ser chamado de mais-valia "terrorífica"[22].

Portanto, estar de encontro à lei e ao encontro do mercado aquecido das drogas faz com que a lógica do consumo pontual e localizado de substâncias, especialmente atrelada a modos tradicionais de vida, seja subvertida em uma lógica de mercado, cujo valor acresce na medida em que a ilegalidade e a repressão avançam. Gilberto Velho salientou esse movimento, ao afirmar que

> [n]o momento em que a maconha, a cocaína, ou seja lá o que for, entram no mercado e passam a ser objeto de especulação, essa situação de relativa estabilidade de grupos inseridos na sociedade complexa moderno-contemporânea – que antes consumiam dentro de certas regras, de certas convenções – se altera, porque passa a ser um bem de mercado, e um bem escasso, ligado à situação de perigo, risco[23].

Insisto, portanto, na perspectiva geopolítica como introdução a esta seção dedicada à discussão sobre o *crack*, por pretender demonstrar que dois eventos foram cruciais para que essa droga pudesse vir a existir no mundo: o primeiro diz respeito a essa mudança de padrão de consumo da droga.

A coca[24] (*Erythoroxylum coca*), folha eminentemente latino-americana, permanece há pelo menos 5 mil anos como um marcador de identidade de populações andinas[25]. Desde antes da invasão colonial luso-hispânica no território da América Latina, até a

---

22. VARGAS. *Entre a extensão...*, Op. cit., p. 26.
23. VELHO, Gilberto. Drogas, níveis de realidade e diversidade cultural. In: RIBEIRO, Maurides. SEIBEL, Sérgio (orgs.). *Drogas*: hegemonia do cinismo. São Paulo: Editora Memorial, 1997. p. 63.
24. Arbusto natural da região andina da América do Sul.
25. ESCOHOTADO. *Historia general de...*, op. cit.

contemporaneidade, essa planta continua a ser utilizada, em sua forma mascada ou macerada, seja no cotidiano local, em virtude de seu potencial estimulante, seja na medicina tradicional, como anestésico ou, ainda, em rituais dos povos originários[26] – a despeito da caracterização da "folha sagrada dos incas de *talismã do diabo*"[27] pelos colonizadores.

Na civilização Inca, a coca era um elemento de prestígio, a exemplo de inúmeras outras substâncias que, como outrora discutido, figuraram como marcadores de status e distinção social. Além de sacerdotes e oligarcas incas, apenas e excepcionalmente trabalhadores consumiam tal substância – a planta, enquanto configurava elemento de nobreza para uns, para outros, atenuava os sintomas da fadiga causada pelo trabalho em altitudes elevadas nas colinas dos andes[28].

Ainda que demonizada pelos colonizadores, a folha de coca, a partir da revolução farmacêutica do século XIX e das melhorias nas técnicas de sintetização de substâncias, ganhou os holofotes dos mercados farmacêuticos europeus, que passaram a demandar a planta para a produção da cocaína[29], especialmente as originárias da Bolívia e do Peru[30]. A Colômbia, ainda que eminentemente produtora de folhas de coca, manteve, nesse período, a produção da coca para consumo local[31]. A descoberta de suas propriedades anestésicas e estimulantes pelos europeus fez com que a demanda aumentasse drasticamente.

Sobre o reconhecimento de suas propriedades científicas, Luciane Raupp destaca que

> a cocaína passou a ser recomendada para utilização endovenosa e posteriormente intranasal ou sob a forma de unguentos, vinhos ou pastilhas. De uma forma geral, era considerada um remédio inócuo para o abatimento e vários outros males, cujas propriedades não causavam dano algum. No final do século XIX surgiram na Europa e América do Norte bebidas alcoólicas e não alcoólicas com cocaína em sua composição, dentre as quais a Coca-Cola tornou-se a mais famosa. Em 1909, a cocaína foi substituída por cafeína nesta bebida, devido à perda do prestígio daquela entre a classe média americana[32].

Decido à crescente demanda da planta pelo mercado europeu, ela foi rapidamente aclimatada em outros países, especialmente os asiáticos, a partir da década de 1920. Taiwan e Ilha de Java despontaram como produtores de igual calibre dos países latino-americanos.

---

26. Essa discussão é muito interessante e, por motivos de temática, não cabe nesta tese. Entretanto, parte substancial desta seção foi desenvolvida tendo como base os estudos de António Escohotado e de Paul Gootenberg. *Cf.* GOOTENBERG, Paul (ed.). *Cocaine global history*. Londres: Routledge, 1999; e ESCOHOTADO. *Historia general de...*, op. cit.
27. LABROUSSE. *Geopolítica das drogas. Op. cit.*, p. 25.
28. ESCOHOTADO. *Historia general de...*, op. cit.
29. A cocaína é, em síntese, um alcaloide presente na planta de coca.
30. O primeiro isolamento da cocaína a partir do arbusto de coca foi registrado em 1860, pelo químico alemão Albert Niemann. *Cf.*: VARGAS *in* LABATE. *Drogas e cultura. Op. cit.*, p. 59.
31. *Ibid.*
32. RAUPP, Luciene. *Circuitos de uso de crack nas cidades de São Paulo e Porto Alegre*: cotidiano, práticas e cuidado. Tese de doutorado apresentada ao Programa de Pós-Graduação em Saúde Pública da Universidade de São Paulo. São Paulo, 2011. p. 19.

O proibicionismo que, inicialmente, voltou os seus olhares para o haxixe, a cannabis e o ópio, passou também a mirar, a partir da década de 1950, na produção de folha de coca para sintetização de cocaína. Subitamente, a cruzada proibicionista transforma, "indiretamente, os países andinos em uma atividade ilícita que vai constituir um elemento central de sua situação econômica e de suas relações com os Estados Unidos"[33].

Já na década de 1960, o mercado de cocaína na Europa se arrefeceu, ao passo que o mercado estadunidense se efervesceu, no período tradicionalmente chamado de *boom da cocaína* nos EUA. Estimulados por uma miríade de fatores – que vão desde a existência de mercados em potencial de consumo de cocaína nos EUA até a leniência com rotas ilegais de tráfico de mercadorias, passando pela crescente precarização das populações latino-americanas não brancas durante os períodos das ditaduras militares que, da década de 1960 à década de 1990 varreram o cone sul das Américas —, países como Peru, Bolívia e Colômbia tiveram um incremento nunca antes visto nas monoculturas e plantações de folhas de coca – além da profusão de diversos laboratórios florestais de produção e envase de cocaína.

No Peru, a ditadura militar que tomou o poder do desenvolvimentista Fernando Belaúnde Terry, em 1968,

> faz da costa e dos Andes sua prioridade, abandonando à própria sorte os novos colonos no momento em que os traficantes dos Estados Unidos surgiam e os incentivam a cultivar coca, cujas superfícies passaram de 1.500 hectares em 1972 para 20 mil hectares em 1979[34].

O incentivo militar da produção, a permissividade com a ingerência estadunidense e a precariedade das condições de trabalho e formas de subsistência no Peru foram molas propulsoras da produção em larga escala de coca e cocaína no território.

Já na Bolívia, a intervenção do governo foi ainda mais explícita. A ruptura democrática no país, que, durante o ciclo militar ocorreu em 1971, com a ascensão ao poder do general Hugo Suárez, teve forte apoio econômico e institucional das elites produtoras do agronegócio local. Como apoios políticos nunca vêm em vão, as elites foram agraciadas com subsídios produtivos generosos, e os investiram. quase em sua totalidade. na expansão da produção que, antes majoritariamente algodoeira, passou a ser quase exclusivamente dedicada à coca. A expansão, a exemplo da peruana, foi expressiva e, se no início da década de 1970, as plantações de coca se espraiavam em cerca de 4 mil hectares bolivianos, ao final da década, passaram a ocupar mais de 10 mil, atingindo, na década de 1990, a marca de mais de 50 mil hectares[35]-[36]. A expansão contou com a proteção diuturna da ditadura militar boliviana.

Situação semelhante ocorreu na Colômbia, durante a década de 1970. O país, que tinha na produção de maconha para exportação a sua tônica, com o crescimento da

---

33. RAUPP. *Circuitos de uso...*, op. cit., p. 26.
34. RAUPP. *Circuitos de uso...*, op. cit., p. 26.
35. RAUPP. *Circuitos de uso...*, op. cit.
36. Vale ressaltar que tal avanço ocorreu ao arrepio da preservação de vegetações nativas e de parques naturais.

demanda por cocaína no globo, a partir da segunda metade da década de 1960, migrou sua produção de cannabis para a coca. Assim,

> [a]s culturas de coca tradicionais dos índios arautos, paz e guambianos, juntaram-se às estabelecias pelos grandes proprietários ligados aos narcotraficantes e pelos pequenos colonos em busca de alternativa de vida. Assim, de alguns milhares de hectares no final dos anos 1970, as superfícies de coca atingiram progressivamente quase 40 mil hectares no início dos anos 1990[37].

Nessa breve narrativa, o leitor não pode furtar-se de reparar que, em inúmeros episódios, a política estadunidense é mencionada. Não recorri por acaso. Se, desde os primórdios da proibição, enquanto uma cruzada moral, os EUA estiveram na dianteira do processo, os desdobramentos que fizeram culminar na sintetização do *crack* como uma droga a parte da cocaína não foram diferentes.

O proibicionismo, que tem como seu primeiro grande marco mundial as conferências que ocorreram em Xangai no ano de 1909 e, posteriormente, em 1912, em Haia, que objetivavam "privar os europeus, em particular os *imperialismos* inglês e francês, de seus frutuosos monopólios do comércio de ópio"[38], assiste, na segunda metade de século XX, à corrida estadunidense pelo controle e pela proibição de certas substâncias psicoativas.

Por isso, autores dedicados à análise da política externa estadunidense do período, em especial entre o final da década de 1960 e o início da década de 1990, são categóricos ao afirmar que o pós-guerra do Vietnã e o arrefecimento da Guerra Fria fizeram com que a estrutura repressiva daquele país se voltasse rapidamente para outro fantasma.

Vargas percebe que o espectro das drogas ocupou o lugar que o espectro do comunismo parecia representar[39], e Alain Labrousse, à sua maneira, segue o mesmo raciocínio, asseverando que, com o desaparecimento do perigo comunista, o orçamento militar dos EUA – que deveria ter sido reduzido –, migrou-se para outro inimigo. Assim, "a droga é utilizada simultaneamente pelos Estados Unidos como uma arma diplomática para desestabilizar ou desacreditar seus adversários políticos" e como uma ferramenta "para forjar uma identidade coletiva, de participar de uma cruzada contra as representações do mal"[40].

Se, no princípio desta seção, mencionei que as drogas, nas décadas de 1960 e 1970 chegaram a uma classe média branca, a decorrência desse evento foi a propagação de um verdadeiro terror em meio aos círculos influentes, acompanhado do clamor pelo controle do consumo.

O já mencionado aumento do consumo de substâncias psicoativas por integrantes dos movimentos de contracultura trouxe holofotes para as dores e delícias do uso de entorpecentes. A repressão, que andava a galope, tratou de cuidar da proibição de substâncias sintéticas e derivadas das anfetaminas. Com a queda na circulação dessas

---

37. RAUPP. *Circuitos de uso...*, *op. cit.*, p. 30.
38. LABROUSSE. *Geopolítica das drogas*. *Op. cit.*, p. 130.
39. VARGAS. *Entre a extensão...*, *op. cit.*
40. LABROUSSE. *Geopolítica das drogas*. *Op. cit.*, p. 130-131.

substâncias, e a manutenção dos postos de comércio e das rotas de circulação de drogas, um outro substituto foi apontado pelo mercado – a cocaína.

A cocaína foi alçada ao status de um artigo de luxo, servida em festas e em círculos de tendência. Se, nas primeiras décadas do século XX, havia uma associação entre cocaína e pessoas negras[41][42], em meados da segunda metade do século XX, era a classe média branca que estava se *enfileirando* para o consumo. Com isso, os efeitos da intoxicação por cocaína entranharam-se nos lares da sociedade ordeira, eleitoreira e, especialmente, financiadora de campanhas políticas e midiáticas.

> Para o moralismo proibicionista, significava a difusão do "mal"; para a classe médica e as autoridades sanitárias, o crescimento de um grave problema de saúde pública; para os estrategistas da segurança pública, a proliferação de criminosos. A um só tempo, um pecado e um crime de lesa sociedade[43].

Novamente, o ciclo de repressão antepôs um novo foco: das sintéticas e anfetaminas, agora a cocaína era a droga do momento. Recrudesceu-se o aparato punitivo[44] e, concomitantemente, o mercado tornado ilícito – e extremamente lucrativo – ajustou o seu compasso e pavimentou uma nova trajetória, em meio à escassez da substância.

À época, os laboratórios que produziam a pasta-base para a fabricação da cocaína tinham que lidar com a escassez de insumos para manufatura da droga, bem como restrições no envase e envio do substrato inicial para a produção de cocaína por outros laboratórios ao redor do mundo. Com o avanço da guerra às drogas e das políticas de repressão dirigidas pelos EUA, e que repercutiram sobremaneira na América Latina, foi necessário buscar alternativas para o comércio de cocaína continuar altamente lucrativo e disponível.

Emerge, nesse contexto, uma nova forma de se processar a pasta-base de cocaína. A coca, que tradicionalmente era consumida pelos povos tradicionais andinos por sua via mascada e absorvida em grande parte pelo processo digestivo, começa a ser administrada, também, na versão refinada.

Sob tal método, a droga passa por processos químicos complexos que visam à obtenção da versão em pó, para inalação[45]. Porém, descobriu-se que uma simples mistura

---

41. Foi justamente nesse contexto que as primeiras proibições à cocaína ocorreram. Com o uso disseminado em comunidades negras estadunidenses e nas classes trabalhadoras da Europa, a demonização da substância foi atrelada à demonização dos usuários. Assim, "[o]s alertas racistas no sul do país [EUA] sobre os ataques a mulheres brancas do Sul que são o resultado direto do cérebro enlouquecido por cocaína do negro, como exprimiu à época um farmacêutico proeminente, suscitaram a regulação e, posteriormente, a proibição da substância". Cf.: RAUPP. *Circuitos de uso...*, op. cit., p. 20. O ano da proibição nos EUA foi 1914.
42. SZASZ, Thomas. *Nuestro derecho a las drogas*. Barcelona: Editora Anagrama, 1993.
43. RODRIGUES *in* LABATE. *Drogas e cultura. Op. cit.*, p. 95.
44. STRANO. *Crack: política criminal...*, op. cit.
45. Há, tradicionalmente, inúmeras vias de administração uma substância psicoativa: mastigação, ingestão líquida, ingestão sólida, fricção em mucosas, epitélio ou membranas, inalação, respiração e tragar de uma fumaça ou vapor. A forma de consumo varia de acordo com a própria substância e com a sua manipulação. Também, de acordo com o contexto social. É possível que uma mesma droga seja consumida de inúmeras maneiras. A nicotina, por exemplo, pode ser consumida pela fumaça do cigarro, pelo vapor de vaporizadores eletrônicos, pela ingestão sólida em gomas de mascar ou pelo epitélio, por meio de adesivos. A maconha, por carregar com

da pasta-base com bicarbonato de sódio, água e diversas outras substâncias acrescidas contextualmente[46], percebeu-se ser possível obter uma droga de fácil trânsito e comercialização. Pequena, portátil, potente. Uma pedra capaz de ser fumada.

Como observa Maria Lucia Karam,

> os diferentes ciclos do consumo de drogas são determinados, em grande parte, pelas leis da economia, com as específicas e danosas repercussões que, sobre elas, exerce a proibição. Somando-se a fatores relativos às demandas naturalmente formadas e àquelas artificialmente criadas, comuns ao funcionamento de qualquer mercado, opera aqui o fator específico que contribui para o surgimento de novos produtos. No mercado tornado ilegal, eventuais êxitos repressivos que reduzam a oferta das mercadorias tornadas ilícitas incentivam produtores, distribuidores e consumidores a buscar outras substâncias, podendo conduzir – como, de fato, têm conduzido – à chegada a esse mercado de novos produtos mais lucrativos e/ou mais potentes em seus efeitos primários (efeitos derivados da própria natureza da substância)[47].

O *crack* desponta, consequentemente, como uma descoberta extremamente paradoxal. Primeiramente, porque ele, em si, não caracteriza uma grande inovação, mas uma nova maneira de se administrar uma droga já há muito conhecida, a cocaína. Também, porque essa nova forma surgiu justamente pelas mãos das políticas que, supostamente, buscavam o combate ao uso de substâncias ilícitas.

Por fim, ainda saliento outro paradoxo, pois, ainda que o *crack* seja uma reformulação barata de uma substância conhecida, a alteração do padrão de consumo, do cheirado para o fumado, trouxe consigo incrementos na velocidade de absorção da droga pelo organismo. Pelos pulmões e seus alvéolos, a absorção atinge com muito mais eficiência a corrente sanguínea – e, consequentemente, o sistema nervoso central –, fazendo com que os efeitos entorpecentes sejam rapidamente sentidos no organismo humano[48].

Não será objeto deste trabalho um estudo minucioso sobre os efeitos do *crack* em corpos humanos. Primeiramente, por limites evidentes de formação. Qualquer tentativa de abordar a questão, desde o ponto de vista bioquímico, seria metodologicamente imprecisa, já que minha formação acadêmica, em direito, escapa às metodologias das áreas biológicas. Para dizer sobre os efeitos do *crack*, recorro à bibliografia de nicho consolidada.

---

sigo tramas de sociabilidade para diversas culturas, necessita de um meio compartilhável, e por isso tem nos cigarros o seu uso mais difundido, ainda que possa ser ingerida de maneira sólida ou vaporizada. *Cf.*: NUTT, David. *Drugs*: without the hot air. Cambridge: UIT, 2012.

46. Tendo em vista que o crack, como as inúmeras outras drogas ilícitas, é um produto desregulado, justamente em virtude da proibição, inexiste um controle de qualidade ou de produção sobre o produto comercializado. Nesse sentido, a droga pode conter substâncias que variam desde querosene, gasolina, cinzas de tabaco, dentre outros elementos como plástico, matérias orgânicas e fumo. *Cf.*: RUI. *Nas tramas do...*, *op. cit.*

47. KARAM, Maria Lucia. *Crack*: obrigatório x contraditório, processos de tratamento e compulsoriedade. *I Simpósio Sul-Americano de políticas sobre drogas: crack e cenários urbanos*. 2010. p. 4. Disponível em: <https://docplayer.com.br/55471589-Crack-obrigatorio-x-contraditorio-processos-de-tratamento-e-compulsoriedade-maria-lucia-karam.html>. Acesso em 5 jul 2022.

48. *Cf.*: RUI. *Nas tramas do...*, *op. cit.*; RAUPP, *Circuitos de uso...*, *op. cit.*; STRANO. *Crack...*, *op. cit.*

Em segundo lugar, porque não os abordar extensivamente foi, também, um recorte metodológico. Não por desconsiderar que os efeitos do *crack* no organismo humano são potentes, nem por uma eventual romantização do uso da substância. Antes, porque efeitos só fazem sentido se inseridos em determinados contextos. Naturalmente, o *crack*, assim como qualquer droga, é uma substância psicoativa que causa alterações de estado de consciência, e sobre isso existem diversos estudos e mapeamentos sobre os efeitos dessas substâncias em diversos animais – inclusive os humanos.

Drogas, contudo, não produzem efeitos por si só. A própria noção de consciência pressupõe interações com o meio e com outros sujeitos. Assim, "[é] a sua inserção numa dinâmica complexa (…) que dará lugar aos chamados efeitos de uma substância psicoativa"[49].

Ressalvas feitas, sabe-se que o *crack*, devido à sua forma de uso, fumada, produz uma absorção rápida pelos pulmões que, ao ser excretada na corrente sanguínea do usuário, faz com que o sistema nervoso central consiga captar de maneira eficaz a substância psicoativa. Assim, seus efeitos fisiológicos e psíquicos são virtualmente instantâneos. Nesse sentido, o

> estado de euforia se estabelece dez segundos após a inalação e o pico de concentração plasmática da cocaína é atingido entre cinco e dez minutos após a inalação. Vale lembrar que, no uso intranasal de uma dose equivalente de cocaína, concentrações semelhantes só são atingidas após uma hora de administração. A velocidade desse processo parece ser um dos fatores responsáveis pelo alto poder de adição do crack[50].

Esse, também, parece ser um dos principais fatores que conduzem ao *binge*, isto é, o efeito de se desejar utilizar uma determinada droga compulsivamente, em um curtíssimo espaço de tempo. Solange Nappo realizou um dos estudos mais significativos desse campo, e destaca que esse efeito tem significativas repercussões de ordem neurológica e de ordem psicológica, ocasionando, não raro, paranoias, depressão severa e ataques de pânico[51].

Tais fatores contribuem para a extrema lucratividade de se negociar o *crack*. Para além dos efeitos orgânicos, enquanto um quilo de cocaína é obtido com a utilização de cinco quilos de pasta-base, essa quantidade é radicalmente diminuída em se tratando da produção do *crack*[52]. A pasta-base, matéria primária obtida na produção de cocaína – e agora, *crack* – consiste em um processo por meio do qual as folhas de coca são colhidas, desidratadas e, posteriormente, moídas. O pó de folha de coca é, então, submetido à mistura com ácido sulfúrico e querosene – ou, alternativamente, como uma opção

---

49. SILVA, Marco Manso Cerqueira. O crack: uma pedra no caminho… as diferentes formas de uso do crack e sua relação com riscos e danos sociais e à saúde entre moradores do Areal da Ribeira. In: MACRAE, Edward *et al.* Crack: contextos, padrões e propósitos de uso. Salvador: EDUFBA, 2013. E-book Kindle.
50. SILVA. *O crack: uma…, op. cit.*
51. NAPPO, Solange. *Comportamento de risco de mulheres usuárias de crack em relação às DST/AIDS*. São Paulo: CEBRID, 2004. Disponível em: <https://www.cebrid.com.br/wp-content/uploads/2011/10/Comportamento-de-Risco-de-Mulheres-Usuárias-de-Crack-em-Relação-às-DST-AIDS-2004.pdf>. Acesso em 11 jul. 2022.
52. ESCOHOTADO. *Historia general de…, op. cit.*

ainda mais barata, gasolina –, resultando em uma massa que, em quase sua totalidade, é composta de sulfato de cocaína.

Posteriormente, um processo mais complexo é iniciado. Com o objetivo de se reduzir a pasta-base ao cloridrato de cocaína – a cocaína em sua versão em pó, para inalação nasal –, as impurezas geradas pelo processamento da pasta-base são retiradas, por reduções químicas complexas e mediante o uso de aparato técnico somente possível de ser organizado em laboratórios, ainda que precários[53].

Já o *crack*, feito a partir da pasta-base e da posterior mistura em diversos elementos simples e de fácil acesso, trouxe, simultaneamente, maior rendimento das porções de pasta-base e uma surpreendente facilidade de produção. A dispendiosa cocaína, agora, tinha uma coirmã mais barata e mais eficiente.

A comercialização do *crack*, devido ao seu baixo custo, ganha contornos até então inéditos no mercado ilícito de substâncias psicoativas. O varejo passa a contar com a possibilidade de atingir a uma parcela do mercado que, até então, raramente consumia drogas complexas: as pessoas pobres. O alto preço das drogas ilícitas tornava o seu uso mais restrito às classes mais abastadas da sociedade, ou menos frequente e acessível nas classes mais pobres. O *crack* subverte essa lógica.

Se uma droga que se apresentava como barata, pequena, de fácil produção e de elevada eficácia entorpecente, despontava no mercado de substâncias ilícitas, fez-se possível pavimentar a trilha para a sua inserção em novos domínios. Esse *debut* do crack no universo das drogas ocorreu, majoritariamente, nas classes mais pobres e precarizadas dos Estados Unidos. Posteriormente, inserção similar foi observada no Brasil.

O criminalista Rafael Strano, ao estudar os fluxos de entrada do *crack* no mercado mundial de drogas, percebe que

> o crack ficou conhecido como o *fast-food* das drogas (…). Reúne diversas características, que o fazem atraente para o usuário e assustador para os observadores. É barato, não exige o uso de seringa ou agulhas, não possui o risco inflamável, como a *freebase* e, por fim, possibilita um alto grau de absorção da droga através dos pulmões[54].

A *freebase* a que Strano se refere é uma droga intermediária entre a cocaína e o *crack*, que foi fugazmente popular no período que engloba a redução da oferta de cocaína e a difusão do *crack*. Retomo, aqui, que o terror moralista gerado pela inserção de drogas nas classes influentes, associado à necessidade de redirecionamento do aparato militar e midiático, já há muito acostumado a destinar tempo e dinheiro para funções bélicas e repressivas de Estados, foram responsáveis por catapultar a *guerra às drogas*, braço indissociável do proibicionismo, na virada da década de 1970 para a de 1980.

---

53. DOMANICO, Andrea. *Craqueiros e cracados*: bem vindo ao mundo dos noias! Estudo sobre a implementação de estratégias de redução de danos para usuários de crack nos cinco projetos-piloto do Brasil [Tese de doutorado]. Universidade Federal da Bahia, 2006.
54. STRANO. *Crack…*, op. cit., p. 75-76.

No início da década de 1980, a polícia estadunidense fez as primeiras apreensões de uma droga até então desconhecida. *Roxanne*, ou ainda, *base rock*, era o seu nome de rua. Em sua composição, eram encontrados elementos como cocaína dissolvida em água, rum e bicarbonato de sódio[55]. Logo após as primeiras apreensões de *Roxanne*, os usuários diversificaram ainda mais o modo de consumo. A cocaína, assim, não era mais diluída em água, mas sim a própria pasta-base.

Conforme observa Andrea Domanico,

> misturava-se cloridrato de cocaína [pasta-base, seu produto] numa base líquida (tal como amoníaco, bicarbonato de sódio ou hidróxido de sódio) para remover o ácido hidroclórico. O alcaloide de cocaína resultante era então dissolvido e purificado em um solvente como éter e aquecido em fogo brando até que a maior parte do líquido se dissolvesse[56].

Para o consumo, a *freebase* era vaporizada em cachimbos de vidro, os *bongs*, que serviam como veículo de transporte para o vapor gerado pela queima de uma cocaína misturada, porém, bastante refinada e relativamente pura. Já o *crack* prescindia essa etapa final de refino, tendo em vista a pasta-base ser dissolvida diretamente em bicarbonato de sódio e, mais ou menos[57] nesse estado, posta para a desidratação e solidificação em cristais.

Para o consumo dos cristais, a utilização de aparatos e apetrechos para o depósito da pedra e a sua subsequente combustão e produção da fumaça para fumo fez-se fundamental. Foram, então, desenvolvidos diversos apetrechos, que vão desde cachimbos a latas de alumínio ou copos descartáveis cuja composição continha plásticos mais robustos e resistentes. A partir de agora, após ter passado pela apresentação do *crack* como uma questão geopolítica, passo a abordá-lo de outra maneira: a da conexão entre usuários e seus artefatos para consumo da droga.

A utilização de aparatos por pessoas, sabe-se, vai muito além da mera manipulação temporária de artefatos para incremento do desempenho de atividades. Artefatos são, antes, informações. O corpo humano é complexo ao ponto de codificar informações em ações.

Essa complexidade indica que nossos corpos, incluindo necessariamente nosso aparato cognitivo, superam a noção de que seríamos tanto uma tábula rasa quanto estáticos, imutáveis. Antes, por meio de adaptabilidades e uso reiterado, o aparato cognitivo pessoal é moldado, modulado e flexibilizado. Se, assim, a cognição humana é plástica, o papel desempenhado por artefatos utilizados por pessoas tem importância fundamental nas maneiras de se codificar um ambiente informacional[58].

---

55. AGAR, Michael. The story of crack: towards a theory of illicit drug trends. *Addiction Research and Theory*, v. 11, n. 1, 2003. p. 3-29.
56. DOMANICO. *Craqueiros e cracados...*, op. cit., p. 14.
57. Como dito anteriormente, o processo de solução da pasta-base em solventes é tão variável quanto os ingredientes disponíveis pelos traficantes e usuários, de acordo com seu poder aquisitivo e o território onde se situam.
58. BUNGE, Mario. *Matter and mind*: a philosophical inquiry. Nova Iorque: Springer, 2010; FLORIDI, Luciano. The informational nature of personal identity. *Minds and machines*, v. 21, 2011. p. 549-566.

Dessa forma, estímulos informacionais imprimem não só memórias-espelho, como também memórias ativas em cérebros e sistemas nervosos centrais que, por sua vez, absorvem múltiplas tarefas e habilidades, por meio da reorganização de neurônios corticais. O que entendemos por corpo, portanto, se modula por meio desses estímulos, que podem ser tanto narrativas de memórias episódicas quanto a assimilação de artefatos ou ferramentas manufaturadas.

Devido a isso, falar *do cachimbo* importa. Se afirmo que cachimbos para consumo de *crack* são feitos de canos de PVC, grudados por fitas adesivas e arquitetados para comportar a inserção de furos estratégicos para a circulação da fumaça gerada pela combustão do cristal que, ao ser aquecido, produz um barulho de estralo – daí a palavra *crack* que, em inglês, significa quebrar –, narro uma descrição de um objeto.

Entretanto, a relação dos usuários de *crack* com os seus artefatos de consumo está longe de ser crua ou meramente descritiva. Objetos, tal qual informações codificadas pelo aparato cognitivo humano são, também, narrativas. São impressões capazes de produzir estados de consciência e percepções no próprio senso de *self*.

Impressões, por sua vez, produzem memórias, conexões e alterações no padrão de percepção dos próprios corpos. Nesse sentido, Mario Bunge afirma que

> quando nos recordamos de algum evento, frequentemente misturamos memórias diferentes, em vez de reproduzir fielmente o que realmente aconteceu. Colocando em termos neurais, rememorar-se de um evento frequentemente consiste na agregação de diferentes trilhas de memória[59].

Ao afirmar que o senso de *self* e os padrões de percepção dos próprios corpos são modulados pelo acoplamento com artefatos, aponto para achados neurocientíficos que apresentam o sistema cognitivo não apenas como mediador da autopercepção corporal, mas como criador, em uma pletora de maneiras possíveis, devido à plasticidade cerebral. É o caso, por exemplo, da absorção de artefatos e ferramentas na representação corporal de sujeitos.

Diversos estudos a esse respeito já foram conduzidos. Um, entretanto, chama a atenção, em virtude de seu achado. Pesquisadores do *Riken Brain Science Institution*[60] treinaram primatas para o uso de ferramentas como arados ou colheres – uma habilidade até então nunca observada no habitat natural desses primatas. Após o domínio da utilização das ferramentas e as suas inserções no dia a dia dos animais, os cientistas observaram respostas neurofisiológicas e alterações genéticas e morfológicas nos cérebros dos animais.

Isso indica que a introdução de artefatos, ainda que rudimentares, no cotidiano, faz com que seres capazes de cognição – primatas ou humanos – remodelem a própria

---

59. BUNGE. *Matter and mind...*, op. cit., p. 164.
60. ATSUSHI, Iriki. SAKURA, Osamu. The neuroscience of primate intellectual evolution: natural selection and passive and intentional niche construction. *Philosophical Transactions of the Royal Society B*: Biological Sciences. v. 363, n. 1500, 2008. p. 2229-2241.

imagem corporal, tendo em vista que o campo visual se expande em conjunto com a utilização dos artefatos.

Assim,

> [a]o utilizarem ferramentas, a imagem corporal neuronal dos primatas foi estendida para o raio da ferramenta. Assim, objetos externos – dos mais simples aos mais complexos – *são* remodelados como pertencentes ao corpo daqueles que as utilizam. Dessa forma, o uso de ferramentas pode desencadear na habilidade de desacoplar o senso de self das fronteiras literais de carne e osso de um ser. Então, a plasticidade faz com que cérebros assimilem contextos e novas tecnologias aos próprios sensos de corpo e de self. E esses, notadamente, afetam estados e eventos mentais – que são, indubitavelmente, corporificados[61].

Pretendo, com este recuo à plasticidade cerebral, salientar que o *crack* nunca é somente uma pedra. Nem somente uma substância psicoativa. Seus contextos, padrões de uso, formas de consumo e a panaceia em torno de sua proibição importam, ao menos, na mesma medida que os seus efeitos psicotrópicos no organismo humano.

Taniele Rui foi brilhante ao relatar a relação que usuários de *crack* têm com os artefatos utilizados para o consumo da droga. Em si, um cachimbo é um objeto. Não há muito mistério na arquitetura de um recipiente para o cristal de *crack*, acoplado por um tubo condutor da fumaça que a sua queima produz. Entretanto, é com o cachimbo que usuários de *crack* por vezes estabelecem conexões. Além disso, ele é central nas políticas de redução de danos[62] – em especial, no que tange à necessidade de não serem compartilhados e de serem mantidos limpos.

Para Rui, assim,

> o cachimbo não é algo dado ou próprio unicamente a esse universo e não nasceu nesse contexto. Historicamente, foi criado para outros fins e meios sociais, ainda que sempre ligado à mediação da ingestão de substâncias. Ainda assim, é interessante pensar que, em um momento histórico em que se acredita cada vez mais nos "superpoderes" do crack, que parecem sempre vencer o usuário que o fuma, esquecemos de observar que entre a *pedra* e o sujeito que a traga situa-se o cachimbo – elemento mediador que nunca é questionado. Nesse sentido, acredito que especular sobre esse objeto pode operar como um interessante contraponto à potência, normalmente atribuída ao crack, assim como à falta de agência, normalmente atribuída ao usuário[63].

---

61. NASSER CURY et al. An adequate concept of human body: debunking mind-body dualism. In: STANCIOLI, Brunello. PIETRZKOWSKI, Tomasz (ed.). *New approaches to personhood in Law*. Berlin: Peter Lang, 2016. p. 47.
62. A redução de danos – RD – é prática ética, clínica e política que se contrapõe à guerra às drogas e a seus efeitos deletérios, como as políticas de abstinência. Irei me dedicar de modo mais aprofundado na última parte da tese à RD, porém, de início, aponto que essa prática tem como foco a cogestão da saúde e a prática do cuidado de si, a partir de criações de redes de apoio, esclarecimento sobre os efeitos prejudiciais de quaisquer drogas e busca de, por meio do incentivo à tomada de decisão, pautar a discussão sobre a saúde dos usuários de drogas mediante corresponsabilidade. Por outro lado, o modelo abstêmio está vinculado à identificação de uma doença e do tratamento ou remissão de um sintoma, em uma lógica tudo-ou-nada. *Cf.*: PASSOS, Eduardo. SOUZA, Tadeu. Redução de danos e saúde pública: construções alternativas à política global de "guerra às drogas". *Psicologia e Sociedade*, v. 23, n. 1, 2011. p. 154-162.
63. RUI. *Nas tramas do...*, *op. cit*. E-book Kindle.

É, portanto, mais do que plausível pensar que estabelecemos efetivas relações com aquilo que consideramos *meros objetos*. Afinal, objetos e artefatos, como informações a serem codificadas, ganham sentido na medida em que interações significantes emergem nesse sistema[64].

Diversos usuário de *crack*, ao utilizarem canos de PVC, sacolas plásticas, latas de alumínio, garrafas pet ou antenas de rádio, moldam o seu cachimbo e constroem histórias. Histórias sobre quais são as matérias-primas acessíveis; do local onde essas pessoas se encontram; da indisponibilidade financeira para a utilização de matérias-primas mais complexas; do zelo com a performance do cachimbo; da descartabilidade dos materiais utilizados; das suas (des)territorialidades; e, finalmente, dos vínculos estabelecidos entre pessoas e artefatos.

Desde Rui, sabemos que usuários e artefatos não possuem uma relação puramente instrumental. Em uma dedicada etnografia, a antropóloga vivenciou que cachimbos possuíam nomes dados pelos próprios usuários. Bóris, Catarina, Perninha. Ela relata que uma das suas entrevistadas, redutora de danos na região da cracolândia em São Paulo, foi apresentada por uma usuária ao *Perninha*.

A usuária tentou inúmeras vezes apresentá-la ao Perninha e a redutora, ao fim, indagou se Perninha era um filho. Então, ela retirou o cachimbo do bolso e disse "eu sou o Perninha, muito prazer"[65], de um modo surpreendentemente afetuoso. Não é, de fato, um comportamento distante da relação que outras pessoas têm com seus carros, suas armas de fogo ou suas joias.

O cachimbo não é um mero artefato, nem um mecanismo utilizado de maneira puramente finalística. Muito menos, de maneira ilógica ou irracional. Assim como todo e qualquer bem inserido em uma sociedade capitalista de consumo, o cachimbo é também um elemento de distinção e hierarquia social. O uso de determinados cachim-

---

64. Ainda que processos mentais sejam cruciais para virtualmente todos os aspectos do direito, as discussões sobre a emergência de sujeitos e da pessoalidade, em destaque na filosofia, apenas incidentalmente repercutem no meio jurídico. O direito brasileiro em especial ainda opera sob a noção teológico de pessoa, compreendendo-a como um dado inato pressuposto de uma "natureza humana". Contudo, o que se percebe é que as discussões do problema mente-corpo na neurociência da ética e na filosofia da mente apresentam desafios à manutenção da discussão jurídica sobre a pessoa e suas repercussões nestes patamares. Várias hipóteses são levantadas para colocar em xeque tal matéria. É o caso das hipóteses de cognição estendida. Em apertadíssima síntese, elas compreendem um plexo, que se espraia de respostas reducionistas às emergentistas, em que se pode observar teorias que apontam para o fato de que processos e eventos mentais não estão adstritos às fronteiras e limites de "carne e osso", isto é, dos corpos biológicos tradicionalmente vislumbrados. Afirma-se que processos cognitivos incorporam e funcionam em conjunto com elementos e ferramentas ambientais, como partes verdadeiras de representações mentais. Ressalto que essas hipóteses não apontam para um simples uso de artefatos externos pelas pessoas, mas para uma efetiva consideração desses artefatos *como* elementos de cognição. Estas reformulações impactam o direito, na medida em que a hipótese da cognição híbrida rompe com a ideia de pessoa tradicionalmente pensada. Neste sentido, corpos e mentes estendidas levam ao limite e redefinem as fronteiras dos sujeitos legais tradicionais. Consequências da repercussão da hipótese da mente estendida no direito podem ser vistas na redefinição de noções como racionalidade, autonomia, responsabilidade e identidade. Pude desenvolver tais ideias em outros trabalhos, utilizando como base as teorias de Andy Clark, David Chalmers, Mario Bunge, Miguel Nicolelis e Neil Levy.
65. RUI. *Nas tramas do...*, *op. cit*. E-book Kindle.

bos, feitos de lata ou de plástico, denota certa precariedade e certo desleixo por parte dos usuários, sendo frequentemente objeto de chacota entre rodas de usuários: "[n]a minha frente, eles começaram a tirar sarro da menina dizendo 'ela fumou naquela lata nojenta, que passa barata'"[66].

A menina acusada de fumar *naquela lata nojenta*, irresignada, negava veementemente toda a acusação que lhe fora feita. Mais do que negar, entretanto, o que parecia estar sublinhado em seu argumento era a petição de que ela fosse levada a sério. Que, ali, a sua palavra tivesse peso e que ela, tendo discernimento e autonomia para não se sujeitar a um consumo de drogas *daquela* maneira, não tinha feito tal opção.

A forma com que rapidamente atribuímos a reificação a alguém nunca deixa de me impressionar. Tão impressionante, que a afirmação de que uma usuária de *crack* trava relações de intimidade com seu cachimbo, ora é capaz de causar riso ao leitor, ora é capaz de causar perplexidade e descrença quanto ao fato de que ali há uma pessoa que *reivindica* uma posição perante o mundo. Uma posição de dignidade e de autonomia.

Neste momento, entrelaço a geopolítica do *crack* e a conexão entre usuário e artefato a outro tema: os usuários de *crack*. No entanto, não irei abordar os usuários em suas peculiaridades individuais. Traço, aqui, um panorama dos usuários de *crack* no plural. Quem, de fato, é lido como usuário de *crack*.

Para além de *usar crack*, há um destinatário bastante imediato do rótulo de *noia*. Se, como me propus a analisar, com o *crack* se tece uma trama que tem em seus múltiplos fios e fiapos questões políticas, econômicas e ideológicas, não poderia deixar de apontar a construção da precariedade[67] como outro corolário dessa trama.

Muito já foi dito sobre como o *crack* é um fruto do proibicionismo e um corolário da guerra às drogas. Nas seções anteriores, também mencionei que o proibicionismo apresentou-se muito mais como um combate ao usuário do que ao uso prejudicial de uma determinada substância. Nesse momento, trago essas noções em conjunto com as suas repercussões em determinadas camadas da sociedade.

O consumo de substâncias psicoativas é uma invariante histórica[68]. É difícil pensar em uma atividade humana que tenha se desenvolvido sem o artefato do uso de drogas – lícitas ou ilícitas. Muito antes, na verdade, da divisão entre licitude e ilicitude permear a existência das substâncias psicoativas, já era registrado o seu uso – seja como instrumentos místicos, religiosos, medicamentos, desinibidores, performáticos ou de desempenho.

---

66. RUI. *Nas tramas do...*, op. cit. E-book Kindle.
67. Pretendo analisar de forma mais pormenorizada a ideia de precariedade e como ela se conecta com a pesquisa que me proponho a fazer no próximo capítulo. Por ora, me limito a apresentar a precariedade como uma condição que perpassa, de modo marcante, a vida de diversos sujeitos que não são enquadrados como dignos ou mesmo como sujeitos pelas molduras tradicionais. Utilizo sobremaneira os conceitos de Judith Butler para tanto, e que serão melhor detalhados nas próximas argumentações.
68. GARCIA, Mariana. O uso problemático de crack e a classe média. In: SOUZA, Jessé (org.). *Crack e exclusão social*. Brasília: Ministério da Justiça e Cidadania, Secretaria Nacional de Política sobre Drogas, 2016.

É também invariante a prevalência do uso de substâncias psicoativas entre todas as camadas e estratificações sociais. Ainda que os usos e os tipos sejam incrivelmente plurais entre si, o consumo de drogas é um fenômeno transclassista. Isso significa que "todas as classes consomem psicotrópicos pelas mais variadas razões"[69].

Contudo, tanto a invariabilidade em sua prevalência quanto a permeabilidade do uso por diversas classes sociais, não implicam em dizer que é irrelevante a análise sobre qual tipo de sujeito as consome. Se, o que almejo demonstrar, é que o composto químico de uma droga tem *uma* relevância nos efeitos que são produzidos a partir de seu consumo, mas não *a* relevância, faz sentido indagar se, mesmo que o uso de drogas seja transclassista, existem horizontes de sentidos específicos que emergem do consumo de determinadas substâncias por determinadas classes sociais.

Assim como em virtualmente todos os domínios da vida cotidiana, a leitura social de pertencimento de classe ou de raça impacta decisivamente no tipo de moldura política a ser recrutada. Com o *crack*, não seria diferente.

O início da década de 1980, nos EUA, foi marcado pela desaceleração do que restava do Estado de bem-estar social e das políticas de subsídios para moradia e alimentação, especialmente destinadas às populações historicamente à margem do acúmulo de riquezas – negros e hispânicos. Similar retração ocorreu com as políticas de prevenção – não repressão – ao uso prejudicial de drogas. Nos primeiros anos da década de 1980, o orçamento destinado a tais políticas recuou, de 274 milhões de dólares, para 57 milhões de dólares[70].

A austeridade foi duramente sentida nos bairros e comunidades mais pobres, majoritariamente negros, que, em virtude da globalização[71] e do desaparecimento da plena empregabilidade, consequências da desindustrialização e de sua falta de manejo adequado[72]. Ao passo que trabalhadores que tiveram acesso à educação formal e de qualidade se beneficiaram das mudanças tecnológicas e sociais à época, "os trabalhadores braçais se viram ultrapassados na transição repentina de uma economia industrial para uma economia de serviços"[73].

Assim, em um cenário cuja educação formal era um direito de todos, mas uma realidade de apenas alguns, e atravessado pelo racismo, um contingente de trabalhadores negros que não somente não acessavam as universidades, como também estudavam em precárias escolas marcadas pela segregação racial dos EUA, foram relegados ao isolamento socioterritorial e ao desemprego.

---

69. GARCIA. *O uso problemático...*, op. cit., p. 103.
70. ALEXANDER. *A nova segregação...*, op. cit.
71. Que deslocou as forças locais de trabalho para corporações e multinacionais no exterior, fazendo com que os empregos do setor produtivo migrassem para locais ainda mais precários e a um custo ainda menor para os produtores.
72. Com esse deslocamento da mão de obra, fábricas e indústrias foram ou reduzidas ou fechadas, também ocorrendo uma transferência da industrialização para locais tornados mais baratos e com mão de obra tornada precária por ciclos de exploração.
73. ALEXANDER. *A nova segregação...*, op. cit.

Não é meu objetivo adentrar em demasia nos contornos políticos estadunidenses. Todavia, o meu argumento não dispensa a menção a alguns detalhes. Se estou situando o meu recorte no marco temporal da guerra às drogas e da redução do Estado de bem-estar social, estou precisamente narrando desdobramentos do crescimento do movimento conservador dentro dos partidos políticos dos EUA, especialmente – mas não somente – no Partido Republicano. Durante as décadas de 1960 e 1980, enquanto ecoavam discursos políticos sobre a centralidade da liberdade para a política estadunidense, os Republicanos "resistiram ativamente ao fim da segregação, inclusive nas escolas, e à aplicação dos direitos civis [à população negra]"[74].

Paulatinamente, foi reforçada a mentalidade de que os impostos pagos pelo contribuinte – geralmente, associado à imagem do homem branco e trabalhador de classe média, assim como a imagem do contribuinte na sociedade brasileira – eram totalmente destinados a uma parcela da população que vivia a base de benefícios e subsídios. Em apertadíssima síntese, posso afirmar que a raça, que nunca esteve fora dos holofotes das políticas públicas daquele país, desde a invasão britânica colonizadora, voltara ao protagonismo de uma maneira sistemática e organizada.

Nesse contexto, Ronald Reagan, na mesma esteira de Richard Nixon, alça à presidência da nação, com

> forte apoio dos brancos descontentes – brancos pobres e da classe operária que se sentiam traídos pela adesão do Partido Democrata à agenda dos direitos civis (…). Com grande efeito, Reagan ecoou a frustração dos brancos em termos racialmente neutros, por meio de apelos raciais implícitos. Sua retórica "racialmente neutra" sobre criminalidade, assistência social, impostos e direitos dos estados era claramente compreendida pelos eleitores brancos (e negros) como tendo uma dimensão racial, embora denúncias desse efeito fossem impossíveis de serem provadas (…). A criminalidade e a assistência social foram os temas principais da campanha retórica de Reagan[75].

O anúncio de que a guerra às drogas seria tratada de maneira prioritária em seu governo acarretou a reorganização do aparato repressivo. O número de servidores vinculados ao Departamento de Justiça, dedicados ao combate aos crimes de colarinho branco, foi reduzido pela metade, a fim de que o governo pudesse concentrar suas ações na criminalidade de rua, especialmente nos crimes relacionados às drogas[76].

Isso me causa espécie, tendo em vista que, no início da década de 1980, os marcadores de prevalência do uso de drogas nos EUA demonstravam sinais de recuo em todo o território nacional. Em sintonia, a percepção das drogas como um problema nacional representava menos de 2% do imaginário popular, não figurando, exceto nessa porcentagem dos entrevistados, como um problema relevante a ser combatido no país[77].

---

74. ALEXANDER. *A nova segregação… op. cit.*, p. 93.
75. ALEXANDER. *A nova segregação…, op. cit.* p. 94-95.
76. ALEXANDER. *A nova segregação…, op. cit.*
77. ROBERTS, Julian. Public opinion, crime and criminal justice. TONRY, Michael (org.). *Crime and justice*: a review of research. Chicago: University of Chicago Press, 1992.

Michelle Alexander, ao revisar esse período histórico de seu país[78], destaca que, para inflar o aparato de repressão às drogas, os EUA, somente entre os anos de 1980 e 1984, aumentou de 8 milhões para 95 milhões de dólares o orçamento do *Federal Bureau of Investigation* (FBI). Também majoraram de 86 milhões para mais de 1 bilhão de dólares o orçamento a *Drug Enforcement Administration* (DEA), o departamento da polícia federal dos EUA, que lida com controle e repressão ao tráfico de drogas.

A trama que emergiu entre desemprego, segregação, desinvestimento em programas de bem-estar social, recrudescimento da guerra às drogas e o surgimento de uma substância de fácil comercialização e de custo comparado baixíssimo fez com que a venda de *crack* se tornasse por vezes uma das poucas chances de trabalho para grande parte da população guetificada e racializada dos EUA.

É por isso que Dominic Streatfeild afirma que "o *crack* foi um feito de marketing, não de química"[79], que desponta como uma estratégia de destinação da grande vazão de pasta-base por parte dos grandes comerciantes de drogas ilícitas e como uma estratégia de sobrevivência dos pequenos comerciantes de drogas ilícitas. Em meio ao assustador vácuo de políticas públicas e ao racismo estadunidense, a cruzada pela guerra às drogas aglutinou estruturas necessárias para que um alvo fosse traçado não somente ao *crack*, mas, especialmente em quem era visto em seu comércio ou consumo.

Ressalto que tal alvo é destinado a quem é *visto* como usuário de *crack*, e não efetivamente a qualquer usuário. Não são somente negros ou pobres os usuários da droga. Entretanto, ainda que eles não sejam os únicos usuários, a confluência dos fatores acima elencados fez – e faz – com que pobreza, racismo e precariedade agenciem uma guerra genocida que, em nome da repressão às drogas, ostente números cada vez mais expressivos de taxas de encarceramento e morte por crimes de drogas.

Escohotado[80] chama o *crack* de cocaína dos pobres, querendo implicar que (i) o *crack* é mais barato que a cocaína e que (ii) ricos também são usuários de drogas. Chamo, entretanto, a atenção para o uso dessa nomenclatura, que pode ter um efeito oposto ao pretendido pelo autor. O que leva muitos pesquisadores, especialmente da área da saúde, a afirmarem que o *crack* tem um poder devastador sobre a vida dos usuários inexistente no mundo das outras drogas ilícitas é o fato de que seus usuários são, frequentemente, encontrados em "cenas explícitas de uso de *crack* – em espaços conhecidos como cracolândias – que apavoram e ao mesmo tempo motivam a compreensão do fenômeno"[81].

Ainda que pretenda me dedicar de modo mais detido às cracolândias, e por isso me furte de, no momento, desenvolver de modo aprofundado as minhas impressões sobre o assunto, algumas de suas características não podem deixar de ser mencionadas. Inicialmente, a cracolândia é, em geral, um espaço onde as pessoas consumiriam drogas publicamente. Ruas, praças, edificações e lotes abandonados ou vagos costumam ser

---

78. ALEXANDER. *A nova segregação...*, op. cit.
79. STREATFEILD, Dominic. *Cocaine*: an unauthorised biography. Nova Iorque: Picador, 2003.
80. ESCOHOTADO. *Historia general de...*, op. cit.
81. GARCIA. *O uso problemático...*, op. cit.

locais tradicionalmente utilizados para uma concentração de usuários em torno das dinâmicas do uso – mas, nem de longe, somente do uso – de drogas lícitas e ilícitas.

Como afirmei anteriormente, não somente pobres e negros consomem *crack*. De fato, estudos recentes apontam para o fato de que as classes médias e mais ricas do estrato socioeconômico brasileiro também consomem *crack* em abundância. Assim, "já há algum tempo a classe média brasileira convive com a pedra"[82] e, muito embora o uso de *crack* seja associado "às classes baixas, especialmente entre pessoas em situação de rua e jovens das periferias de grandes áreas urbanas, há indícios de aumento do uso também entre outras classes sociais"[83].

Mesmo à época de seu surgimento, o consumo já era, também, percebido em todas as classes sociais. É o que narra em detalhes o trabalho jornalístico de Marco Uchôa[84], que dá conta dos fluxos do *crack* nos EUA e percebe uma distribuição do uso da substância nos guetos, nas classes baixas, na classe média e na alta.

Cabe, então, uma inflexão, tendo como base a fala acima mencionada de Escohotado: se o *crack*, de fato, não é uma droga consumida exclusivamente por pobres ou negros, por que a associação é tão imediata?

Uma resposta mais imediata pode ser encontrada nos circuitos de apoio e de segurança que as classes média e alta contam para suprir o seu consumo de drogas ilícitas. Esses sujeitos, geralmente, fazem uso de drogas em ambientes controlados, como casas próprias ou de amigos e, quando usam em público, geralmente estão em ambientes onde a tolerância e a permissividade com o uso são um traço de destaque. Assim,

> o sujeito da classe média tem acesso a estratégias que possibilitam a manutenção de seu consumo em segredo, pois possui ambientes de intimidade, quartos próprios, casas no litoral, festas em lugares afastados, clubes privados, automóveis etc. Já o da "ralé", não possui os mesmos recursos, de maneira que seu consumo é rapidamente percebido. Desse modo, enquanto a classe média protege-se da estigmatização, a "ralé" é rapidamente estigmatizada, o que inclusive pode contribuir para a radicalização de sua prática[85].

Eventualmente, quando o consumo rompe as frágeis e perenes fronteiras do privado, espraiando-se no público, a classe média[86] ou alta branca conta tanto com a leniência das forças de segurança e de repressão quanto com maiores recursos a meios não asilares de tratamento do uso prejudicial de drogas. Portanto, além da facilidade de se ocultar

---

82. GARCIA. *O uso problemático...*, op. cit.
83. RAUPP. *Circuitos de uso...*, op. cit.
84. UCHÔA, Marco. *Crack, o caminho das pedras*. São Paulo: Ática, 1996.
85. GARCIA. *O uso problemático...*, op. cit., p. 105.
86. "A classe média tem recorrido contemporaneamente às drogas para dar conta de suas tarefas do cotidiano. Nesse sentido, houve uma transformação do significado dos consumos de drogas. Se na época da "contracultura" a busca por estados alterados de consciência estava ancorada na dimensão da expressibilidade, da procura por experiências existenciais, hoje, o consumo de drogas está vinculado ao próprio princípio disciplinar. Atualmente, as drogas – salvo exceções – são utilizadas de maneira pragmática, na busca de desempenho, da produção farmacológica de si, da montagem de um corpo-perito, como tem analisado David Le Breton". *Cf.*: GARCIA. *O uso problemático...*, op. cit., p. 148.

o consumo das classes mais ricas do estrato social, há também uma menor violência e letalidade relacionadas à forma por meio da qual a droga chega aos usuários[87].

Tradicionalmente, existem duas formas de um consumidor final de drogas ilícitas obter a substância. A primeira delas concerne uma rede altamente capilarizada e descentralizada de distribuidores individuais, ou com pequenos graus de vínculo entre si, em pequenas escalas de organização, chamada de *rede de empreendedores*. A outra forma é por meio de uma rede altamente territorializada e de fácil localização, que envolve distribuidores associados em larga escala e em organizações hierárquicas voltadas ao comércio e à obtenção das drogas, a chamada *rede de bocas*. Em estudo conduzido por Luiz Sapori, Lúcia Lamounier e Bráulio da Silva[88], pode-se perceber que drogas sintéticas, maconha e cocaína têm a tendência de terem no varejo de empreendedores o seu tipo principal de distribuição, ao passo que o *crack* é majoritariamente distribuído em bocas.

As redes de empreendedores são compostas por traficantes que têm um certo controle sobre o público ao qual as suas vendas se destinam. Em entrevistas, os membros deste tipo de varejo salientam que são capazes de controlar tanto os riscos inerentes ao mercado tornado ilegal bem como a própria reputação como negociantes de drogas.

Justamente por isso, os varejistas considerados como empreendedores escolhem não comercializar *crack* em larga escala. O estigma em relação aos usuários chama a atenção da mídia e do aparato repressivo, agregando riscos indesejados ao negócio por eles conduzido. Entrevistados chegam a afirmar que não comercializam *crack* porque seus usuários são feios e sujos, acrescentando que

> [e]u é que não quero vender pedra. É só neguinho feio, sujo, mendigo. Pedra é pra baixa renda. Se quiser crack você vai encontrar na favela. Lá é mais arriscado, você vai tomar pulo da polícia, cê tá na mão de bandido. Diferente daqui que a droga é delivery, é menos público. Aqui é bem aparentado, cê não dá nada para um cara que é vendedor[89].

O vendedor apresenta o perfil de público que ele deseja atingir: pessoas que possuem algum tipo de atividade remunerada estável, com maiores níveis de escolaridade e estrutura familiar. Também chama a atenção o próprio perfil dos empreendedores, já que eles são pessoas que, em sua maioria, têm mais de 18 anos de idade, não raramente universitários e que "possuem laços de amizade com os quais compartilham essa prática e estendem o uso para lugares nos quais as suas atividades de sociabilidade são exercidas"[90].

Se, na rede de empreendedores, os protagonistas do varejo são os próprios varejistas quem tramam as redes de comércio, na rede de bocas é o território quem estabelece as

---

87. Parte substancial dos próximos sete parágrafos foram já publicados por mim, em coautoria com Natasha Burrell, no trabalho NASSER CURY. RIBEIRO. *Em qualquer parte...*, op. cit.
88. SAPORI, Luis. SENA, Lúcia. DA SILVA, Bráulio Figueiredo Alves. A relação entre o comércio do crack e a violência urbana na Região Metropolitana de Belo Horizonte. In: SAPORI, Luis. MEDEIROS, Regina (org.). *Crack*: um desafio social. Belo Horizonte: Ed. PUC-Minas, 2010. p. 38-80.
89. SAPORI. SENA. DA SILVA. *A relação entre...* op. cit, p. 55-56.
90. SAPORI. SENA. DA SILVA. *A relação entre... op. cit*, p. 56.

conexões. O lugar apresenta-se como agente, e a droga como um dispositivo[91] que gira em torno da imagem degradada do usuário que a consome.

Um usuário de *crack* não conta com a proteção e o sigilo gerados pela rede de empreendedores e, frequentemente, consome a droga de duas formas: ou por meio do deslocamento às bocas situadas em favelas ou em cenas urbanas de uso de drogas – como as cracolândias.

Assim, esses pontos geográficos, pela facilidade de rastreio e localização, frequentemente situam-se sob forte vigilância, já que estão localizadas ou em favelas ou em regiões deterioradas de centros urbanos e – justamente por isso, sujeitas à hipervigilância do Estado penal[92].

Por ser mais visível e localizável, esse tipo de varejo traz consigo maior violência, seja por repressão ou por conflitos internos. As conexões estabelecidas pelo varejo territorial são conflituosas e "o perfil socioeconômico é variável importante para a compreensão da relação entre a rede de bocas e a violência"[93].

Isso porque, se o comércio é exercido em um ponto fixo no território, ele é frágil, na medida em que é um alvo facilmente identificável tanto por usuários, que atraem a mídia, quanto pela guerra às drogas, que traz consigo o aparato repressivo. Sendo o *crack* a droga que predomina na rede de bocas – ainda que maconha e cocaína são comercializadas –, o risco atrelado ao seu consumo pelos usuários e à venda pelos traficantes é indubitavelmente potencializado. Também, lucrativo:

> Maconha todo mundo tem e todo mundo ganha, agora o plantão da pedra é o melhor. O crack é ouro. Eles não se interessam em vender maconha que é barato, interessa vender o crack. Porque o crack é uma droga pequena, de consumo muito rápido, a pessoa vai voltar toda hora, é muito viciante. A pedra vale a pena, não acaba nunca (…). A maconha dá movimento, cheiro e pouco dinheiro. É pra quem mexe com coisa pequena[94].

Assim, território e violência são pistas para a resposta à pergunta feita anteriormente, sobre a imediata associação entre *crack*, pobreza e raça.

Outras pistas podem ser encontradas na rapidez com que a guerra às drogas, que teve no *crack* a sua quintessência, foi deflagrada. Ademais, ela teve o seu início declarado antes mesmo do próprio alastramento do consumo da pedra. Da noite para o dia, entre

---

91. Irei discutir mais a ideia de dispositivo no próximo capítulo. Tomo emprestada a matriz foucaultiana, na medida em que o autor trabalha o conceito como técnicas ou ferramentas estratégicas para que o poder perfaça sujeitos. Para além de pensar em macroestruturas como Estado ou soberania, Foucault parecia especialmente interessado em estudar mecanismos de controle e dominação – não da perspectiva meramente institucional, mas da perspectiva de táticas positivas. Em síntese, digo sobre "um conjunto decididamente heterogêneo que engloba discursos, instituições, organizações arquitetônicas, decisões regulamentares, leis, medidas administrativas, enunciados científicos, proposições filosóficas, morais, filantrópicas. Em suma: o dito e o não dito são os elementos do dispositivo", aparecendo o dispositivo como aquilo que emerge da relação entre tais elementos. *Cf.*: FOUCAULT. *Microfísica do poder. op. cit.*, p. 364.
92. WACQUANT. *Punir os pobres…, op. cit.*
93. SAPORI. SENA. DA SILVA. *A relação entre… op. cit.*
94. SAPORI. SENA. DA SILVA. *A relação entre… op. cit.*, p. 70.

1982 e 1985, a mídia foi tomada por imagens perturbadoras de cenas trágicas de uso da droga, que possuíam íntima conexão tanto com a territorialidade quanto com a raça dos usuários retratados. Tendo já falado sobre o *crack* a partir da sua geopolítica, da sua conexão com os artefatos e da guerra às drogas como seu incentivador, agora passo para outra trama: as narrativas midiáticas e de imprensa sobre o *crack* e sobre quem o usa.

Embora tenha abordado, rapidamente, as narrativas tecidas ao redor do *crack*, passo, agora, ao detalhamento, notadamente sobre o modo que tais narrativas emolduram não só a droga, mas *quem* e *como* ela é usada.

2.2 TEMOR, PÂNICO MORAL E A MOLDURA TRADICIONAL DO *CRACK*

> *"Muitos de vocês devem estar pensando: 'Bem, drogas não me preocupam'. Mas deveriam. Deveria preocupar a nós todos, devido à forma que elas despedaçam nossas vidas e porque elas objetivam destruir o brilho e a vida dos filhos e filhas dos Estados Unidos (...). Como mãe, estou especialmente preocupada com os que as drogas estão fazendo com as jovens mães e com os seus filhos recém-nascidos. Ouçam a essa notícia de um hospital em Flórida, de uma criança que nasceu de uma mãe viciada em cocaína: "um bebê chamado Paul está imóvel em uma incubadora, com tubos de alimentação conectados ao seu pequeno corpo. Ele precisa de respirador para respirar e coletas diárias de punção lombar, para aliviar o líquido que acumula em seu cérebro (...). Eu imploro a cada um de vocês para que sejam inflexíveis em sua oposição às drogas (...). Diga sim à sua vida. E, no que diz respeito às drogas, apenas diga não".*[95]

Eu cresci temendo o usuário de *crack*. Certa vez me hospedei na cidade de São Paulo e, em choque, descobri que o hotel que havia escolhido se situava a poucas quadras da região que, embora flutuante, é conhecida como cracolândia. Nos poucos dias em que estive como turista na capital paulista, andei com medo e sobressaltada na região onde estava. Evitei me transportar por meios públicos de locomoção e priorizava o uso de táxi.

O mundo de uma cracolândia me foi apresentado assim, a uma distância cômoda. Muito embora mesmo naquela época, razoavelmente mais nova e ainda totalmente distante de pesquisar este tema, não apoiava repressões violentas e acreditava que ali, naquela questão, deveria haver algum componente social – assim, bastante genérico – que fizesse com que as pessoas orbitassem em torno da droga.

Todavia, na cabeça de uma jovem branca e de classe média, bombardeada diariamente pelas campanhas midiáticas que versavam sobre a grande periculosidade de se usar *crack*, pedra altamente viciante, desestruturante, arrasadora, era, de fato, a o que circundava o meu pensamento. Pensava: *tristes seres que foram sequestrados de toda a vontade*.

Não é que a cracolândia seja isenta de perigos. Nem que seja de fato triste a condição em que a maioria das pessoas que ali se encontra. Tampouco digo que essa precariedade não me interessa. Afirmo, entretanto, que essa condição foi manufaturada e, assim, forjada muito menos pelos *poderes avassaladores* de uma substância psicoativa do que por marcas de segregação territorial, racial e de classe.

---

[95]. REAGAN, Nancy. REAGAN, Ronald. Pronunciamento à nação sobre a campanha contra o abuso de drogas. *CNN*. 1986. Disponível em: <https://www.youtube.com/watch?v=lQXgVM30mIY&t=14s>. Acesso em 11 jul. 2022.

A visão que eu sustentava à época era a de que a repressão era, sim, desproporcional e injusta. No entanto, era uma repressão que tinha o condão de reparar um problema causado pelo *crack*, qual seja, o aumento descontrolado tanto do consumo da droga quanto dos crimes a ela atrelados – a famigerada *epidemia* de *crack*.

O que hoje, afirmo, é algo de natureza distinta: o problema que hoje vemos cristalizado em cenas urbanas de uso de *crack* se descola da própria pedra para se vincular a todo esse contexto acima mencionado. Ainda, fortemente catapultado pelo pânico moral criado por narrativas de imprensa que, ao reificar o usuário de *crack*, dá ensejo a toda sorte de poderes repressivos aos seus corpos.

Há, nesse sentido, uma estrita correlação entre o vácuo de políticas públicas de bem-estar, o recrudescimento do aparato repressivo e o avanço da guerra às drogas com o pânico fomentado por narrativas de imprensa. Se como, na esteira de Alexander, há uma aparente discrepância entre guerrear contra um inimigo que não parecia apresentar o perigo que justificasse o tom bélico, seria necessário, para superar tal contrassenso, um elemento legitimador. Assim,

> [e]m 1985, como parte de um esforço estratégico para construir um apoio público e legislativo à guerra, o governo Reagan contratou uma equipe para dar publicidade à emergência do crack. A campanha midiática foi um extraordinário sucesso. Praticamente da noite para o dia, a mídia estava saturada de imagens de "putas do crack", "traficantes de crack" e "bebês do crack" – imagens que pareciam confirmar os piores estereótipos raciais a respeito dos moradores das regiões empobrecidas dos centros das cidades. O estardalhaço midiático feito em torno da "nova droga demoníaca" ajudou a catapultar a Guerra às Drogas de ambiciosa política federal a guerra efetiva[96].

Nos Estados Unidos, as primeiras apreensões de *crack* começaram a despontar em 1983, quando policiais, ainda pouco familiarizados com a droga, relatavam, em seus autos de apreensão, a presença de artefatos peculiares encontrados nas cenas de uso de drogas, tais como cachimbos de vidro caseiros e latas de alumínio furadas[97].

Dentro do levantamento que realizei, com base nos estudos de Harry Levine e Craig Reinarman[98] e de Streatfeild[99], a primeira grande aparição do *crack* em veículos de mídia de massa ocorreu em 25 de novembro de 1984. A notícia, veiculada no *Los Angeles Times*, reportava que o uso de cristais de cocaína havia se disseminado nos guetos negros e nos bairros latinos. Um ano seguinte, desponta no *The New York Times* notícia sobre tratamentos experimentais para o combate à nova droga[100].

Em 1986, a revista *Newsweek* estampa o *crack* em sua capa, veiculando falas de especialistas que asseveravam ser o vício em *crack* imediato, bastando uma tragada para

---
96. ALEXANDER. *A nova segregação...*, op. cit., p. 40.
97. STREATFEILD. *Cocaine: an unauthorised...*, op. cit.
98. REINARMAN, Craig. LEVINE, Harry. The crack attack: America's latest drug scare, 1986-1992. In: BEST, Joel (org.). *Images of Issues*: typifying contemporary social problems. Nova Iorque: De Gruyter, 1995.
99. STREATFEILD. *Cocaine: an unauthorised...*, op. cit.
100. INCIARDI, James. MCELRATH, Karen. *The American drug scene*: readings in a global context. Oxford: Oxford University Press, 2014.

o cérebro ser totalmente reprogramado. A reportagem foi denominada de "Um inferno de fissura, tráfico e desespero" e narrava como uma nova epidemia mortal estava se espalhando de maneira descontrolada nos EUA[101].

Somente nesse ano, pelo que foi possível apurar em buscas na base de dados da EBSCO[102], da *Newsweek Magazine*[103] e nos relatos de pesquisadores[104], foram 4 reportagens de capa da revista *Newsweek* em que o *crack* figurou como objeto central de discussão. Saliento uma, que chamou a minha atenção dentre as pesquisadas. A edição de 16 de junho de 1986 da revista dedicou o seu editorial ao *crack*. Denominado de "A praga no meio de nós", os editores afirmavam que

> [u]ma epidemia se aproxima da América, tão persuasiva e perigosa como as pragas da era medieval. Sua fonte é o ascendente tráfico de drogas ilegais. A epidemia tirou vidas, naufragou carreiras, quebrou lares, invadiu escolar, incitou crimes, contaminou negócios, derrubou heróis, corrompeu policiais e políticos"[105].

A partir dessa época, diversos outros periódicos estadunidenses passaram a recepcionar o pânico gerado pelo *crack*. O que torna tudo ainda mais intrigante é que o *boom* midiático[106] em torno do *crack* cresceu sem que houvesse uma linha de argumentação coerente dentro das próprias reportagens. Cito como exemplo o caso da própria *Newsweek* que, em meio à cruzada de reportagens atestando o poder de vício instantâneo do *crack*, também trazia reportagens que afirmavam que, assim como a maioria das outras drogas, a maioria das pessoas irá usar *crack* sem que, contudo, isso se torne um uso prejudicial[107].

A eclosão do pânico em torno do *crack* nos EUA é matéria cujo estudo foi extensivamente realizado. Grande maioria dos dados coletados para esta pesquisa de doutorado indicam ter havido uma extensa manipulação de dados para apresentar à população, especialmente – mas não somente – pela revista *Newsweek*, um cenário catastrófico de aumento do uso de *crack*. Anteriormente, apresentei a visão de Alexander, que apresenta a ironia de se travar uma guerra às drogas e ao *crack* justamente em um período em que havia uma manutenção que tendia ao declínio no padrão de uso de drogas.

O argumento da pesquisadora é corroborado pelos estudos de Jerome Himmelstein. O governo estadunidense conduziu, em 1980, uma pesquisa nacional, almejando averiguar o uso de drogas entre os estudantes de ensino médio daquele país. Verificou-se a tendência à manutenção, não ao aumento do uso de derivados de cocaína. Esses dados

---

101. STREATFEILD. *Cocaine: an unauthorised...*, op. cit.
102. EBSCO é uma plataforma de memória arquivística de revistas e livros. Disponível em <https://www.ebsco.com/about>. Acesso em: 10 jul. 2022.
103. Conforme o site da própria revista. Disponível em: <https://www.newsweek.com>. Acesso em: 10 jul 2022.
104. *Cf.*: STREATFEILD. *Cocaine: an unauthorised...*, op. cit.; REINARMAN. LEVINE. *The crack attack...*, op. cit.
105. SMITH, Ryan. The plague among us: the drug crisis. *Newsweek*, n. 15, 16 jun. 1986. Disponível em: <www.ebsco.com>. Acesso em 10 jul. 2022.
106. Vale ressaltar que, por mais que esteja metodologicamente cercando o meu olhar para os EUA, foi possível perceber movimento similar na Europa.
107. REINARMAN. LEVINE. *The crack attack...*, op.cit.

foram utilizados na mencionada edição da *Newsweek* em 1986, indicando, todavia, um aumento significativo no consumo de derivados de cocaína pelos jovens dos EUA.

Para tal manipulação, a seguinte linha de raciocínio foi seguida:

> Primeiro eles escolheram apresentar os dados relativos ao uso de cocaína ao longo da vida, ao invés do uso no último ano ou no último mês. Assim, foram gerados os dados mais altos possíveis. Em segundo lugar, eles recortaram a linha do tempo, limitando o gráfico aos anos de 1980 e 1985, mesmo sendo sabido que a maior parte do aumento do uso de cocaína tivesse ocorrido antes de 1980. Finalmente, eles redimensionaram o eixo vertical (a porcentagem de estudantes de ensino médio que já usaram cocaína alguma vez na vida) para um intervalo de 15 a 17 por cento. O gráfico resultante apresentou uma linha de tendência de crescimento impressionantemente íngreme[108].

Ainda que a manipulação de dados tenha sido uma tônica naquele período, ao menos no que tange à construção da imagem de uma epidemia no uso de *crack*, vale ressaltar que o papel deles era o de corroborar – ainda que de maneira distorcida – a narrativa que servia como pano de fundo para o amadurecimento do pânico em torno da droga. As estratégias utilizadas dependiam menos do número e mais de três fatores: (i) territorialidade local, (ii) microescalas de reportagens e (iii) jornalismo anedótico.

No primeiro caso, os veículos de imprensa apresentavam um problema global a partir do ponto de vista local. Nesse sentido, "mesmo quando a mídia nacional falava sobre algo que ocorria nacionalmente, eles contavam a história como uma soma de histórias locais"[109], usando os subúrbios e os guetos como exemplo de um cenário universalizável.

A segunda estratégia, concernente às microescalas, encontrou pontos-focais de atenção. Assim, surgiam inúmeras reportagens sobre casos pontuais e dramáticos, como "os terríveis casos dos bebês do *crack*, programas de tratamento lotados, cenas urbanas de uso de drogas violentas e destruidoras de comunidades"[110]. Quantitativamente, esses casos eram irrelevantes, se aplicados em larga escala. Entretanto, pincelados e extensivamente apresentados, compõem "uma boa maneira de dramatizar um problema, combinando grandes números com péssimos exemplos"[111].

Finalmente, o último fator encontra-se no jornalismo anedótico, que, oposto ao jornalismo por evidências, representa o modo de conferir maior peso à opinião de um cidadão do que à consulta a dados submetidos ao crivo científico. Optou-se por generalizar de maneira anedótica, em vez de recorrer a pesquisas quantitativas e qualitativas sobre o crack, já que "boas histórias sobre drogas são contadas pelas pessoas que possuem experiência de primeira mão, como policiais de rua, forças de combate ao narcotráfico, especialistas em tratamento, neonatologistas etc."[112]

---

108. HIMMELSTEIN, Jerome. How the mass media use numbers to tell a story: the case of the crack scare of 1986. In: *Numeracy*. Advancing Education in Quantitative Literacy, University of South Florida, v. 7, n. 1, 2014. p. 5-6.
109. HIMMELSTEIN. *How the mass…*, *op. cit.*, p. 17.
110. HIMMELSTEIN. *How the mass…*, *op. cit.*, p. 18.
111. HIMMELSTEIN. *How the mass…*, *op. cit.*
112. HIMMELSTEIN. *How the mass…*, *op. cit.*

O neurocientista Carl Hart, ao analisar o impacto das narrativas sobre *crack* no imaginário popular, salienta que mortes por overdose de cocaína em atletas negros estadunidenses eram comumente atribuídas ao uso de *crack*[113]. Em um intervalo de um ano, grandes veículos de imprensa escrita dos EUA publicaram mais de mil reportagens sobre o uso de crack nesse contexto[114].

Ainda sobre o contrassenso entre se conduzir uma política pública tão extensa e dispendiosa como a guerra ao *crack*, em contextos em que pouquíssimos dados indicavam que haveria de fato a necessidade de se iniciar um grande movimento em resposta ao uso prejudicial da substância, destaco dois pontos.

O primeiro deles decorre do relatório nacional de vigilância das políticas de saúde estadunidenses do Departamento de Saúde e Serviços Humanos – O Drug Abuse Warning Network (DAWN)[115]. Esse estudo coletou dados sobre demografia e distribuição geográfica do uso de drogas, bem como "serv[iu] como um sistema de aviso inicial que identifica substâncias psicoativas novas ou em tendência"[116]. No relatório concernente à segunda metade da década de 1980, foi constatada tendência ao crescimento das ocorrências médicas em virtude do uso de cocaína – o que foi, instantânea e sem verificação, atribuído ao uso de *crack*. Ainda, ao arrepio de quaisquer conhecimentos sobre a própria via de consumo do *crack*, ou seja, a via fumada, o que o relatório apontava era o crescimento das ocorrências pelas vias não fumadas, como a via cheirada[117].

O outro ponto de destaque encontra-se no relatório da *National Household Survey on Drug Use and Health*. Estudo financiado pelo governo dos Estados Unidos, o relatório que, desde a década de 1970 coleta informações sobre o estado da arte do uso de substâncias no país, apontou que o uso de quaisquer substâncias ilícitas na população estadunidense teve, a partir de 1979, um declínio – incluindo o uso de cocaína[118].

A despeito das posturas inadequadas ao retratar as narrativas sobre o *crack*, elas serviram de base para que a repressão punitiva estatal ocupasse a posição de um imperativo. O consumo tornado ilegal, associado a profundas desigualdades sociais, estigmas de raça e de classe, faz emergir o desejo que se puna cada vez mais e de maneira mais severa, especialmente quando se vive diariamente sob o bombardeio de imagens e narrativas perturbadoras acerca do consumo de drogas. A conjunção dos elementos que mencionei agencia sentimentos em torno do medo e do pânico.

---

113. HART, Carl. *Um preço muito alto*: a jornada de um neurocientista que desafia nossa visão sobre as drogas. 1 ed. Rio de Janeiro: Zahar, 2014.
114. STRANO. *Crack: política criminal...*, op. cit.
115. U.S. Department of Health & Human Services (USDHHS). Substance Abuse and Mental Health Services Administration. *Drug Abuse Warning Network*. Disponível em <https://www.samhsa.gov/data/data-we-collect/dawn-drug-abuse-warning-network>. Acesso em 11 jul. 2022.
116. *Cf*.: USDHHS. *Drug Abuse Warning... op. cit.*
117. LEVINE. REINARMAN
118. *Cf*.: National Survey on Drug Use and Health. Disponível em: <https://nsduhweb.rti.org/respweb/about_nsduh.html>. Acesso em 11 jul. 2022.

A ideia de pânico moral não é recente. Desde a década de 1960, o tema tem sido amplamente debatido por sociólogos e criminólogos e tem sido central para estudos da linguagem que subjaz aos debates culturais em torno de condutas. Ao analisar o histórico do conceito, David Garland salienta que a ideia de pânico moral guarda conexão com uma "condição, episódio, pessoa ou grupo de pessoas que emergem como sendo uma ameaça aos interesses e valores sociais. Suas naturezas são apresentadas de uma forma estereotipada e estilizada pela mídia de massa"[119].

Essa moldura torna quase inescapável a emergência de sentimentos de pânico e medo, fazendo com que indivíduos, bombardeados por estereótipos e mistificações, sejam conduzidos a demandar esforços jurídicos, políticos e morais de combate àquilo que é veiculado como origem e causa do sentimento de temor. Subliminar ao conceito de pânico moral está a desproporcionalidade entre realidade e moldura.

O enredamento de pânicos morais é complexo e gradual. Seus desvelares ocasionam preocupações profundas com aquilo que é retratado, hostilidades para com determinadas imagens ou grupos sociais, unificação de reação negativa e contrária, desproporcionalidade da conduta contrária a uma suposta ameaça, grande influência dos veículos de comunicação de massa, apelo a uma dimensão polarizada e, finalmente, a patologização das condutas retratadas como desviantes. Assim, o pânico moral age como sustentáculo da punitividade[120].

Se, de fato, o pânico moral está no substrato de sociedades que buscam cotidianamente elencar inimigos públicos e punir com rigor àqueles que figuram como contraponto ao belicismo estatal, a guerra ao *crack* situa usuários e comerciantes nas categorias destinatárias por excelência destinatárias da repressão e do controle.

Com o pânico em torno do *crack*, compôs-se um conjunto de narrativas extremamente eficazes em contrapor o estereótipo do usuário de cocaína – homens brancos e de classes mais ricas e executivos – do tipicamente atribuído ao usuário de crack – negros ou hispânicos, considerados amedrontadores.

Para Alexander, o *crack* tornou possível que se falasse de raça sem que propriamente o elemento racial fosse mencionado de forma patente. Para ela, "[o] frenesi midiático inspirado pela campanha governamental solidificou na imaginação pública a imagem do criminoso de drogas negro"[121]. Ao saturar a mídia de imagens que retratavam o *crack* como um problema (em microescala) de guetos e bairros predominantemente negros ou hispânicos, territorializando o aparente problema na paisagem que somente a rua, como espaço público, permite capturar, e invisibilizando a excessiva deturpação da escala aplicada, codificou-se no *crack* questões atinentes ao racismo e à pobreza.

O porquê de eu ter iniciado esta seção discutindo os atos de fala, agora, parece mais explícito. Se ilocuções são embebidas de significado e também de performatividade, é

---

119. GARLAND. *As contradições da...*, op. cit., p. 10.
120. GARLAND. *As contradições da...*, op. cit.
121. ALEXANDER. *A nova segregação...*, op. cit., p. 167.

possível compreender quais engrenagens permitiram que os enunciados sobre *crack* se descolassem da matéria que ele enuncia e se vinculasse a outros destinatários e contextos, sendo iterável em contextos múltiplos – expandindo o seu horizonte de sentido para molduras não ditas verbalmente, porém, extremamente presentes na trama que, de tanto subliminar, acaba por permear grande parte das narrativas[122]. Nesse sentido,

> [h]á certas palavras cifradas que permitem que você nunca diga "raça", mas, ainda assim, todos compreendem o que você quer dizer, e "crime" é uma delas. Então, quando falamos a respeito de aprisionar mais e mais pessoas, na verdade estamos falando de aprisionar mais e mais homens negros (...). De fato, não muito depois de a Guerra às Drogas ter se estabelecido no discurso político e midiático, quase ninguém imaginava que criminosos de drogas pudessem ser qualquer coisa que não negros[123].

Poderia me alongar ainda mais nos exemplos estadunidenses sobre narrativa de que o *crack* se alastrava como uma epidemia, bem como no papel da mídia e do governo para a consolidação do imaginário que, ao mesmo tempo, apontava para uma dramaticidade generalizada do uso de *crack* e traçava um alvo na imagem dos seus usuários.

Opto, entretanto, por finalizar essa inserção sobre os EUA sem, contudo, deixar de frisar que as medidas tomadas pelos vários comandantes que conduziram – e conduzem – a guerra às drogas não tiveram lastro de evidências científicas. O que preponderou foi a lógica própria dos interesses do governo em deslocar questões absolutamente multifatoriais para o espantalho de um inimigo único – o *crack*.

Utilizei o recuo ao país da América do Norte por três motivos: (i) de fato, o *crack* é um subproduto da guerra às drogas concatenada pela política interna e externa estadunidense; (ii) o país tem tido, historicamente, a liderança da condução das políticas de segurança pública e de repressão às drogas e (iii) talvez como elemento de maior importância nessa equação, os EUA têm sido apontados como um grande epicentro de promoção de desigualdades raciais estruturais.

Como Rafael Strano salientou,

> [r]esta evidente que o *crack scare* distorceu o conhecimento da população sobre o tema, pois, mesmo após a divulgação das evidências científicas, os políticos e mídia estadunidenses mantiveram-se calcados nos boatos sensacionalistas anteriormente deflagrados. Isso trouxe o resultado esperado: em 1985, 23% dos americanos acreditavam que o principal problema do país era a iminência de uma guerra nuclear, enquanto menos de 1% mencionava as drogas. Em 1989, 64% da população afirmavam que as drogas constituíam o principal problema[124].

Se o recuo foi necessário e justificado, a partir de agora passo a voltar meus olhares para o Brasil, que, à sua maneira, recepcionou movimentos conexos aos deflagrados na

---

122. É por isso que, sob o risco de ser repetitiva, tenho tentado – e espero estar conseguindo – trazer nesse relato a visibilidade para o enquadramento da guerra às drogas como uma guerra à raça e à classe. O que está em evidência importa, nesse sentido.
123. ALEXANDER. *A nova segregação...*, op. cit., p. 167.
124. STRANO. *Crack*: política criminal... op. cit., p. 101.

eclosão do *crack* nos EUA. Faço, contudo, uma ressalva – e pretendo amarrá-la na parte final do próximo capítulo.

Ainda que seja importante falar das condições de possibilidade da emergência do crack, e isso naturalmente me leve a discutir a política de drogas estadunidense, há diferenças significativas entre o modo de guerra às drogas dos EUA e do Brasil. Ainda que o Brasil conte com a sua própria guerra às drogas, as histórias de ambos os países, inclusive no que tange às consequências da escravidão forçada de negros em ambos os territórios, é abissalmente distinta.

A história brasileira conflui colonialismo e racismo de sua própria forma, e, sem desconsiderar os efeitos perversos da guerra às drogas para as populações negras e latinas dos Estados Unidos, destaco o fato de que, no Brasil, ela intensificou processos que já era pedra-de-toque na nação: o extermínio da população pobre e negra brasileira e a circulação da condição precária que já apreende essa população desde o período colonial-escravista.

2.3 *CRACK BRASILIS*

"Me digam quem é feliz
Quem não se desespera vendo
Nascer seu filho no berço da miséria
(...)
Um pedaço do inferno, aqui é onde eu estou
Até o IBGE passou aqui e nunca mais voltou
Numerou os barracos, fez uma pá de perguntas
Logo depois esqueceram, filhos da puta
(...)
Os ricos fazem campanha contra as drogas
E falam sobre o poder destrutivo delas
Por outro lado, promovem e ganham muito dinheiro
Com o álcool que é vendido na favela
Uma semana depois chegou o crack
Gente rica por trás, diretoria
Aqui, periferia, miséria de sobra"[125].

Perceber que a história do crack no Brasil é relativamente recente nunca deixa de me impressionar. A droga está tão em evidência no imaginário da população brasileira, a ponto de quase me fazer olvidar dos seus menos de 40 anos.

Ainda que seja possível demarcar no tempo uma época em que o crack começou a aparecer no Brasil, uma precisão exata é virtualmente impossível. Pesquisas indicam que as primeiras entradas do crack no Brasil ocorreram no final da década de 1980 – ainda que seja extremamente difícil precisar um marco temporal bem delimitado[126]. Os critérios para que se demarque o final dessa década, especialmente o biênio 1987-1988, como o marco temporal da entrada da droga em terras brasileiras, encontram-se tanto nos primeiros Boletins de Ocorrência (BOs) policiais que relatam as apreensões da droga, especialmente os do Departamento de Narcóticos da Polícia Civil de São Paulo

---

125. RACIONAIS MC'S. *Homem na estrada*. Raio X do Brasil. São Paulo: Racionais MC's, 1993. Disponível em: <https://open.spotify.com/track/10CaXTAohMFQeFWZGfnGyC?si=ffadb2eb5e154ce7>. Acesso em 17 jun. 2022.
126. *Cf.*: RAUPP. *Circuitos de uso...*, op. cit.; DOMANICO. *Craqueiros e cracados...*, op. cit.; STRANO. *Crack: política criminal...*, op. cit.; RUI. *Nas tramas do...*, op. cit.; BASTOS. BERTONI. *Pesquisa Nacional sobre...*, op. cit.; SOUZA. *Crack e exclusão*, op. cit.

(DENARC/SP), quanto nos relatos de rua. Em termos geográficos, tem-se em São Paulo, capital, o seu epicentro.

Se a precisão do marco temporal da entrada do crack no Brasil é apenas aproximada, o mesmo pode ser dito a respeito da sua forma de entrada. Há relatos que dão conta de que foi pela região Norte, especialmente em Rondônia, que o crack chegou aos centros urbanos do Sudeste[127]. Outros, apontam a entrada pelo estado do Amazonas, na zona fronteiriça com a Colômbia[128].

Entretanto, os achados coincidem com relatos de usos tradicionais na região de mesclas – um tipo de droga que combina os subprodutos das folhas de coca com outras substâncias, que variam de tabaco a maconha. Tal hábito de consumo data desde muito antes da década de 1980, como já mencionado no início deste capítulo.

Quando Taniele Rui escreveu a sua etnografia sobre uso de crack, notou que o crack desafia "as políticas de saúde, de segurança pública, urbanísticas e assistenciais"[129]. Para esse desafio irei apontar o meu olhar, muito mais do que para um marco temporal preciso. Quero, agora, investigar quais agenciamentos do crack no Brasil repercutiram à época e repercutem até hoje. Curiosamente, o primeiro impacto que gostaria de abordar é o territorial.

Curiosamente, porque, ainda que seja imprecisa a *porta de entrada* do crack no Brasil, percebo que a sua chegada alterou, de maneira significativa, a geografia das drogas. A despeito das diferenças abissais entre as sociedades estadunidense e brasileira, a recepção social, estatal e midiática do crack no Brasil guardou similitudes com a estadunidense. Para Leon Garcia, pesquisador e ex-diretor da Secretaria Nacional de Políticas sobre Drogas, do Ministério da Justiça e Cidadania, no governo da ex-presidente Dilma Rousseff,

> [t]ivéssemos aprendido com a história de "epidemias" de uso de drogas no mundo, teria sido outra a resposta do Estado e da sociedade brasileira (...). Mitos sobre a destrutividade do crack, para além dos riscos que ele de fato acarreta, ganharam a imprensa e a sociedade. Esses mitos influenciaram políticas públicas fazendo com que, por exemplo, a legislação dos EUA punisse com penas muito mais severas quem portasse crack do que quem portasse cocaína, que são essencialmente a mesma droga. A diferença não estava na droga, mas nas pessoas que faziam uso de uma ou outra droga[130].

Vejo um paralelo muito próximo entre as alterações no território – e, especialmente, na forma através da qual o território é *narrado* e *percebido* – entre a entrada do crack nos EUA e no Brasil. A droga, como já extensivamente dito, barata e de fácil trânsito, chegou primeiramente nas bocas de periferias da cidade de São Paulo, especialmente nos bairros São Mateus, Cidade Tiradentes e Itaquera. Em questão de meses, já era bastante procurada no centro histórico do município, na região da Luz.

---

127. POLÍCIA Federal constata uso de três novos tipos de drogas. *Folha de S. Paulo*, São Paulo, 30 jul. 1986, Cidades, p. 15. Disponível no Arquivo Público Mineiro. Data da consulta: 14 mar. 2020.
128. STRANO. *Crack: política criminal...*, op. cit.
129. RUI. *Nas tramas do...*, op. cit.
130. GARCIA in SOUZA. *Crack e exclusão...* op. cit., p. 12.

A cidade de São Paulo, que também enfrentava o desabastecimento de cocaína, teve no crack um subterfúgio mercadológico. Também no Brasil o seu preço chamava a atenção. Se, historicamente, os usuários de drogas brasileiros eram notadamente marcados por uma divisão socioeconômica do acesso aos entorpecentes – sendo tabaco, álcool e maconha as drogas que majoritariamente eram consumidas pelos pobres do Brasil[131] –, o crack representou um ponto de inflexão, devido ao seu preço e à sua disseminação em centros urbanos.

A mudança no perfil de consumo de drogas fez com que o território, por sua vez, fosse alterado. Se, como já mencionado, a população branca de classe média ou alta é dotada de inúmeros recursos para ocultar o seu consumo – inclusive aquele prejudicial – de substâncias psicotrópicas, tal recurso não pode ser verificado nas populações pobres ou negras brasileiras.

Os circuitos do consumo de drogas, assim, alçaram à esfera pública, afastando-se das casas e estabelecimentos privados para praças e ruas. A alteração no padrão do local de consumo guarda estrita correlação com a própria história da urbanização no Brasil.

Em virtude da extensão territorial do município de São Paulo, bem como da sua população inflada e das desigualdades espaciais que marcam tanto a cidade paulistana quanto diversas outras metrópoles brasileiras, o fluxo pendular interno da cidade é altíssimo. Em bairros da periferia, como os da zona leste de São Paulo, não raro os seus moradores saem cedo para o trabalho e retornam muito tarde para as suas casas – o que faz com que o fluxo central seja aumentado.

Ainda, o centro histórico de São Paulo, na região da Luz, foi marcado por um evento extremamente comum em grandes centros urbanos brasileiros: um fluxo migratório que, no início dos anos 1950, chegou às cidades centrais em busca de emprego, renda e oportunidades. O crescimento desigual e a ausência de políticas públicas de distribuição das riquezas durante a ditadura militar brasileira, fez com que muitas pessoas fossem relegadas ao desemprego e à ausência de perspectivas de moradia individual e adequada. A população em situação de rua[132], incapaz de dar conta de despesas como moradia e transporte, se concentrou nos centros históricos urbanos, onde a possibilidade de se ganhar dinheiro – qualquer dinheiro, de qualquer maneira —, era, ainda, possível.

Já em Belo Horizonte, a chegada do crack foi ainda mais tardia. Se, em São Paulo – e no Rio de Janeiro – a droga fez as suas primeiras aparições no final da década de 1980,

---

131. SOUZA. *Crack e exclusão...*, op. cit.
132. Estar na rua não significa não ter um endereço, somente. Uma série de condições básicas de existência deixa de estar acessível quando se está em situação de rua. Cito como exemplo algo banal como uma estrutura pública adequada de banheiros que, se já posta obstáculos para transeuntes e passantes, para aqueles que permanecem na rua torna-se uma dificuldade grande. Significa percorrer longas distâncias para se alimentar, para trabalhar, para se divertir, isso tudo sem estrutura adequada de acesso a meios de transporte nem equipamentos para armazenar ou preparar alimentos. Também representa estar à sorte de todo tipo de pessoas que por ali passam, inclusive do aparato policial. Se, para a classe média, a reprodução diária da vida, isto é, aquilo que se faz quando se acorda até quando se dorme, por vezes é algo automático, para quem está em situação de rua essa talvez seja uma das questões centrais de seus dias.

na capital mineira, até meados da década de 1990, o predomínio da circulação de drogas ilícitas para consumo era de maconha e cocaína em sua versão cheirada. Em entrevistas semiestruturadas realizadas com policiais civis que trabalhavam no Departamento de Tóxicos e Entorpecentes de Belo Horizonte, Luiz Sapori e equipe puderam rastrear que não havia presença do crack até meados de 1995 em solo belo-horizontino[133].

Assim como em São Paulo, a entrada do *crack* em Belo Horizonte alterou sobremaneira o fluxo de consumo e comércio de drogas. Isso porque tais cidades compartilham a histórica ausência de políticas públicas voltadas aos centros históricos, bem como a extrema desigualdade racial, habitacional e econômica. Utilizando-se de rotas previamente estabelecidas para outras sortes de delitos de drogas, o crack era importado de São Paulo à capital mineira e teve na Pedreira Prado Lopes o seu primeiro grande polo de varejo. Nesse sentido,

> [p]rimeiro porque lá tinha um tráfico mais estruturado, desde a época do pai do Roni Peixoto (também o avô dele era traficante). O Roni, na década de 90, exercia esse domínio absoluto da Pedreira (na Pedreira não se tinha homicídios, era tranquilo) (…). E, enxergando esse potencial, em São Paulo, ele trouxe, e ele recepcionou essa droga dentro de sua estrutura do tráfico[134].

Atualmente, entretanto, a droga já não é mais importada na mesma intensidade. Como já debatido, o crack é uma droga de facílima produção e de ainda mais fácil varejo, o que torna o seu preço de produção e de venda atrativo.

Essa confluência de fatores fez com que o crack fosse imediatamente associado à pobreza e a uma parcela das pessoas que estão em situação de rua. A rua desponta, no Brasil, como elemento de destaque e modulação. Especialmente, na imagem das cracolândias.

O fato de existirem cenas urbanas de uso de drogas, altamente territorializadas e reiteradamente noticiadas como o ápice da degradação, não pode ser desconsiderado, muito menos os efeitos do crack romantizados. Entretanto, ainda que de forma alguma tenha a intenção de os desconsiderar, me coloco diante dessa questão no intuito de problematizá-la. Afinal, diante das complexidades que circundam o *crack*, percebo que a maioria delas são sublimadas para que, instantaneamente, sejam os corpos dos usuários a serem evidenciados. Situar, portanto, o crack como epicentro do mal causado por um plexo de questões é um argumento simplório.

---
133. SAPORI. SENA. SILVA. *A relação entre o…*, op.cit.
134. SAPORI. SENA. SILVA. *A relação entre o…*, op.cit., p. 43.

2.4 CRACOLÂNDIA(S)[135]

> *"Doce na boca, lança perfume na mão, manda o mundo se foder*
> *São os noia da Faria Lima, jão, é a Cracolândia Blasé"*[136].

Na tarde do dia 27 de maio de 2022, a Polícia Militar e a Guarda Civil Metropolitana de São Paulo realizaram operação de suposto combate às drogas na região central da capital paulista, nas imediações da Rua Helvétia e da Avenida São João. A região corresponde à zona de amortecimento da cracolândia de São Paulo.

Na ação, quatro pessoas foram presas por tráfico de drogas. Uma mulher foi presa por desacato à autoridade. Ainda, foram apreendidas porções de cocaína, cachimbos, facas, frascos para armazenamento, balanças de precisão, um alicate, dois pratos e cerca de 3 mil reais. Os agentes públicos dispersaram as pessoas que ali se encontravam, para tanto utilizando-se de tiros de balas de borracha e bombas de gás lacrimogênio.

Para essa apreensão, a polícia deslocou atiradores de elite e carros blindados. Questionada, em nota, respondeu que o aparato foi recrutado para a operação em virtude de estratégia. Ainda, salientou que

> a operação é uma etapa da Operação Caronte e tem como a finalidade combater o TRÁFICO DE DROGAS (especialmente CRACK), que leva os usuários ao submundo das drogas, com a notória degradação física e mental dos mesmos, os deixando vagar pelas ruas, servindo apenas aos propósitos dos traficantes, até o fim de suas existências[137].

Sempre que me organizo para escrever sobre operações de combate ao crack, o esforço é pequeno. Basta abrir o jornal e recorrer às operações do mês. Quando escrevi pela primeira vez sobre o assunto, em 2017, coletei um total de 12 reportagens sobre a megaoperação policial na região da cracolândia de São Paulo. Agora, para redigir esta seção, as notícias, que foram extensivamente coletadas desde então, já se encontram ultrapassadas, em virtude do alto montante de operações de combate ao crack e aos seus usuários.

O pânico moral ao redor do crack também reverbera – e muito – no Brasil. Devido a isso, não parece um contrassenso que mais da metade da população paulistana apoie as

---

135. Parte substancial desta seção foi desenvolvida previamente por mim, no trabalho publicado: NASSER CURY, Carolina M. A produção de sujeitos despessoalizados: narrativas de imprensa e a construção da imagem do usuário de crack pela mídia. In: RENA, Natacha; FREITAS, Daniel; SÁ, Ana Isabel; BRANDÃO, Marcela. (Org.). *I Seminário Internacional Urbanismo Biopolítico*. 1 ed. Belo Horizonte: Fluxos, 2018, v. 1. p. 98-122.
136. EMICIDA. *Mandume*. São Paulo: Laboratório Fantasma, 2015. Disponível em: <https://open.spotify.com/track/7JEFQNPdF5yUePOuTAG5fs?si=2a85e0b810674991>. Acesso em 17 jun. 2022.
137. TV GLOBO. Nova operação da polícia na Cracolândia tem veículo blindado e atiradores de elite no centro de SP. *G1*, 27 mai. 2022. Disponível em: <https://g1.globo.com/sp/sao-paulo/noticia/2022/05/27/policia-realiza--nova-operacao-na-cracolandia-nesta-sexta-em-sp.ghtml>. Acesso em 12 jul. 2022.

intervenções de repressão, dispersão e internações involuntárias na cracolândia, muito embora os recursos utilizados para tal sejam violentos e violadores de direitos humanos[138].

Em ações que não lidam nem problematizam os fatores que conduzem à existência das cracolândias, mas somente dispersam – ao arrepio dos direitos mais básicos de uma pessoa – à força os usuários e residentes, novos fluxos, em outras localidades avizinhadas, são criados. Para Maurício Fiore, essa lógica é problemática, já que a "dinâmica de se espalhar a cracolândia faz com que a polícia tenha mais adesão da população diante de repressões violentas"[139].

De fato, em pesquisa recente, o Instituto de Pesquisas Datafolha, vinculado ao jornal Folha de S. Paulo, realizou um levantamento sobre a impressão da população paulistana acerca das operações policiais de dispersão e repressão na região da Cracolândia. Ao serem questionados sobre o assunto, 59% dos entrevistados declaram-se favoráveis ao modelo por meio do qual a ação se desenvolveu, incluindo as demolições de imóveis históricos, pensões e hotéis. Ainda, 64% dos paulistanos acreditam que as ações serão efetivas para a solução do problema que lá se encontra e 95% acreditam que o usuário de crack não é autônomo e deve ser internado compulsoriamente[140]. Gostaria, tendo em mente esses dados, de iniciar uma breve incursão sobre a cracolândia[141]. A começar, pelo seu nome.

Diversos pesquisadores se esquivam, a todo custo, do termo *cracolândia*, já que, conforme acertadamente observa Taniele Rui, trata-se de terminologia extremamente carregada de sentidos prévios e estigmatizantes, sendo possível considerá-la "o maior caso de *bullying* socioterritorial já existente no país"[142].

Faço, todavia, questão de utilizá-la. Se palavras ganham sentido na performance e, ainda, se sentidos enunciados originalmente com um determinado teor podem, eventualmente, ser subvertidos, é nessa intenção que faço uso da palavra cracolândia.

Palavra-território, palavra-racial, palavra-corpo.

---

138. DATAFOLHA. Maioria dos paulistanos aprova ações na Cracolândia. *DataFolha Instituto de Pesquisas*, 05 jun. 2017. Disponível em: <http://datafolha.folha.uol.com.br/opiniaopublica/2017/06/1890337-maioria-dos-paulistanos-%20aprova-acoes-na-cracolandia.shtml>. Acesso em 12 jul. 2022.
139. FOLHA de S. Paulo. Dispersão da cracolândia aumenta apoio a ações violentas, dizem estudiosos. *Folha de S. Paulo*, 8 jul. 2022. Disponível em: <https://www1.folha.uol.com.br/cotidiano/2022/07/dispersao-da-cracolandia-aumenta-apoio-a-acoes-violentas-dizem-especialistas.shtml>. Acesso em 12 jul. 2022.
140. DATAFOLHA. *Maioria dos paulistanos...*, op. cit.
141. Assim como parte substancial desse trabalho foi afetada pela pandemia de Covid-19, essa talvez seja a parte que mais sofreu os efeitos diretos. Pretendia, durante os anos de 2020, 2021 e 2022, após o retorno do período dedicado ao doutorado-sanduíche na Macquarie University, Austrália, realizar estudo cartográfico na região da Lagoinha, em Belo Horizonte. O estudo era justificado pela configuração do que se lê, hoje, como uma cracolândia em Belo Horizonte. Para tanto, foram elaborados questionários semiestruturados, realizada inserção em organizações de distribuição de alimentos e cobertores, mapeado os equipamentos públicos existentes na região, bem como as comunidades terapêuticas de cunho religioso que se encravavam no território, além de ter me preparado academicamente, por meio de cursos de metodologias qualitativas, quantitativas e o apoio do grupo de pesquisa Indisciplinar, da Escola de Arquitetura da UFMG. Tudo isso foi suspenso em virtude do isolamento social e, na medida em que foi possível retomar as atividades presenciais, a pesquisa já se encontrava em sua fase conclusiva. Resta o desejo de retornar, em outro momento.
142. RUI. *Nas tramas do...*, op. cit.

Cracolândia é uma e muitas. Multiplicidades que se imaginam unidade, talvez em uma definição quintessêntica do termo de matriz nietzschiana[143]. Irredutíveis, pois complexas, mas facilmente visíveis, em virtude do que elas agenciam.

As cracolândias se espalham no território das grandes cidades brasileiras. Em um exercício de pesquisa livre, perguntei a todo motorista de táxi ou de aplicativo ou, na falta desses, para qualquer morador de todas as cidades que visitei desde 2016, onde ficava a cracolândia daquele município. Ainda que esse relato tenha uma validade científica irrisória, ninguém se furtou a responder e apontar algum pequeno local de concentração de pessoas, lixo não coletado, pequenas barracas de lona e papelão, sujeira acumulada e edificações precárias ou malconservadas.

A percepção me fez indagar se haveria um elemento unificador de todas as cracolândias – um aglutinador ou denominador comum. A partir dessa inquietação, recorri a fontes históricas sobre origem e consolidação da região onde o termo começou a ser utilizado para descrever a cena de uso – a região da Estação da Luz, em São Paulo. Constatei que havia, de fato, elementos unificadores. Contudo, eles se encontravam menos na droga e mais nos *fluxos*. Antes de uma cracolândia ser uma cracolândia, ela foi inúmeras outras coisas.

No início do século XX, a região paulista era um bairro elitizado, que contava com infraestrutura rara à época, como calçamento, ferrovias, bondes, espaços públicos arborizados e equipamentos culturais. A consolidação do centro comercial paulistano na Avenida Paulista e em seus arredores, que ocorreu na década de 1950, fez com que essa elite dali migrasse. O esvaziamento da região, por sua vez, fez com que os imóveis desocupados dessem lugar à instalação de prostíbulos e cortiços – já que, na mesma época, devido à perseguição a tais atividades tradicionalmente encravadas em outras regiões de São Paulo, um novo fluxo fosse direcionado à área recém-desocupada[144].

Em um misto de repressão intensa e descaso de políticas públicas, a região ora nobre foi tornada empobrecida e, na década de 1990, passou a abrigar alguns usuários de crack. Desde então, o abandono da região deu lugar a uma intensa tentativa de "revitalização". Entre ciclos codependentes e que frequentemente se sobrepõem, a tensão entre deterioração do espaço e busca por revitalização escancara ideais de gentrificação[145] e higienismo social.

A cracolândia sempre foi um espaço heterogêneo. Em conjunto com os usuários, coabitavam "moradores de rua, crianças em situação de vulnerabilidade, prostitutas,

---

143. MÜLLER-LAUTER, Wolfgang. *Nietzsche*: sua filosofia dos antagonismos e os antagonismos de sua filosofia. São Paulo: Editora Unifesp, 2011.
144. STRANO. *Crack: política criminal...*, op. cit.
145. Gentrificação caracteriza o aburguesamento urbano ou a filtragem social por meio da substituição de classes economicamente mais vulneráveis por outras de maior poder aquisitivo, que implica em um aprofundamento de injustiças sociais impressas na desigual distribuição do espaço e dos direitos urbanos. *Cf.*: OLIVEIRA, Susan. BITENCOURT, Gabriela. NASSER, Carolina. RENA, Natacha. Territórios, movimentos populares e universidade: entrelaçando ensino, pesquisa e extensão na Pedreira Prado Lopes. *Revista Indisciplinar*, v. 5, n. 1, 2019. p. 62-89.

moradores e pequenos comerciantes locais, reforçando as representações estigmatizantes sobre essa população vulnerável"[146].

Essa configuração fez – e faz – da cracolândia um paradoxo. Se, por um lado, a cracolândia cristaliza um emaranhado de representações midiáticas viscerais, por outro, ela é uma área misteriosa e desconhecida pela maior parte da população. Um "bairro de pobres cujo nome permanecia nas manchetes dos jornais como um dos focos da violência urbana, um antro de marginais e bandidos"[147]. Paradoxal, também, pois, ainda que muitos usuários descrevam o espaço como um lugar de proteção e abrigo, também é descrito como um local de perigo. Para Rui, "[o]s usuários estão lá ora porque foram expulsos de outros lugares, ora porque os tomaram como refúgio, espécie, portanto, de degredo e autodegradação"[148].

Paradoxo dos paradoxos, sequer o território da cracolândia é encravado sempre no mesmo lugar.

Um conceito se encaixa sobremaneira no olhar por meio do qual enxergo as cracolândias: o de territorialidade itinerante. Explorado por Néstor Perlongher[149], na esteira de Félix Guattari e Gilles Deleuze e, posteriormente, por Heitor Frúgoli Jr. e Mariana Cavalcanti[150], essa noção dá conta de que a territorialidade nem sempre é um encravamento. Nesse sentido, pode haver territórios que se deslocam totalmente do enquadramento tradicional, qual seja, o de estarem fixados no espaço e no tempo por fatores aglutinantes.

Em territorialidades itinerantes, os fatores aglutinantes não estão estritamente adstritos à noção de sedentariedade localizacional. Os fatores que aglutinam aquele território em uma paisagem decifrável como tal por quem a vê são de outra ordem. Não obstante o reiterado esforço midiático e policial de se encravar no território uma imagem de um local devastado por uma droga, as cracolândias são algo de natureza diversa.

No que tange aos seus sujeitos-em-fluxo, pode-se afirmar que nem todos são usuários de drogas. Há comerciantes, varejistas, pessoas em situação de rua, redutores de danos, profissionais da saúde e consumidores eventuais. Dentro do grupo de usuários, ainda assim não é o crack a única droga de consumo. Na verdade, etnografias e estudos de campo indicam que o que marca o uso de drogas nas cracolândias é a poliusabilidade. Ou seja: o consumo concomitante de diversas drogas, lícitas e ilícitas.

O crack, nessas cenas, aparece em alguns casos como droga de preferência de alguns ou de uso prejudicial por outros, porém, seria uma extrapolação dizer que o crack é a única droga consumida em cracolândias. O que parece um contrassenso, tendo em vista a sobrerrepresentação da droga na mídia e na mira do aparato repressivo. Todavia, é o

---

146. STRANO. *Crack: política criminal...*, op. cit., p. 123.
147. ZALUAR. *Condomínio do diabo*. op. cit., p. 9.
148. RUI. *Nas tramas do...*, op. cit.
149. PERLONGHER, Néstor. *O negócio do michê*: a prostituição viril. São Paulo: Brasiliense, 1987.
150. FRÚGOLI JÚNIOR, Heitor; CAVALCANTI, Mariana. Territorialidades da(s) cracolândia(s) em São Paulo e no Rio de Janeiro. *Anuário Antropológico*, v. 38, 2013. p. 73-97.

que apontam os dados levantados pela Pesquisa Nacional sobre uso de crack conduzida pela FIOCRUZ.

Na pesquisa, foi possível observar que, nas cenas urbanas de uso de crack, os usuários

> são, basicamente, poliusuários, ou seja, o crack/similar é uma das drogas de um amplo "portfólio" de substâncias psicoativas que eles consomem. Observa-se forte superposição do uso de crack/similares com o consumo de drogas lícitas, sendo o álcool e o tabaco as mais frequentemente consumidas[151].

Ainda, nem sempre o que se considera por crack é, de fato, crack. Isto é, a droga que é lida socialmente como crack, muitas vezes, guarda baixa correspondência com a mistura feita a partir da pasta-base do sal de cocaína.

Sobre o grau de pureza e de adulteração das pedras de crack apreendidas em operações policiais no Brasil, André Fukushima *et al.*, ao perceberem a ausência de dados sobre o grau de pureza do crack em relatórios mundiais, conduziram um estudo brasileiro para trazer contribuições ao debate sobre a substância. Para tanto, "foram analisadas 404 amostras obtidas por meio de apreensões policiais nas ruas. As espécimes foram classificadas macroscopicamente por cor, forma, odor, pureza e tipo de adulterador utilizado"[152].

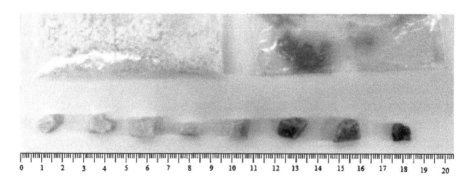

Fig. 07 – Amostras identificadas como crack pela polícia.
Fonte: FUKUSHIMA *et al. Purity and adulterant...*, *op. cit.*

Os achados do estudo indicaram que, em 71,3% das amostras, foram encontrados graus de pureza elevados de cocaína e a maioria das amostras, 76,3%, não possuía sequer adulteradores. Para os autores,

> a explicação mais provável para essa discrepância é a de que as amostras apreendidas não se adequavam à definição clássica do crack (obtido por meio do sal de cocaína), mas podem ser caracterizados como pasta-base de cocaína ou como cocaína pura (…). Já as poucas amostras adulteradas tinham em sua composição elementos similares ao crack, com um grau de pureza de aproximadamente 37,5%

---

151. BASTOS. BERTONI. *Pesquisa Nacional sobre…*, *op. cit.*, p. 57.
152. FUKUSHIMA, André *et al.* Purity and adulterant analysis of crack seizures in Brazil. *Forensic Science International*, v. 243, 2014. p. 95.

(...). Os nossos dados indicam que as amostras não são sais de cocaína (...). Em conclusão, a droga vendida como crack em São Paulo tem características similares com a pasta de coca[153].

Retomo esse estudo com o objetivo de demonstrar que, até o momento, apresentei elementos *desaglutinadores* da cracolândia. Em um contexto em que o território é fluido, em que as drogas consumidas são plurais e diversas, em que sequer o *crack* pode ser considerado como efetivamente *crack* na maior parte do tempo, o que faz com que instantaneamente criemos uma figura clara e delimitada de uma cracolândia nas nossas mentes quando ouvimos esse nome? Se o elemento aglutinador não é a droga em si ou o território, como forjamos essa imagem e delimitamos essa moldura?

As pistas para essa aglutinação encontram-se no cruzamento entre os dados sobre quem são os usuários de *crack* e o contexto em que o *crack* foi erguido ao patamar de epidemia.

Até agora, realizei um levantamento sobre os contextos históricos, políticos, espaciais e morais que atravessaram o *crack* desde a sua origem. Insolitamente, muito embora haja extensa bibliografia sobre os prejuízos do uso de *crack*, pouquíssimos são os dados consolidados sobre a prevalência de uso no tempo e sobre o perfil sociodemográfico de seus usuários.

Um dos motivos para a baixa produção de dados quantitativos e/ou qualitativos sobre o uso de *crack*, sob a perspectiva sociodemográfica, é a dificuldade de acesso a essa informação a partir de metodologias que possam fundamentar a extração de dados, sem que haja uma perda de confiabilidade. O *crack* não é uma droga de grande prevalência na sociedade (como o álcool ou o tabaco) e, além disso, é uma substância ilegal (o que gera ocultação do comportamento e fluidez das cenas urbanas de uso – que, muitas vezes, somente representam uma faceta de seus usuários).

Ainda assim, foi conduzido um amplo estudo pela FIOCRUZ, em parceria com diversos órgãos do governo federal, em 2014, que resultou em um levantamento de dados inédito em escala nacional. Os próprios autores do estudo apontam as suas limitações, entretanto:

> [o] presente perfil reflete um quadro especialmente dinâmico, que permeia os interstícios urbanos de um conjunto de municípios brasileiros que permite abarcar a extensão e diversidade do país em sua dimensão demográfica, sociocultural, além das especificidades dos mercados ilícitos e das ações de segurança pública em cada contexto. Certamente, não se pode falar de um retrato que não merecerá retoques, seja pelas evidentes limitações impostas ao trabalho de campo por cenas extremamente fluidas e frequentemente violentas, seja pela impossibilidade de definir parâmetros estáveis no espaço, tempo, produto consumido e hábitos de consumo, de um mercado ilícito e especialmente dinâmico[154].

Tendo em vista a pesquisa ter utilizado como enquadramento territorial os usuários as cenas de uso urbanas – cracolândias ou espaços públicos de uso —, ainda que os resultados não sejam um retrato dos usuários de *crack* no Brasil como um todo, eles

---
153. FUKUSHIMA *et al. Purity and adulterant...*, *op. cit.*, p. 97.
154. BASTOS. BERTONI. *Pesquisa nacional sobre...*, *op. cit.*, p. 47.

apresentam-se como "representativos para os usuários de *crack* e/ou similares que consomem estas drogas (em cachimbos, latas ou copos) em cenas de uso públicas/abertas do Brasil"[155]. Os dados a seguir apresentados foram retirados desse estudo[156].

No Brasil, os usuários de *crack* são adultos jovens, com idade média de 30 anos, não tendo sido observada "quantidade expressiva de crianças e adolescentes nestes locais visitados, apesar desse subgrupo estar presente em diversas cenas dos diferentes municípios pesquisados"[157]. A faixa etária menos encontrada é a de pessoas com 50 anos ou mais, correspondendo a menos de 3% do público-alvo da pesquisa.

Com relação ao gênero, há um predomínio das pessoas que se identificam como homens, com cerca de 79% de homens nesse critério. Um achado que indica uma tendência já percebida em outros estudos, qual seja, a predominância masculina nas cenas urbanas de uso e na interface com os crimes de drogas.

Em relação à raça autodeclarada, predomina a caracterização "não-branca". Nesse sentido, 20% dos usuários se autodeclaram brancos, ao passo que os demais se enquadram no que o estudo denominou de não branquitude. A título comparativo, o último Censo nacional realizado pelo Instituto Brasileiro de Geografia e Estatística (IBGE) apresenta que 52% da população brasileira se identifica como "não-branca", o que denota uma sobrerrepresentação de pessoas pretas e pardas (seguindo a nomenclatura do IBGE e ciente das críticas em torno do tema) em situações de vulnerabilidade social.

Ainda, a maioria dos usuários entrevistados declarou-se solteira, correspondendo a cerca de 60% do público analisado, ao passo que os casados ou em algum tipo de união estável, reconhecida ou não pelas vias legais, corresponderam a 25% do público, sendo o restante separado, divorciado ou viúvo.

Em termos educacionais, quase 60% das pessoas estudaram da quarta até a oitava série do ensino fundamental, constituindo a maioria em termos de escolaridade. Cerca de 20% estudaram até a terceira série do ensino fundamental e 16% concluíram o ensino médio. Cerca de 4% não frequentou a escola e 2%, aproximadamente, frequentou o ensino superior.

Outro dado obtido pela pesquisa merece destaque: foi constatado que, nas capitais, 47,28% dos usuários estavam em situação de rua, ao passo que, nos demais municípios, esse número foi de aproximadamente 20%.

No tocante à obtenção de renda, trabalho e empregabilidade, cerca de 65% desses usuários obtêm dinheiro por meio de trabalhos esporádicos ou autônomos – bicos, empregos temporários, trabalhos de oportunidade. A prevalência da prostituição também é relevante. Cerca de 7,46% dos usuários relatam frequência na troca de sexo por dinheiro ou drogas, ao passo que a prevalência nacional em contextos não relacionados ao uso de drogas é de 1% declarado. Ainda, as atividades ilícitas para obtenção de ren-

---

155. BASTOS. BERTONI. *Pesquisa nacional sobre...*, op. cit.
156. BASTOS. BERTONI. *Pesquisa nacional sobre...*, op. cit.
157. BASTOS. BERTONI. *Pesquisa nacional sobre...*, op. cit.

da ou dinheiro correspondem a uma minoria, cerca de 6,42%. E, ainda assim, não é a fonte principal de renda. Saliento, entretanto, uma possível subnumeração desse dado, na esteira dos pesquisadores responsáveis pelo estudo, especialmente se cruzamos os dados de obtenção de renda ou dinheiro com o histórico de passagens pelo sistema de justiça criminal.

Nesse aspecto, cerca de 49% dos entrevistados relatam terem passagens por prisão ou equipamentos afins. Dentre esse grupo, 31% foram detidos em virtude de delitos diretamente vinculados ao uso ou à posse de drogas, 11% por tráfico ou produção de drogas e os restantes giram em torno de furtos, roubos, violência física ou doméstica, homicídios e violação de condicional.

Finalmente, no que se refere ao padrão de consumo de drogas, denota-se a já mencionada poliusabilidade. Estimou-se que, nos últimos 12 meses prévios à pesquisa, a grande maioria relatou um uso híbrido de, nessa ordem de prevalência, *crack*, tabaco, álcool, maconha ou haxixe, cocaína, inalantes como cola, solvente ou tíner e benzodiazepínicos. As taxas relativas a outras drogas, como esctasy, MDMA, LSD, metadona ou heroína, anfetaminas, metanfetaminas ou ritalina e codeína (especialmente a medicação Tylex – nome comercial), representaram, em conjunto, cerca de 20% do universo de poliusabilidade, não sendo tão comuns quanto as outras substâncias, que respondem pelo universo de cerca de 80% dos consumos de drogas.

Um dado relevante para a discussão sobre o uso de *crack* é o que indica o uso no tempo da droga. Estimou-se que o tempo médio de uso corresponde a cerca de oito anos em capitais – sendo cerca de sete anos fora das capitais.

Quanto a motivação para o uso da droga, quase 60% dos usuários alegam terem começado a utilizar *crack* por curiosidade. Cerca de 30% alegam que o motivo inicial foi alguma dor emocional, como perdas afetivas, problemas familiares ou violência sexual. Cerca de 26% relatam ter iniciado o consumo por pressão do círculo social. O motivo de ausência de perspectiva de vida corresponde a quase 9% dos relatos e a perda do emprego ou o preço barato foi apontado como gatilho para cerca de 3% dos entrevistados. Esses números não são exclusivos, sendo elencados mais de uma vez por mais de um entrevistado, não sendo a soma centesimal.

Até agora, dentro do universo extremamente rico do estudo, apresentei dados sobre o entrelaçamento entre *crack*, faixa etária, sexo, raça, situação conjugal, escolaridade, moradia, formas de obtenção de dinheiro ou renda, poliusabilidade, motivação de gatilho inicial e tempo médio de uso.

Com relação à comparação com a população brasileira em geral, estimou-se que o uso regular de *crack*, isto é, um uso que, em um período de seis meses, foi observado em pelo menos 25 dias[158], é um fator presente na vida de 0,81% da população residente em capitais ou no Distrito Federal. Em números absolutos, os pesquisadores afirmam que cerca de 370 mil pessoas fazem uso regular de *crack*. O número de usuários de *crack*

---

158. Segundo definição de padrão de uso da Organização Pan-americana de Saúde (OPAS).

é cerca de três vezes menor do que o de usuários de outras substâncias, que respondem por uma porcentagem de 2,28%. Dessa porcentagem elimina-se o uso de maconha ou haxixe[159].

Contrariando a imagem que se tem sobre cracolândias, em especial as cenas de uso urbanas de cidades como São Paulo, Rio de Janeiro e Belo Horizonte, as proporções de uso de crack no Sudeste não são elevadas. É o que mostra o estudo, ao apontar que a maior incidência de uso de *crack* encontra-se no Nordeste, em que 1,29% das pessoas relatam uso reiterado da substância, seguido da região Sul, com 1,05% e posteriormente da região Centro-Oeste, com 0,98%. A região norte ocupa o quarto lugar do ranking de regiões brasileiras, com 0,68% e a região sudeste é a última do ranking, com 0,56% de usuários reiterados. Em números absolutos, é possível afirmar que, no Sudeste, epicentro do pânico moral e da imagem das cracolândias, 113.510 pessoas usam *crack* de forma reiterada no tempo.

O cruzamento de dados de prevalência de uso de demais drogas nas regiões também denota maior uso nas regiões Norte, Nordeste e Centro-Oeste, e menores taxas nas regiões Sudeste e Sul.

Por fim, gostaria de apresentar mais um dado que considero relevante para o meu recorte. O estudo também verificou a frequência de uso do *crack*, obtendo o resultado de que cerca de 60% já cessou de consumir a droga. Esse número é mais elevado nas capitais, chegando a quase 70% dos usuários, e menor nas outras cidades, chegando a cerca de 50%. Sobre a vontade de realizar tratamento para parar ou minimizar os efeitos do uso reiterado, cerca de 78% dos entrevistados manifestam desejo voluntário por se submeter a tratamentos.

---

159. Dois fatores foram utilizados para que a maconha/haxixe fosse excluída da pesquisa. O primeiro deles é o impacto mínimo da maconha nos índices de transmissão de infecções sexualmente contagiosas. O segundo encontra-se no fato de que o seu consumo é bastante presente em diversos contextos, o que tornaria os dados imprecisos.

2.5 ARREMATE DO CAPÍTULO DOIS

Os dados apresentados apontam para inúmeras conclusões possíveis. A primeira delas é de que os números do *crack*, de fato, são impressionantes. Contudo, não por demonstrarem um cenário de descontrole do seu uso, mas pelo fato de que a droga é lida como uma epidemia apesar de seus patamares de prevalência de uso serem relativamente baixos. Se comparada a outras drogas ilícitas, por exemplo, a prevalência do *crack* é três vezes menor.

Ainda, destaca-se o fato de que o tempo de uso do *crack* contraria – e muito – a ideia bem difundida de que ele vicia e mata em poucos meses e que, quando muito, um usuário teria uma sobrevida de até três anos.

Igualmente chamativos são os dados sobre o perfil racial, de classe e de escolaridade das pessoas que foram encontradas como usuárias de *crack*: 80% dos usuários não são brancos; a maior parte dos usuários não possui renda fixa; e apenas 2% chegaram ao ensino superior.

Com isso em mente, pretendo concluir esta seção, afirmando que o elemento aglutinador das cracolândias, que as fixa no imaginário das pessoas e dos agentes de saúde e segurança públicas é de natureza diversa daquela do *crack* ou mesmo de seus efeitos.

Retomo que

(i) o *crack* por si só não é uma droga onipotente, capaz de causar uniformemente uma resposta aditiva fisiológica;

(ii) tampouco é a droga que mais impacta saúde e segurança no Brasil;

(iii) finalmente, também não é a droga mais consumida no país, nem tem o seu padrão de consumo sequer perto do poder de espalhamento de uma epidemia.

Deve haver um elemento outro que confira ao *crack* e às cracolândias tamanha centralidade. Minha hipótese é a de que esse aglutinador esteja em um modelo contemporâneo que faz com que certas vidas orbitem em um horizonte tão forte quanto ramificado de circulação de certas formas de vida tornadas abjetas ou indignas.

Quero abordar esse aglutinador no próximo capítulo, em que apresentarei uma resposta teórica para um problema prático: a profunda coincidência no público-alvo das intervenções à autonomia e à autodeterminação dos usuários de *crack* em cracolândias. Sujeitos esses submetidos a políticas de precariedade, políticas de internações involuntárias e políticas de (des)qualificação. Ainda, sujeitos que foram "submetidos a processos de abstração e de coisificação na história"[160].

Anteriormente, disse – algumas vezes, de formas distintas – que as políticas de proibição giram menos em torno do potencial lesivo de uma determinada substância e mais em torno do que se pode capitanear politicamente em torno delas. Assim, drogas e crimes de drogas têm uma interface a partir do proibicionismo. Se eles guardam essa

---
160. MBEMBE, Achille. *Crítica da razão negra*. São Paulo: n-1 edições, 2018. p. 313.

correlação entre si, e se ao dizer sobre *crack* alertei para a importância de discutir sobre quem pensamos quando refletimos sobre o uso de *crack*, é de igual importância salientar de quem estamos dizendo quando voltamos nossos olhares para os crimes de drogas.

No Brasil, segundo dados do Levantamento Nacional de Informações Penitenciárias, a grande maioria dos presos possui entre 18 e 34 anos de idade; ainda, cerca de 70% dos presos são pessoas não brancas e quase 80% das pessoas privadas de liberdade não possuem o ensino médio completo[161]. Anteriormente, mencionei que o Brasil está a pouco de atingir a marca de 1 milhão de encarcerados, atualmente estando na marca de aproximadamente 900.000 pessoas privadas de liberdade.

O que é contraditório, se pensarmos no contraste entre aprisionamento e segurança: os números inflados indicam uma taxa de aprisionamento crescente, sem que mudanças reais ocorram nas taxas de criminalidade. Nesse sentido, a prisão não diminui a criminalidade de modo impactante nem coincide com períodos de estagnação ou mesmo recuo das taxas de criminalidade[162].

Esses dados são relevantes demais para serem desconsiderados, especialmente quando contrastados ao tema que disserto. A correlação dos públicos-alvo das políticas em torno do *crack* e das políticas de encarceramento me parecem explícitas. Esse é um – talvez o principal – dos vários fios que me fazem inferir que existe uma semelhança entre a moldura do *crack* e a moldura de outros sistemas de exclusão e estigmatização.

São, também, dados sobre trajetória de vida e status social bastante correlatos aos das pessoas condenadas por crimes de tráfico[163] e que cumprem medida de segurança em hospitais de custódia e tratamento psiquiátricos[164].

Na mesma trama, a punição parece emergir não como uma prerrogativa resposta aos crimes, mas como um modelo supletivo do Estado do bem-estar social por um modelo de Estado policialesco, arrogando para si as prerrogativas de políticas de controle – não pela inclusão, mas justamente pelo seu oposto.

A imagem do noia não é a imagem de um corpo qualquer. É um corpo que se apresenta como um desafio, uma ameaça e uma afronta. Um corpo que precisa ser devolvido – não ao seu titular, mas a um certo ideal de controle.

A imagem da cracolândia, por sua vez, também não é a imagem de um lugar qualquer. É um território que se apresenta como caótico, desordeiro e violento. Que precisa ser, a qualquer custo, retomado espetacularmente.

Nesse sentido, Rui afirma que

[a] despeito dessas diferenças, quero aqui chamar atenção para as frequentes e semelhantes acusações de "perda de controle", que parecem estar na base de cada uma dessas gestões. Acusados de

---

161. BRASIL. *Levantamento Nacional de...*, op. cit.
162. WACQUANT. *Punir os pobres...*, op.cit.
163. CAMPOS, Marcelo. ALVAREZ, Marcos. *Pela metade*: implicações do dispositivo médico-criminal da "Nova" Lei de Drogas na cidade de São Paulo. *Tempo Social – Revista de Sociologia da USP*, v. 29, n. 2. p. 45-73.
164. DINIZ, Débora. *A custódia e o tratamento psiquiátrico no Brasil*: censo 2011. Brasília: Editora UnB, 2013.

perder o controle sobre o próprio corpo, sobre o próprio consumo, sobre a própria dívida e sobre as relações com os mais próximos, os *noias* estariam na contramão do bom convívio, da boa higiene, da boa negociação e, também, da boa circulação[165].

O *crack* e seus usuários têm sido utilizados como categorias de acusação. O que busquei demonstrar, neste capítulo, é que essa acusação não é focada nos efeitos da droga no corpo, na suposta teoria da adição ou na necessidade de se conter o alastramento de uma forte epidemia do uso prejudicial da substância.

Na verdade, essas categorias de acusação atuam como dispositivos, que agenciam e atravessam a vida de diversos usuários de *crack* que compartilham entre si não somente o território, como também a rejeição ao pertencimento e a negativa de reconhecimento, conduzindo as suas sujeições tornadas precárias aos limites.

Ainda, como Frantz Fanon[166] apontou, ao se debruçar sobre o adoecimento psíquico de pessoas negras vivendo em mundos brancos, muitas vezes o caminho trilhado por negros é o de auto-ódio. Nesse ponto, a visceralidade do *crack* encontra também seus caminhos no Brasil, onde vidas precárias encontram no ambiente urbano uma mola propulsora para práticas tóxicas, como aponta Marcelo Mayora:

> [o] consumo de crack é prática tóxica correspondente à precariedade das vidas secas da ralé da ralé. As únicas atividades que estão disponíveis para os retirantes urbanos são aquelas extremamente desqualificadas, que exigem enorme dispêndio de energia e não garantem a mínima certeza quanto ao próximo prato de comida. O crack parece se moldar ao cotidiano da caminhada, em busca do lixo reciclável, de sobras, de lata, que ao mesmo tempo pode ser o ganha pão e o instrumento de consumo. Segundo vários relatos, o sujeito que consome crack tem vontade de caminhar. Por vezes vira dias caminhando, sem dormir, até cair sem forças em qualquer lugar[167].

O argumento em prol das intervenções nos usuários ou nos territórios do *crack*, sejam repressivas, sejam assistenciais, prescreve tipo de controle voltado a um determinado tipo social e racial e, simultaneamente, atua como um elemento que segrega e retroalimenta a circulação de pessoas negras e pobres em aparelhos estatais de controle social.

Nesse sentido,

> em suma, como um primeiro processo, a construção de uma corporalidade ignóbil ocorre gradualmente, por meio da perda de vínculos com as instâncias sociais e familiares que proporcionam as condições de limpeza, asseio e saúde, bem como da consequente exposição às intempéries do clima, à aspereza da rua, aos conflitos corporais, ao uso crescente de drogas e, por fim, à adesão à rua. Como efeito dessas condições, define-se a imagem degradada, repulsiva e amedrontada, frequentemente associada a esse segmento[168].

---

165. RUI. *Nas tramas do...*, op. cit.
166. *Cf.*: FANON. *Alienação e liberdade...*, op. cit.
167. MAYORA, Marcelo. O crack e a rua. In: SOUZA. *Crack e exclusão social. Op. cit.*, p. 149.
168. RUI. *Nas tramas do...*, op. cit.

Se ser pessoa é ser uma *afirmação* reiterada, mediada pelo ambiente informacional do qual uma pessoa não prescinde para ser o que quiser[169], ser pessoa é uma ação, primeiramente. Uma ação que também pressupõe a existência de um caminho de volta, tendo em vista o eminente caráter perfomativo. Assim,

> [s]ermos pessoas implica sempre a possibilidade de sermos ignorados, esquecidos, esmagados, abandonados, postos de parte, maltratados, destruídos, como se fôssemos ninguém. O risco de nos tornarmos uma coisa está sempre presente[170].

E, talvez, a maneira mais primitiva de fazer com que pessoas não sejam pessoas é tornar inacessível o recurso a si mesmo.

---

169. STANCIOLI, Brunello. *Renúncia ao exercício de direitos da personalidade, ou, como alguém se torna o que quiser*. Belo Horizonte: D'Plácido, 2019.
170. RUI. *Nas tramas do...*, op. cit.

Capítulo Três
A NECROPOLÍTICA DO *CRACK*

"Nosso lar é onde está o ódio"[1].

---
1. HART. *Um preço muito...*, op. cit., p. 168.

3. Capítulo Três
A NECROPOLÍTICA DO *CRACK*

> *"Assim, vemos nessas regiões a criação de sistemas tanto oficiais como informais de realização e encobrimento de assassinatos, mantidos por capitais públicos e privados, e para os quais contribuem diversas instituições, de órgãos de imprensa até hospitais e funerárias"*[2].

Pode-nos parecer óbvia a ideia de que saúde e doença são noções essencialmente pertencentes ao rol das políticas públicas. Contudo, houve um momento na história em que cuidar se tornou uma arte de governar. Especialmente, mas não somente, no que tange ao cuidado em saúde mental e suas interseções com o uso de drogas.

Nesse momento, a ideia de cuidado atravessa, do campo individual, para o domínio coletivo e, assim, ser elencada no rol de práticas a serem conduzidas pelo aparato estatal. Esse momento histórico configurou um sistema de pensamento – ou, no léxico de Michel Foucault, uma racionalidade. A mudança no foco da ideia de cuidado insere-se, assim, em uma racionalidade que permite que sujeitos cognoscentes, ao interpretarem o mundo, assimilem e reproduzam formas de vida que estão prescritas no meio social.

Tal mudança de foco é um processo histórico que pode ser remontado para a reorganização dos saberes. Notadamente, "uma reorganização do campo hospitalar, uma nova definição do estatuto do doente na sociedade e a instauração de uma determinada relação entre a assistência e a experiência, os socorros e o saber"[3].

A formação capitalista do mundo moderno, especialmente na sua formação inicial, no século XVIII, não ocorreu sem que corpo e trabalho fossem colocados no centro de suas irradiações. Não é, portanto, forçoso pensar que as próprias ideias de cuidado e saúde carregam consigo a possibilidade da produção de tratamentos cruéis e degradantes, ou mesmo da produção de cujos corpos são levados ao limite da abjeção. Esses conceitos, longe de serem desvinculados da racionalidade governamental, são estruturas que fazem com que a própria governamentalidade opere. São pontos de gestão convergentes, que se desenvolvem tendo como primeiro objeto o corpo.

Assim,

> [o] controle da sociedade sobre os indivíduos não se opera simplesmente pela consciência ou pela ideologia, mas começa no corpo, com o corpo. Foi no biológico, no somático, no corporal, que, antes

---
2. CENTELHA. *Ruptura*. São Paulo: n-1 edições, 2019. p. 39.
3. FOUCAULT, Michel. *O nascimento da clínica*. 1 ed. Rio de Janeiro: Editora Forense Universitária, 1977. p. 226.

de tudo, investiu a sociedade capitalista. O corpo é uma realidade biopolítica. A medicina é uma estratégia biopolítica[4].

Um corpo saudável, nesse sentido, é um corpo apto e disposto ao trabalho. Por meio da vigilância e da confecção do corpo, produz-se rentabilidade. Por isso, a medicina se deslocou de um caráter pontual e individual para uma esfera essencialmente coletiva. O controle social do corpo transmuta-se do suplício destrutivo à sua conformação positiva. A dimensão positiva-produtiva, nesse sentido, é extremamente relevante. Afinal, parece muito menos custoso prevenir uma conduta do que corrigi-la.

A arte de governar passa a ser simbiótica com a arte de produção de escolhas e modos de vida. Ideais de asseio, postura, desempenho e disciplina passam a ser impressos na gestão estatal, de modo a penetrar no epitélio de cada um e de todos – isto é, desde um nível mais individual a um nível mais coletivo.

Se o surgimento do capitalismo colocou o corpo em evidência, tendo em vista a sua centralidade para o desenvolvimento da medicina social como técnica de governamentalidade, o desenvolvimento contemporâneo do capitalismo encontra terreno fértil na confluência entre governamentalidade e colonialidade.

Levanto, tendo isso em mente, a hipótese de que ideias de proteção e cuidado não são conceitos contrapostos à ideia de segregação. Antes, carregam consigo essa noção. São conceitos-modelo, que arrogam para si a responsabilidade de serem imediatamente apresentados em conjunto com os seus contrapontos. Há nexo de causalidade entre o cuidado como prática de gestão e a produção de um modo de vida onde sujeitos estão-aí-para-morrer.

Esse estado, o de estar-aí-para-morrer, configura uma zona intermediária. Nem vivo, nem morto. À sorte. Uma categoria tão aberta como essa parece ser confluente e útil para um certo tipo de racionalidade que capta algumas regiões do globo. A periferia do mundo, a borda do capital, as *pessoas de terceiro mundo*, que organizam em torno dessa categoria.

Uma categoria inteira de sujeitos postos para o esquecimento. E, como estou tratando de uma categoria que considero complexa, a própria ideia de esquecimento carrega consigo a ideia de lembrança.

Quando, nas seções anteriores, dediquei-me a dizer sobre o *crack* e os seus usuários, não faltaram exemplos de como os corpos do *crack* são lembrados. *Pela sua aspereza, pelo seu cheiro, pelo seu território, pelas suas marcas, pela sua cor, pelo seu lugar, pela sua magreza, pela sua abjeção.* E, também, não faltaram exemplos de como os corpos do *crack* são esquecidos. *Pela sua aspereza, pelo seu cheiro, pelo seu território, pelas suas marcas, pela sua cor, pelo seu lugar, pela sua magreza, pela sua abjeção.*

O horizonte que quero trazer, com essa repetição, é o de que, ao falar desses corpos – e de como eles são produzidos e reproduzidos – trato de instituições que não se resumem

---

4. FOUCAULT. *Microfísica do poder. Op. cit.*, p. 144.

a uma unidade localizada no tempo. São estruturas permeáveis e comunicantes, que dialogam tanto com um passado colonial brasileiro quanto com as novas tecnologias de racionalidades neoliberais.

O limbo, portanto, importa. Ora, se uma pessoa não está morta, ela certamente está viva. Contudo, parece-me existir uma zona de exclusão da humanidade, onde se vive para morrer – e onde tudo pode ser feito com essas vidas que estão-aí-para-morrer.

Nos capítulos anteriores, apresentei argumentos que me fazem concluir que drogas são técnicas de assujeitamento. Por isso, as chamo de dispositivo[5]. A partilha-moral e a assimetria jurídica na acepção própria da ideia de drogas fizeram com que o proibicionismo fosse ao encontro da biologização da vida de maneira potente. Desse encontro, surge um imperativo jurídico em prol da normalização. Nesse sentido,

> [a] lei não pode deixar de ser amada, e sua arma por excelência é a morte; aos que transgridem, ela responde, mas menos como último recurso, com essa ameaça absoluta. A lei sempre se refere ao gládio. Mas um poder que tem a tarefa de se encarregar da vida terá necessidade de mecanismos contínuos, reguladores e corretivos. Já não se trata de pôr a morte em ação no campo da soberania, mas de distribuir os vivos em um domínio de valor e utilidade[6].

Planejo demonstrar, nesta parte do trabalho, que, se as drogas são um dispositivo, o *crack* em específico é um atravessamento. Atravessar é verbo, que indica a passagem de um lado ao outro; ainda, traz a ideia de obstáculo; perda de sintonia; de negociar clandestinamente e, finalmente, de vivenciar uma determinada situação.

Tais noções me parecem extremamente conectadas à moldura que o *crack* representa na vida das pessoas que capturadas em cracolândias. Apresento, agora, as engrenagens por meio das quais as internações involuntárias de usuários de *crack* atravessam a vida de inúmeros sujeitos, destacando-se como categoria de acusação de condutas e como assunção de (des)qualificações.

Embora tanto a LD quanto a LRP não regulem explicitamente as internações involuntárias de usuários de *crack*, com a promulgação da NPND, em conjunto com toda a movimentação executiva, judiciária, administrativa e narrativa em prol da ampliação do rol das internações por uso de *crack*, evidencia-se o público-alvo dessas movimentações.

Ainda mais deletéria me parece a delegação a esses poderes, executivo e judiciário, de estipulação de regramentos voltados às internações involuntárias de usuários de *crack*. E, como pude apresentar na seção em que discuti a linha do tempo das discussões normativas sobre tal instituto, essa tem sido uma tônica desde a promulgação da LRP e da LD. São inovações trazidas por decretos, portarias, instruções normativas e orientações, focadas especialmente nas duas leis referidas.

A fragilidade dessas estipulações é notória. Primeiramente, em consideração à coesão normativa e à minuciosidade da produção legislativa – que, geralmente, ocorre

---

5. Na esteira de Eduardo Vargas. *Cf.*: VARGAS. *Entre a extensão... op. cit.*
6. FOUCAULT, Michel. *História da sexualidade I*: a vontade de saber. 4. ed. Rio de Janeiro/São Paulo: Paz e Terra, 2017. p. 155-156.

mediante incessantes debates e proposituras diversas nas casas legislativas. Ainda, é frágil pois transmuta o poder executivo e o judiciário em instâncias que efetivamente legislam de maneira inovadora ante o ordenamento.

A política de combate ao *crack* reflete a seletividade na aplicação de regramentos e regimes que impõe formas que vão de encontro à autonomia, à tomada de decisão e à garantia de direitos fundamentais. Seletividade que tem se tornado cada vez mais um desvio à norma padrão da LRP, que trata das internações involuntárias em sua excepcionalidade, para uma regra geral e uma política pública. A análise do crescimento dos regramentos sobre a licitude de internações involuntárias realizada pela OPAS, braço regional Pan-Americano da OMS, indica que, a despeito do preconizado pela LRP,

> alguns estados e municípios têm utilizado a internação como principal forma para lidar com a dependência das drogas. A OPAS/OMS no Brasil considera inadequada e ineficaz a adoção da internação involuntária ou compulsória como estratégia central para o tratamento da dependência de drogas[7].

Assevero que, a despeito do que possa parecer, o Estado brasileiro está bastante presente nas cracolândias. Além de ser ele quem conduz os regramentos das internações involuntárias, a própria existência de territórios tais como as cracolândias já demonstra que não é o Estado quem falta. Entre repressão e acolhimento, punição e redução, morte e vida, a esperança equilibrista brasileira dá os seus passos.

O que passo a investigar, agora, é: *que tipo de Estado* está presente nas cenas de *crack* e que faz com que as internações involuntárias emerjam como uma resposta ao uso de *crack*?

---

7. NOTA Técnica da OPAS/OMS no Brasil sobre internação involuntária e compulsória de pessoas que usam drogas. *CEPAD – Centro de Estudos e Pesquisa sobre Álcool e outras Drogas*. Disponível em: <https://cepad.ufes.br/conteudo/nota-técnica-da-opasoms-no-brasil-sobre-internação-involuntária-e-compulsória-de-pessoas>. Acesso em 11 jun. 2022.

3.1 O "PERIGO" ENTREMEADO

> *"Cabe esclarecer que o interesse de agir está presente não só quando o autor tem a necessidade de impulsionar a máquina do Judiciário para alcançar suas pretensões, mas, também, quando a via processual, ainda que não seja a única à disposição do jurisdicionado, lhe traga utilidade real. (...) Deve-se ter em mente, ainda, que a usuária não aderiu ao tratamento de forma voluntária ou involuntária, não havendo alternativa senão recorrer ao Poder Judiciário para determinar a sua internação compulsória. (...) Tendo sido identificada a legitimidade do ente público estatal para a prestação do tratamento médico pretendido, cumpre assinalar que, no caso dos autos, a internação compulsória da paciente restou devidamente justificada, já que foi juntado relatório médico circunstanciado, recomendando a internação compulsória, de acordo com as exigências do artigo 6º da lei nº 10.216/01, conforme bem ressaltado pelo i. Relator. (...) Contudo, a referida lei destacou que, na hipótese de internação involuntária, esta somente deve ser realizada após a formalização da decisão por médico responsável, facultando à família ou representante legal do internando requerer ao médico, a qualquer tempo, a interrupção do tratamento (art. 23-A, §5º, I e IV e §6º, da Lei nº 13.840/19)"*[8].

> *"A Constituição Federal assegura a inviolabilidade das pessoas; especialmente no que tange ao direito de liberdade, o direito de ir e vir. A prisão ou qualquer outra forma de privação de liberdade e de recolhimento da pessoa a algum lugar só são possíveis nas situações previstas em lei, e na própria Constituição. No Direito Pátrio não vejo - salvo engano - lei que autorize a restrição da liberdade de alguém, sob a forma de internação compulsória, salvo no Direito Penal, onde se admite a internação em estabelecimento de tratamento de saúde como forma de medida de segurança, somente aplicável a pessoas a que se atribui a prática de um delito, e cuja falta de responsabilidade, total ou parcial, em razão de desvio mental, é reconhecida. No Direito Civil isso não é possível. Se uma pessoa necessita de tratamento de saúde, inclusive mental, e esse tratamento importa em internação, somente a própria pessoa pode se internar ou pedir que seja internada. Tenho dito e repetido sobre essas situações, em que o Judiciário tem determinado o que chama de "internações compulsórias", impondo ao cidadão a internação - geralmente é levado à força, contra sua vontade, e determinando ao Estado ou ao Município que providencie a internação. Não há fundamento legal, não há lei que sustente essas ações. A partir daí vejo situação em que o cidadão é submetido a situação de verdadeiro cárcere privado. E mais: em procedimentos em que*

---

8. BRASIL. Tribunal de Justiça de Minas Gerais. Apelação cível nº AC 5126844-05.2017.8.13.0024 MG. Órgão Julgador: 4ª Câmara Cível. Belo Horizonte, 11 mar. 2021.

é levado à força, e em situação em que, por razões diversas, pode ele reagir, causando dano ou risco de dano a ele próprio, ao Oficial de Justiça, aos enfermeiros, e até a terceiros, circunstantes; dependendo da intensidade de sua reação e resistência ao cumprimento da ordem judicial. Se isso acontecer, que vai responder pelas consequências? Sempre lanço essa pergunta, e até hoje não ví resposta. Essas situações compulsórias têm gerado situações concretas de prejuízo e de graves consequências para o "internando". Já relatei um habeas corpus em que o cidadão foi simplesmente esquecido no hospital, pelo juiz que determinara sua internação, lá permanecendo por vários dias, apesar de haver lhe sido concedida a alta médica"[9].

As decisões acima dizem respeito ao julgamento de Apelações Cíveis, pelo Tribunal de Justiça de Minas Gerais, no mesmo dia, pelo mesmo órgão julgador. Elas trazem consigo uma série de eventos discursivos encadeados, sobrepostos e contraditórios. Inicialmente, determinam uma restrição de liberdade a um sujeito específico. Posteriormente, também tem o condão de coercitividade. Por fim, revelam um convencimento. Assim, temos:

(i) restrição;

(ii) coerção;

(iii) convencimento.

Me interessa, mais do que analisar o teor de cada julgado que decide pela manutenção ou pela revisão de uma internação involuntária que, porventura, é levada ao Poder Judiciário, entender as pistas para compreender que os três poderes da República dedicam seus esforços para lastrear a legitimidade de internações de usuários de *crack*. Introduzo tal compreensão na análise da legitimidade do discurso jurídico que torna a internação involuntária realidade.

A produção de discurso é, no geral, simultaneamente, "controlada, selecionada, organizada e redistribuída por um certo número de procedimentos que tem por função conjurar seus poderes e perigos, dominar seu acontecimento aleatório (...)"[10].

No entanto, a verdade jurídica possui construção peculiar. No direito, a natureza processual, seja qual for a natureza do processo, seja cível, administrativo ou penal, é imiscuída das três noções acima destacadas. Nenhum processo é julgado sem que haja imposição coercitiva de restrições mediante convencimento da autoridade julgadora.

O que aglutina e confere coesão e peso a uma decisão jurídica, arrisco dizer, não é a coercitividade em si. É, antes, a sua presunção de veracidade. Está na posição que

---

9. BRASIL. Tribunal de Justiça de Minas Gerais. Apelação cível nº AC 0056428-32.2014.8.13.0112 Campo Belo. Órgão Julgador: 4ª Câmara Cível. Belo Horizonte, 11 mar. 2021.
10. FOUCAULT, Michel. *A ordem do discurso*: aula inaugural no Collège de France, pronunciada em 2 de dezembro de 1970. 24. ed. São Paulo: Edições Loyola, 2014. p. 6.

o discurso jurídico ocupa na sociedade. Para Michel Foucault, "são enunciados com efeitos de verdade e de poder que lhes são específicos: uma espécie de supralegalidade de certos enunciados na produção da verdade jurídica"[11].

Essa espécie de supralegalidade, apontada por Foucault como elemento distintivo dos discursos e enunciados do direito, emerge em meio a uma confluência complexa e histórica entre juristas e cientistas. A imbricação desses aparatos de saber confere ao discurso jurídico peso e valor destacados. Também confere centralidade às noções antes tidas como restritas ao meio médico, como corpo, higiene, sanidade e loucura.

O direito, ao se investir de tais noções, as têm como ferramentas operacionais, forjando ordenamentos, decisões e condutas. Se investe, cada vez mais, da "vontade da verdade"[12]. É como se o direito não valesse sem que esteja lastreado por um saber médico ou psiquiátrico, que lhe confira peso para que as sanções afetas ao domínio jurídico possam ser aplicadas. Por isso, o direito passa a operar como um plexo que produz condutas e sujeitos na medida em que os apreende.

Os efeitos da amálgama entre discursos com pretensão científica e discursos jurídicos, na prática, apontam para a criação de categorias de acusação. A formação desse discurso, portanto, não descreve realidades fáticas, mas, antes, forja zonas onde direito e medicina parecem não habitar – e, assim, precisam agir para que instantaneamente lá residam –, mas que, na realidade, estão excessivamente presentes.

Zonas, portanto, de (des)qualificação, na medida em que o que está de fora desses discursos e, não obstante, reiterado por eles, é grotesco ou abjeto. Nas palavras de Foucault,

> o exame psiquiátrico permite dobrar o delito, tal como é qualificado pela lei, com toda uma série de outras coisas que não são o delito mesmo, mas uma série de comportamentos, de maneiras de ser que, bem entendido, no discurso do perito psiquiatra, são apresentadas como a causa, a origem, a motivação, o ponto de partida do delito[13].

Nesse ponto, a interseção da produção do discurso em torno dos usuários de *crack* se salienta. A (des)qualificação discursiva, que permeia o *crack* desde a rua até as prisões, estrutura molduras éticas que se voltam como punição à pessoa, e não a uma conduta específica. Cria-se um conceito aberto e maleável, por meio do qual transfere-se "o ponto de aplicação do castigo, da infração definida pela lei à criminalidade apreciada do ponto de vista psicológico-moral"[14].

Essa conceituação, aberta e maleável, de zonas de (des)legitimação faz com que o foco de políticas estatais se estenda para coisas outras que não uma conduta, mas um

---

11. FOUCAULT, Michel. *Os anormais*: curso no Collège de France. São Paulo: Editora WMF Martins Fontes, 2010. p. 11.
12. FOUCAULT. *A ordem do...*, op. cit., p. 16.
13. FOUCAULT. *Os anormais: curso...*, op. cit., p. 14.
14. FOUCAULT. *Os anormais: curso...*, op. cit., p. 16.

estado psíquico, uma condição, uma perturbação geral – que passa a ser atribuída à figura de uma pessoa, por aspectos que por ela são representados.

O julgamento sobre as condições subjetivas e suas perspectivas de continuidade e conectividade psicológicas e pessoais[15], assim, figura a centralidade da incidência dessas zonas de (des)qualificação. Novamente, trago um trecho de Foucault, que me parece similar ao argumento que desenvolvo:

> [o]ra, nos exames como os que vocês vêem funcionar agora e como os que lhes dei como exemplo, o que acontece? Por acaso tenta-se efetivamente determinar se um estado de demência permite não considerar mais o autor do ato como um sujeito juridicamente responsável por seus atos? De jeito nenhum. O exame faz algo bem diferente. Ele tenta, primeiro, estabelecer os antecedentes de certa forma infraliminares da penalidade[16].

Trata-se, portanto, de construir uma categoria de acusação que seja suficiente para que se confunda o sujeito com a conduta – mesmo que ele nunca a tenha efetivamente cometido ou que o motivo de sua captura nas tramas do sistema de justiça não tenha sido o cometimento de uma conduta infracional. Foi assim que feiura, inferioridade, pobreza, agressividade, incapacidade e ausência de autonomia se tornaram conceitos juridicamente relevantes para justificarem não somente a tipificação de condutas, mas, também, a acusação de comportamentos vagos e gerais.

Tamanha (des)qualificação acarreta uma inserção de sujeitos não como pessoas, mas como objetos a serem (re)qualificados. Dessa forma, direito lança mão de um conjunto extenso de tecnologias que visam à reparação, readaptação, reinserção e correção sobre "um sujeito delinquente – que será objeto de uma tecnologia específica"[17].

As tecnologias de reparo de uma pessoa, tamanha a potência dos discursos jurídicos, se espraia para além dos fóruns, podendo ser percebida em cenas do cotidiano, em discursos midiáticos, em anais de elaboração de projetos de lei, em políticas públicas de direita ou de esquerda. Tecnologia de normalização, que busca reparar não o que precisa de reparo, mas o que desvia do ideal de normalidade.

A questão relativa à internação involuntária de usuários de *crack*, por exemplo, opera sob esse prisma. A população sobre a qual essas políticas são investidas, por ter historicamente sido concebida como dispensável e reificada, é justamente aquela que é captada pelas tecnologias de normalização, passando a ser produzida como delinquente ou dependente. Inscreve-se, assim, o usuário de *crack* no sistema jurídico como um objeto de políticas públicas e como um risco às mais diversas ordens de normalidade – às quais, por inúmeros motivos, eles se desviaram.

Os usuários de *crack* que se encontram em cracolândias representam "o descontrole que "nós" conseguimos evitar"[18]. Por isso, a normalização de corpos e populações

---
15. PARFIT, Derek. *Reasons and persons*. Oxford: Oxford University Press, 1984.
16. FOUCAULT. *Os anormais: curso...*, op. cit., p. 17.
17. FOUCAULT. *Os anormais: curso...*, op. cit., p. 19.
18. RUI. *Nas tramas do...*, op. cit.

encontra na ideia de desvio, um contraponto. Radicalmente coletivizada, ela passa a carregar consigo o imperativo de normalizar, tendo como base todo um conjunto idealmente forjado como normal.

Na consolidação da psiquiatria como especialização do saber da medicina, entre o final do século XVIII e meados do século XIX, o conceito de sofrimento mental passou a trazer consigo o referido imperativo de normalização. Também, a funcionar como tecnologia de proteção e controle sociais[19]. Nesse contexto,

> foi preciso ao mesmo tempo codificar a loucura como perigo, isto é, foi preciso fazer a loucura aparecer como portadora de certo número de perigos, como essencialmente portadora de perigos e, com isso, a psiquiatria, na medida em que era o saber da doença mental, podia efetivamente funcionar como a higiene pública. Em linhas gerais, a psiquiatria, por um lado, fez funcionar toda uma parte da higiene pública como medicina e, por outro, fez o saber, a prevenção e a eventual cura da doença mental funcionarem como precaução social, absolutamente necessária para se evitar um centro número de perigos fundamentais decorrentes da existência mesma da loucura[20].

Vale destacar que essa representação da loucura, das zonas de deslegitimação, são, também, figuras jurídicas. O direito, ao construir discursos e normas sobre essas representações, não apenas descreve um funcionamento de um sujeito. Antes, o trata como uma ruptura da lei, a ser imediatamente corrigida e reparada.

A figura da anormalidade, ainda que não seja uma grande novidade na história, ao ser forjada a partir do discurso médico-jurídico, se descola do domínio supostamente natural para o domínio da conduta. Por ser considera uma ruptura no ordenamento jurídico, a conduta anormal emerge como a quintessência daquilo que o direito não deve aceitar, ainda que ela apareça em todas as partes do direito, como uma recordação viva daquilo que não se deve ser.

Saliento uma confluência relevante para o argumento que tento delinear. As formas de captura jurídica de sujeitos por meio da ideia de desvio, que recorrem à legitimidade trazida pelo discurso científico, fazem com que a anormalidade seja alçada ao patamar de perigo coletivo.

A instituição da psiquiatria como ambivalente legitimação do direito e como uma instituição, agora voltada à "higiene do corpo social"[21], tratou de classificar as (des)qualificações, especialmente a loucura, como uma doença. Todavia,

> [f]oi preciso ao mesmo tempo codificar a loucura como perigo, isto é, foi preciso fazer a loucura aparecer como portadora de certo número de perigos, como essencialmente portadora de perigos, e, com isso, a psiquiatria, na medida em que era o saber da doença mental, podia efetivamente funcionar como higiene pública[22].

---

19. FOUCAULT. *Os anormais: curso...*, op. cit.
20. FOUCAULT. *Os anormais: curso...*, op. cit.
21. FOUCAULT. *Os anormais: curso...*, op. cit., p. 101.
22. FOUCAULT. *Os anormais: curso...*, op. cit., p. 101.

Com a inclusão da noção de perigo nas narrativas sobre desvios – loucura, raça, anormalidade, incapacidade, sexualidade, dentre inúmeras outras –, a (des)qualificação passa a operar em um nível que permeia virtualmente todo o tecido social, com um *modus operandi* que, simultaneamente, ecoa em sentimentos de perigo e da corolária necessidade de se corrigir o indivíduo perigoso.

É fundamental não perder do horizonte que o direito, visto como um "procedimento de sujeição"[23], carrega consigo o seu próprio ultrapassar. Em outras palavras, ao inscrever determinada leitura sobre sujeitos, seja sobre uma proposição de normalidade ou anormalidade, a própria letra da lei e suas formas regulamentares se apequenam, diante da magnitude do movimento de espraiamento. Por isso, Foucault atenta para a compreensão do poder para além do direito, na sua capilaridade, já que, "ultrapassando as regras de direito que o organizam e delimitam, ele se prolonga e penetra em instituições, corporifica-se em técnicas e se mune de instrumentos de intervenção material, eventualmente violentos"[24].

Nesse sentido, a categoria (des)qualificada passa a permear veementemente o corpo social, fazendo com que um conceito que, em sua incipiência, era adstrito ao direito, se estenda para formas de se produzir sujeitos a partir de um binômio que conjuga o desvio à correção. Tal conjugação desvela o modo pelo qual a gestão da vida passa a operar por meio de mecanismos de governamentalidade.

Até agora, argumentei que, a partir da psiquiatria e dos saberes médicos como domínios de legitimação da verdade jurídica, noções como loucura, anormalidade e desvio passaram a contar não somente com um tipo de sanção jurídica focada no suplício do corpo, mas com outra natureza de imperativo: o da correção dos corpos por meio da sujeição positiva. Destaquei, também, que essa sujeição, por meio da correção, recorreu à tecnologia da normalização dos sujeitos. Essa, por sua vez, em virtude de sua capilaridade dispositiva, se esvaiu para fora do direito, criando uma estrutura que mais se assemelha a uma racionalidade do perigo do que com uma sanção atrelada a uma conduta.

Gostaria de, a partir de agora, apontar os efeitos desse fluxo. Especificamente, os efeitos da racionalidade que tem como ponto de inflexão as figuras dos (des)qualificados e dos perigosos.

A formação da categoria dos anormais – isto é, da categoria estritamente atrelada às noções de perigo e de normalização – inscreve-se em tecnologias de distribuição do controle dos indivíduos captados pelo direito, e que, não obstante, também são assujeitados por diversas outras maneiras.

Trata-se de uma movimentação extremamente complexa, que envolve elementos de desqualificação. A monstruosidade desponta como categoria de espanto e de neces-

---
23. FOUCAULT. *Microfísica do poder. Op. cit.*, p. 282.
24. FOUCAULT. *Microfísica do poder. Op. cit.*, p. 282.

sária correção. Espanto, pela qualidade disruptiva nos próprios ideais de humanidade[25]. Necessária correção, porque disruptiva do próprio ordenamento jurídico. Assim, "o monstro humano combina o impossível e o interdito"[26].

A correção do disruptivo desponta, na sequência, como tecnologia da (des)qualificação, já que, a partir do espanto, emerge também a necessidade de se ver livre desse sentimento, recorrendo-se à imediata normalização do corpo e do comportamento daqueles que aparentam ser incorrigíveis. Para que isso possa ocorrer, mesmo em casos de extremo espanto, recorre-se a regramentos como os da internação involuntária, que "exclui de fato e funciona fora das leis, mas se dá como justificativa a necessidade de corrigir, de melhorar, de conduzir à resipiscência, de fazer voltar aos 'bons sentimentos'"[27].

Através do conjunto de técnicas, a anormalidade alça o estado de justificação jurídica, médica, social e moral para diversas intervenções nos corpos e nas práticas de assujeitamento daqueles que rompem as fronteiras da normalidade e apresentam, assim, perigo a esses ideais.

A aproximação da representação imagética do indivíduo, para além daquilo que ele *executa* como ato, é uma ideia que gostaria de explorar. Na análise das internações involuntárias de usuários de *crack*, a potência da representação, mais do que a execução de algum ato determinado, tem sido a pedra de toque para que se justifiquem intervenções incisivas nos corpos dessas pessoas – intervenções essas, direcionadas à modificação radical do corpo e dos sujeitos que usam a droga.

O foco dessa intervenção não está propriamente na conduta de se usar uma determinada droga, já que, como abordado em seções anteriores, plurais são as drogas e vários são os seus usos. O que está em questão, no caso das internações involuntárias de usuários de *crack*, ao menos da forma que ela se apresenta a mim, é uma modalidade de punição pelo que se é.

Interna-se, portanto, como medida de equilíbrio entre a higiene pública e a formação subjetiva. O uso prejudicial de *crack* desponta como justificativa de que ali existe um perigo e que, justamente por isso, esse perigo prescinde a voluntariedade, ou a volitividade, do ato de se internar. Aquele sujeito é perigoso em si, na sua existência, tanto em sua individualidade quanto em sua coletividade.

Materializa-se, portanto, a condição de possibilidade para que se esquadrinhe a primazia da periculosidade sobre a própria noção de autonomia e responsabilidade. Se um usuário de *crack* é um doente, um *anormal* que, alega-se, não consegue ter quaisquer controles sobre seus atos, agir sobre seus corpos traduz-se em um imperativo jurídico e moral que visa, simultaneamente, à normalização do sujeito e à defesa da sociedade do perigo que ele representa.

---

25. Foucault, nesse ponto, destaca figuras mitológicas de hibridismo humano-animal, mas também hermafroditas e individualidades duplas. *Cf*.: FOUCAULT. *Os anormais: curso..., op. cit.*
26. FOUCAULT. *Os anormais: curso... op. cit.*, p. 285.
27. FOUCAULT. *Os anormais: curso..., op. cit.*, p. 286.

Como essa normalização opera? Isto é, quais são as técnicas e ferramentas que estão a serviço do dispositivo de normalização aplicado aos usuários de *crack*, considerados como perigosos e desviantes para a sociedade?

A eliminação desponta como uma chave de resposta a esses questionamentos. Todavia, é de se notar que o conceito de eliminação, especialmente se tomado desde um ponto de vista biopolítico, é deveras amplo – nem sempre coincidente com a ideia de morte, mas que, não obstante, circunda a sua esfera.

No léxico de Foucault, pode-se eliminar pela morte, de forma definitiva; pelo tratamento, de maneira provisória; parcialmente, por meio de intervenções pontuais em algum aspecto do sujeito[28]. Mais adiante, quero desenvolver a ideia de que a eliminação também comporta um quarto tipo: a *circulação*, por meio da qual são estabelecidos movimentos que articulam os três aspectos anteriores.

Assim, se afirmo que a eliminação é uma resposta à pergunta sobre o *modus operandi* da normalização, também abro outra natureza de questionamento. Em que consiste *eliminar* um sujeito? Noutras palavras, o que se permite fazer com aqueles que são lidos como um "perigo patológico para a sociedade, e finalmente para toda a espécie humana"[29]?

Desde a introdução de noções civilistas como risco e responsabilidade à lógica do direito penal, a tutela jurídica do perigo em condutas passou a ser extremamente complexa e ramificada. Se, antes, uma conduta que gerasse um ilícito ou um desvio era punida por meio de ordálias, suplícios ou penas exaustivas e que incidiam notadamente sobre o corpo dos sujeitos, a amálgama entre civil e penal fez com que a linha divisória entre punição e responsabilidade fosse excessivamente borrada.

Com foco na probabilidade e no nexo causal, a aproximação entre restrição de direitos – direitos esses que, desde a Revolução Francesa, passaram a contar com o condão da universalidade material, ainda que não fática – e sanção passa a ser mediada pelas noções de defesa, proteção e contenção de riscos gerados pelo perigo individual de um sujeito.

Assim, por eliminação, exclusão, restrições diversas ou medidas terapêuticas, fez-se uma ofensiva contra a probabilidade, ou a possibilidade, de um sujeito infringir o ordenamento de uma determinada forma, ainda que em potência ou em fraca causalidade[30].

Nesse sentido,

> tratava-se de fundamentar uma responsabilidade sem culpa que levou os civilistas a defender certos princípios importantes. Em primeiro lugar, a responsabilidade diz respeito ao encadeamento das causas e efeitos, e não do erro (...). Então, essa responsabilidade sem culpa, ligada ao risco, jamais poderá desaparecer completamente, a indenização não será feita para sancioná-la como uma quase

---

28. FOUCAULT, Michel. *Ditos e escritos*: volume V: ética, sexualidade, política. 3. ed. Rio de Janeiro: Forense Universitária. p. 17.
29. FOUCAULT. *Ditos e escritos...*, *op. cit.*, p. 18.
30. FOUCAULT. *Ditos e escritos...*, *op. cit.*

punição, mas para reparar seus efeitos (...) e tender (...) a diminuir seus riscos no futuro. Eliminando o elemento culpa do sistema de responsabilidade, no direito, foi introduzida pelos civilistas a noção de probabilidade causal e de risco. O que cabe à sanção? Ela deve defender, proteger e fazer pressão sobre os inevitáveis riscos[31].

Dessa forma, tornou-se possível à lógica punitiva se espraiar sobre sujeitos, para além de incidir em condutas. Em um horizonte no qual a responsabilidade sem culpa pode ser aferida subjetivamente, mediante recurso àquilo que um indivíduo representa como perigo, torna-se não só possível como efetivamente *um direito* que pessoas que carregam consigo a própria *eminência delitiva* sejam conduzidos pelo dispositivo de normalização.

O nexo causal, dessa forma, é prescindível, já que punir não é, mais, um ato de reparo a um determinado dispositivo da lei, mas um recurso que visa mitigar um eventual risco ou perigo posto ao ordenamento, à sociedade, à coletividade, à soberania. Assim,

[a] punição não terá então por finalidade punir um sujeito de direito que terá voluntariamente infringido a lei: ela terá o papel de diminuir, na medida do possível – seja pela eliminação, pela exclusão, por restrições diversas, ou ainda por medidas terapêuticas –, o risco de criminalidade representado pelo sujeito[32].

Desponta como fundamento para que determinados indivíduos sejam fortemente capturados por sua disruptividade, portanto, a ideia de perigo e de risco – seja a si mesmo, seja aos outros. Saliento, entretanto, o caráter em potencial dessas ideias. Seus atos são, assim, virtuais, pautados por sua "constituição, seus traços de caráter ou suas variáveis patológicas"[33].

Captura-se o que se apresenta ser, e autoriza-se a ação sobre todo um conjunto de sujeitos que, por suas próprias configurações históricas, apresentam um perigo.

Sujos, incapazes, doentes, violentos, desconectados – palavras frequentemente utilizadas para a caracterização dos usuários de *crack* em cracolândias. Raramente são utilizados seus nomes. São todos, cada um à sua maneira, *noias*, em suas formas de engajamento com o *crack*, com a rua e consigo mesmos.

A construção de uma corporalidade ignóbil ocorre gradualmente, por meio da perda de vínculos com as instâncias sociais e familiares que proporcionam as condições de limpeza, asseio e saúde, bem como da consequente exposição às intempéries do clima, à aspereza da rua, aos conflitos corporais, ao uso crescente de drogas e, por fim, à adesão à rua. Como efeito dessas condições, define-se a imagem degradada, repulsiva e amedrontada, frequentemente associada a esse sentimento[34].

O dispositivo de normalização, de uma figura forjada no final do século XVIII, passou a perdurar como uma tônica nos Estados modernos e contemporâneos, apresen-

---

31. DA MOTTA, Manoel de Barros. Apresentação à Edição Brasileira. In: FOUCAULT. *Ditos e escritos...*, op. cit., p. 17.
32. FOUCAULT. *Ditos e escritos...*, op. cit., p. 21.
33. FOUCAULT. *Ditos e escritos...*, op. cit., p. 23.
34. RUI. *Nas tramas do...*, op. cit.

tando-se como ponto nevrálgico para a consecução das mais diversas políticas públicas. Em uma das suas apresentações como questão filosófica e política mais célebres, Foucault apresenta o caso de Damiens, o regicida (em tentativa), e o compara com a lista de regras da casa de detenção para jovens em Paris, de Léon Faucher.

Com a comparação, ele demonstra que o modelo de ação sobre corpos de sujeitos transformou-se radicalmente a partir do século XVIII. Se, antes, no caso de Damiens, a sanção passava pela ideia de corpo-punição, um corpo objeto de suplícios e penas viscerais, o caso de Léon Faucher e da casa de detenção parisiense demonstra que, a despeito do que ocorrera com Damiens, aquele estabelecimento tinha outras regras.

Controle, horário, agenda, protocolos, vigilância e diversos outros recursos aptos a corrigir e normalizar eram aplicados. Ainda, esses recursos eram "menos centralizados, mais pervasivos e fortemente desvinculados da figura de uma única autoridade"[35].

As práticas de normalização dependem de uma chave de leitura para que possam operar. Não recaem da mesma forma sobre todos os indivíduos, ainda que todos estejam por ela assujeitados. A identificação das categorias de desvio tem peso muito maior na codificação desse dispositivo de normalização. Por isso, ressaltei a importância das noções de anormalidade, (des)qualificação e perigo.

O indivíduo perigoso, portanto, é reificado por meio de enquadramentos e práticas. Aproximo, com isso em mente, a chave de leitura foucaultiana destacada com a minha temática central, pela consubstanciação entre saúde pública[36] e sujeição em torno de noções como anormalidade, doença e perigo. Em um movimento extremamente capilar, essas noções se tornam cada vez menos médicas, cada vez menos jurídicas, e passam a ser construídas em domínios cada vez menores, cada vez mais locais, cada vez mais espraiados. Mais do que pensar a saúde pública como um objeto por meio do qual uns dominam os outros, faz sentido pensar como a saúde pública agenciou a sujeição em torno da anormalidade, da doença e do perigo.

Com tudo isso em mente, passo a voltar para o *crack*, seus usuários e seus contextos.

A análise das narrativas de imprensa, das narrativas de tribunais, do direito e da medicina sobre o uso de *crack* se aproxima da noção de indivíduo perigoso e, posteriormente, ao modo por meio do qual essa noção individualizada foi coletivizada em prol da defesa social em face a um perigo e risco. A retomada da matriz foucaultiana se justificou pela importância da aproximação que faço entre essa categoria de acusação e de normalização à moldura do *crack*. Para esse ponto, a retomada da figura do noia é fundamental, por esta consolidar e produzir a existência de

---

35. MCWHORTER, Ladelle. Normalization. In: LAWLOR, Leonard. NALE, John (org.). The Cambridge Foucault lexicon. Nova Iorque: Cambridge University Press, 2014. p. 316.
36. Justamente por isso que posso afirmar que a própria noção de saúde pública carrega consigo um paradoxo. Seu conceito é, assim, fragmentado. Logo, se na chave de leitura que estou propondo, a noção de saúde pública figura como central em narrativas de controle de corpos, as falhas em suas consecuções também emergem, na medida em que a sua ineficácia pode ser apontada como responsável por tragédias que vão desde as internações involuntárias às mortes em virtude de pandemias.

[u]ma pessoa que trazem primeiro plano uma imagem degradada, produzida gradualmente a partir da combinação de uso intenso da droga, sujeira, marcas de desgaste e emagrecimento. Ou seja, porções extremas de todos esses "ingredientes" resultam em uma corporalidade repulsiva, a qual se atribui falhas morais. Figura tão deplorável, é mais um atributo que propriamente uma materialização: um *noia* é aquilo que não se deve ser, aquilo que o próprio *noia* não quer ser (...)[37].

Essa corporalidade extrema configura uma moldura eficaz de captura dessa imagem de perigo a ser neutralizado, de corpo a ser normalizado, de subjetividade que, de tão abjeta, torna a aglutinação de traços, posturas, jeitos, cheiros e imagens em algo instantâneo. Devido a isso, os poliusuários das cenas urbanas de uso são rapidamente captados como noias. Diversas histórias, modos de engajamento com substâncias e trajetórias de vida são, então, aglutinadas em uma única moldura.

A categoria dos noias se descola, portanto, das histórias individuais, que guardam mais ou menos correlação com o uso prejudicial de *crack*[38], e se torna uma noção homogênea e uniforme quando vista de fora. A perspectiva importa. A perturbação causada pelas cracolândias, repletas de noias, é demasiadamente relevante, sendo o fator essencial para a promoção das políticas de internação.

Nesse sentido,

[é] preciso retomar Julia Kristeva e sua proposição de que o abjeto deve ser entendido não só pela falta de limpeza, mas fundamentalmente porque perturba ficções de identidade, sistema e ordem e porque não respeita fronteiras, posições e regras; porque é ambíguo[39].

Tendo em mente as tecnologias por meio das quais foi possível destacar o perigo como categoria e a normalização como técnica, bem como seus pressupostos e ramificações e, ainda, tendo como recorte analítico a imagem dos noias, me permito, agora, voltar a outro ponto que me parece fundamental.

Apresento, agora, uma conexão desse descolamento aglutinador do noia enquanto categoria de acusação e sanção normalizadora como uma moldura que capta uma intervenção específica e violenta – em nome "de uma ação normativa do humano, uma nova normativa do que deve ser um corpo humano"[40].

Em outras palavras, tendo construído um argumento de que as vidas dos usuários de *crack* fazem emergir medo, pânico e o imperativo normalizador, passo a investigar seus os impactos. Início afirmando que nem todas as formas de vida fazem emergir esses sentimentos.

---

37. RUI. *Nas tramas do...*, op. cit.
38. Como destacado no capítulo anterior, nem todos os usuários de *crack* são só usuários de *crack*, nem todos os capturados em cracolândias, inclusive, usam a substância. Porém, a imagem como paisagem urbana produz intuições capazes de garantir harmonia ao conjunto.
39. RUI. *Nas tramas do...*, op. cit.
40. BUTLER. *Vida precária*: os..., op. cit., p. 53.

De fato, certas formas de vida são altamente normalizadas. E, por isso, protegidas. Outras, tamanho o poder de sua energia disruptiva, sequer são consideradas como defensáveis, e adentram o domínio da (des)qualificação.

Em grande parte dessa seção, utilizei a expressão (des)qualificação, entre parênteses, com o complemento. Ao invés de escrever *desqualificação* por inteiro, quis, propositalmente, fragmentá-la. Creio que possa me fazer compreensível na próxima seção, ao menos quanto ao propósito de seccionar a palavra. Faço tal uso porque vejo que os usuários de crack são (des)qualificados no seguinte sentido:

(i) por um lado, suas vidas se apresentam como uma realidade posta de maneira a tornar praticamente impossível que se qualifique como defensável a existência desses usuários como são ou como estão. Nesse sentido, são desqualificados, do ponto de vista de habitarem um domínio em que, enquanto não sejam normalizados, "não estão nem vivo[s] nem morto[s], mas interminavelmente espectra[is]"[41], estando-aí-para-morrer;

(ii) por outro lado, suas vidas se apresentam como uma realidade eficazmente qualificada, na medida em que seus corpos são reiteradamente utilizados para afirmar veementemente aquilo que *não se deve ser*, e que, portanto, algumas pessoas são e se assujeitam tendo essa categoria como contraponto.

Assim, pergunto: o que pode uma vida (des)qualificada?

---

41. BUTLER. *Vida precária: os...*, *op. cit.*, p. 54.

3.2 A DISTRIBUIÇÃO DIFERENCIAL DA PRECARIEDADE

> *"Cortei a laranja em duas, e as duas partes não podiam ficar iguais.*
> *Para qual fui injusto – eu, que as vou comer a ambas?"*[42]

Parece um contrassenso pensar em (des)qualificação de vidas humanas em cenários onde elas mesmas são o objeto principal a ser mostrado. Quando penso nos relatos sobre o *crack*, o que vejo são seres humanos. Ainda que território e droga sejam também relatados, habitualmente, são os usuários que ocupam o primeiro plano das narrativas.

"*A mulher desgrenhada de rosto cinza-escovado tem feridas purulentas espalhadas pelas pernas e pés. Prostitui-se em hotéis imundos e até debaixo de árvores da praça Princesa Isabel, centro de São Paulo (cinco reais o programa). É HIV positivo*"[43].

"*O que mais impressiona não são os trapos de roupas, a sujeira da pele ou os cachimbos sempre acesos. São os olhos vazios, a paranoia do crack. A noia, na gíria deles*"[44].

Se imaginarmos a retratação acima como o clique de uma fotografia, que, como um decalque, consolida um momento, o que o enquadramento oculta? O que o olhar decide mostrar?

Em termos gerais, somos todos precários. Diz-se que algo é precário quando é instável, sujeito a eventualidades ou mesmo insuficiente. Nesse sentido, a precariedade é a condição própria da existência pessoal. Se inexiste pessoa sem um corpo, sem um contexto, sem um ambiente informacional e sem relações intersubjetivas, inexistem pessoa que não sejam precárias.

> [O] "ser" do corpo ao qual essa ontologia se refere é um ser que está sempre entregue a outros, a normas, a organizações sociais e políticas que se desenvolveram historicamente a fim de maximizar a precariedade para alguns e minimizar a precariedade para outros (...). Em outras palavras, o corpo está exposto a forças articuladas social e politicamente, bem como a exigências de sociabilidade – incluindo a linguagem, o trabalho e o desejo, que tornam a subsistência e a prosperidade do corpo possíveis[45].

Esse trecho de Judith Butler incita um questionamento: se existem modos de maximizar e minimizar a precariedade, como esse cálculo é realizado? Ou, em outras palavras, sob quais circunstâncias a condição precária de uma pessoa, analisada sob o prisma político, se sujeita a ser distribuída desigualmente?

A filósofa desloca o ponto de partida dessa ontologia na noção de enquadramentos, que possuem força subestimada na história da filosofia. A partir da perspectiva do en-

---

42. PESSOA, Fernando. *Poesia completa de Alberto Caeiro*. São Paulo: Companhia das Letras, 2005. E-book Kindle.
43. RUI. *Nas tramas do...*, op. cit.
44. KIEFER, Sandra. Viciado em crack vaga há quatro anos pelo Bairro Lagoinha, em BH. *Estado de Minas*, 12 ago. 2015. Disponível em: <https://www.em.com.br/app/noticia/gerais/2015/08/12/interna_gerais,434005/viciado-em-crack-vaga-ha-quatro-anos-pelo-bairro-lagoinha-em-bh.shtml>. Acesso em 24 jul. 2022.
45. BUTLER. *Quadros de guerra...*, op. cit., p. 15.

quadramento, pretendo demonstrar a centralidade do olhar nas formas de enquadrar-se uma vida para que ela seja reconhecida ou apreendida.

Acima, trouxe duas retratações de usuários de *crack*. Duas pessoas distintas, em contextos e territórios distintos que, entretanto, foram retratadas de maneira extremamente semelhante. Ao serem retratados, eles certamente estão sendo vistos – e, dessa forma, sendo qualificados. Todavia, o modo de retratação aponta para uma desqualificação de suas imagens. Para estruturar esse diferencial, Butler apresenta os modos de enquadrar-se em uma moldura.

Ao analisar imagens de guerras, especialmente a retratação de figuras do Oriente Médio após o 11 de Setembro, a filósofa conclui que é indissociável o pensar-se em humanização ou desumanização do modo por meio do qual os sujeitos são representados. A produção de imagens emerge como elemento crucial para que a violência possa ocorrer. Nesse sentido, "[e]sses retratos da mídia são muitas vezes manejados a serviço da guerra, como se o rosto de Bin Laden fosse o próprio rosto do terror, como se Arafat fosse o rosto da mentira, como se o rosto de Hussein fosse o rosto da tirania contemporânea"[46].

O enquadramento, uma moldura capaz de, simultaneamente, restringir o foco analítico e configurar o olhar, apreende ou reconhece. Os rostos do Oriente Médio, retratados para enquadrar a desqualificação da vida e para qualificar o que não se deve ser, operam no borrão da (des)qualificação mediada pelo recorte do olhar. Na mesma medida, essa tecnologia é aplicada aos usuários de *crack*.

Se, nas primeiras seções deste trabalho, argumentei que as drogas são retratadas como uma reencarnação do mal, a captura do *crack* é ainda mais visceral. Assim, o "'eu' que vê esse rosto não se identifica com ele: o rosto representa aquilo para o qual nenhuma identificação é possível, um feito de desumanização e uma condição para a violência"[47].

Donna Haraway já conferia extrema importância para o arranjo do olhar. Configurar o olhar é, antes de tudo, admitir que há violência nas nossas práticas de visualização. Ao indagar "[c]om o sangue de quem foram feitos os meus olhos?"[48], ela destaca a existência de uma correlação íntima entre o que se vê e o que pode ser visto.

Ainda que nossos olhares alcancem virtualmente tudo, não é de maneira uniforme que tecemos representações sobre o que vemos. Existem cenários e molduras que vemos e reconhecemos. Também existem cenários que vemos e registramos, captamos, apreendemos, mas não reconhecemos. Se vemos através de molduras, a iniciar pelos nossos próprios olhos, são essas molduras – enquadramentos – que atuam para que efetuemos a diferenciação entre quem reconhecemos e quem apreendemos.

O olhar e seus efeitos importam, justamente por estarem inseridos no modo de produção de vidas e das condições de assujeitamento. Se o que vemos são indivíduos ou coletivos perigosos, e se esse olhar contém uma moldura que rapidamente transforma

---

46. BUTLER. *Vida precária: os...*, *op. cit.*, p. 172.
47. BUTLER. *Vida precária: os...*, *op. cit.*, p. 176.
48. HARAWAY. *Saberes localizados: a...*, *op. cit.*, p. 25.

a mirada em contingência, o que acontece quando vemos, mas ao qualificarmos pelo olhar, desqualificamos?

Na esteira de Butler, se sujeitos são constituídos por meio de normas que, repetidamente, produzem e/ou deslocam as condições de reconhecimento de sujeitos, e se a nossa capacidade de discernir, por meio do olhar, depende de normas de ajuste do foco do nosso campo visual, "[h]á sujeitos que não são exatamente reconhecidos como sujeitos e há vidas que dificilmente – ou, melhor dizendo, nunca – são reconhecidas como vidas"[49].

Vale ressaltar que o próprio conceito de vida, aqui, é, também, uma moldura. Ao olhar para *a mulher desgrenhada de rosto cinza-escovado* ou para o *olhar vazio do homem usuário de crack*, sabemos que se tratam, ali, de seres vivos[50]. Olhamos e vemos vidas, mas não as compreendemos da mesma maneira.

Por isso, as pessoas olham as vidas marcadas pelo *crack* e veem a desumanidade. A famigerada caracterização dos usuários de *crack* como zumbis, assim, é pertinente, refletindo uma característica bastante trabalhada por Butler: a de que categorias, convenções, normas e estereótipos não apenas rotulam um sujeito, mas antes, impedem que o próprio ato de reconhecimento possa ser estabelecido. A esses sujeitos, carece um elemento fundamental: a condição de ser reconhecido. Eles ocupam essa zona límbica de (des)qualificação. Logo,

> [d]ecidimos que determinada noção particular de "pessoa" determinará o escopo e o significado da condição de ser reconhecido. Por conseguinte, estabelecemos um ideal normativo como condição preexistente de nossa análise; de fato, já "reconhecemos" tudo o que precisamos saber sobre reconhecimento. Não há desafio que o reconhecimento proponha à forma do humano que tenha servido tradicionalmente como norma para a condição de ser reconhecido, uma vez que a pessoa é essa própria norma[51].

O enquadramento revela um ideal de pessoalidade a ser reconhecido, ao passo que oculta tudo aquilo que se torna mais difícil de se reconhecer. Atribui-se, assim, um reconhecimento diferenciado, e uma consequente distribuição diferencial da precariedade. Esta encontra-se presente em todos, mas torna-se ainda mais visível em alguns.

Ser precário, portanto, não é uma condição exclusiva. O olhar, entretanto, para as diferentes formas de vida, por justamente ter o condão de disciplinar normas, é responsável por efetuar essa distribuição desigual das condições de reconhecimento[52].

---

49. BUTLER. *Quadros de guerra...*, op. cit., p. 17.
50. Assim como posições ético-políticas "pró-vida" ou "pró-direitos dos animais", que argumentam sobre o valor da vida em seu sentido biológico, veem valor no fato de que aqueles seres estão, de fato, vivos. Para uma qualificação do argumento, por vezes recorre-se à distinção entre vida biológica e vida pessoal, sendo a pessoa essa definição que carrega consigo um postulado de ordem de reivindicação e de capacidade moral-identitária.
51. BUTLER. *Quadros de guerra...*, op. cit., p. 20.
52. Reconhecimento é um tema controverso e amplo. Discutido tradicionalmente a parte de uma matriz hegeliana, aqui tomo o conceito emprestado de Butler, que entende reconhecimento como um ato ou prática recíproco, em que pelo menos dois sujeitos se colocam em condições iguais, isto é, capazes de ver, ao menos um ao outro, como *uma vida*. Cf.: BUTLER. *Quadros de guerra...*, op. cit.

Se, na seção anterior, discuti justamente a tecnologia por meio da qual determinadas formas de vida são captadas em molduras de perigo e normalização – na linguagem de Butler, normas de vida —, os efeitos dessa captura caminham justamente no sentido em que menciono as (des)qualificações. Assim,

> [u]ma figura viva fora das normas de vida não somente se torna o problema com o qual na normatividade tem de lidar, mas parece ser aquilo que a normatividade está fadada a reproduzir: está vivo, mas não é uma vida. Situa-se fora do enquadramento fornecido pela norma, mas apenas como um duplo impecável cuja ontologia não pode ser assegurada, mas cujo estatuto de ser vivo está aberto à apreensão.

O reconhecimento, como ao menos uma via de mão dupla, pressupõe que dois olhares se confluam. Noutro sentido, a apreensão pressupõe um olhar ausente dos pressupostos de reconhecimento, já que a via de mão dupla não é trafegável. Bloqueada, porque o enquadramento que contém, transmite e determina o modo por meio do qual algo deve ser visto, distribui diferencial e desigualmente a precariedade.

A precariedade, assim, de uma condição que permeia vidas humanas, passa a ser maximizada em algumas categorias, que perdem o seu valor diante da incapacidade de serem reconhecidas. Por conseguinte, são demandadas a "suportar a carga da fome, do subemprego, da privação de direitos legais e da exposição diferenciada à violência e à morte"[53].

Se precariedade é algo inerente às vidas, que sempre dependem de algo para se manterem, a condição precária é específica de algumas. Encontram-se em condições precárias determinadas vidas que, por arranjos políticos e sociais, sofrem com a distribuição desigual de violações e são, com muito mais frequência, expostas à perda de direitos e à violência.

> A condição precária também caracteriza a condição politicamente induzida de maximização da precariedade para populações expostas à violência arbitrária do Estado que com frequência não tem opção a não ser recorrer ao próprio Estado contra o qual precisam de proteção. Em outras palavras, elas recorrem ao Estado em busca de proteção, mas o Estado é precisamente aquilo do que elas precisam ser protegidas (...). É claro que nem toda violência advém do Estado-Nação, mas são muito raros os casos contemporâneos de violência que não tenham nenhuma relação com essa forma política[54].

Talvez somente agora tenha feito sentido o fato de que, desde o início do meu texto, tenho insistido em utilizar as palavras *enquadramento* e *moldura* para lidar com a questão do *crack* no Brasil. Fiz tal recurso de maneira intencional, tendo em mente o horizonte de sentido que agora explicito.

A condição precária dessas vidas – dos noias e de seus contextos —, não é distribuída diferencialmente somente pela impossibilidade de se reconhecer um usuário de droga. Caso assim fosse, isto é, se a condição precária fosse algo que se estendesse

---

53. BUTLER. *Quadros de guerra...*, op. cit., p. 45-46.
54. BUTLER. *Quadros de guerra...*, op. cit., p. 46-47.

aos usuários de drogas como um todo, haveria algo perene que valesse para as outras substâncias. Não é o caso.

Os usuários de *crack* não caracterizados como meros usuários de drogas. São aglutinados em um grupo que, ainda que internamente seja deveras heterogêneo, do ponto de vista socioeconômico e racial, apresenta-se como homogêneo. Em sua maioria, os usuários de *crack* captados pelas políticas de internação involuntária são aqueles que se encontram em cracolândias. Por sua vez, os usuários de *crack* encravados em cracolândias são homens negros, pobres, com baixa escolaridade, sem condições de trabalho e moradia e, por vezes, egressos do sistema prisional.

Após ter passado pelo elo da normalização e do perigo foucaultianos e da condição precária de Butler, pretendo, ainda, explorar mais um: a aplicação do conceito de necropolítica para a moldura que pretendo fazer do *crack* como assujeitamento. O enredamento de todos aspectos mencionados, para tanto, será essencial.

3.3 NECROPOLÍTICA E NECROPODER

> *"É de bom tamanho, nem largo nem fundo*
> *É a parte que te cabe deste latifúndio*
> *(...)*
> *Não é cova grande, é cova medida*
> *É a terra que querias ver dividida"*[55].

Alguns conceitos, de tanto trabalhados, nos parecem íntimos. Esse parece ser o caso da ideia de biopolítica. Entretanto, me volto ao conceito, por considerá-lo fundamental para a compreensão da questão das internações involuntárias de usuários de *crack* no Brasil.

Ainda que o conceito tenha em Michel Foucault um grande propalador, diversos autores lidam com o conceito de inúmeras maneiras. Michael Hardt e Antonio Negri, por exemplo, abordam a ideia de biopolítica como fio que entremeia o projeto de análise do imperialismo, do Império e da racionalidade neoliberal.

Essa chave de leitura aproxima o conceito de biopolítica ao modo de produção e acumulação capitalista. Se, em um primeiro momento, o desenvolvimento do capitalismo forjava relações que giravam em torno de fábricas e indústrias produtivas, a partir da segunda metade do século XX, as relações passaram a ser engendradas em torno da ideia de competitividade. Nesse contexto, ideias como empreendedorismo, criatividade e descentralidade ganham destaque.

Para Hardt e Negri, em todas as fases do capitalismo, há a produção de subjetividades, ainda que com diferenças significativas em seus modos de produção. Por sua vez, esses modos de produção se articulam em virtude da condução de interesses. Permeada por essa condução está a noção de poder, que fabrica e mantém engrenagens sociais[56].

O sujeito produtivo moderno, subproduto da sociedade industrial, simultaneamente ocasionava um incremento na produção material, ao mesmo tempo que se definia em torno da própria ideia de produtividade. Assim, "esse poder essencialmente produtivo tinha como correlato o sujeito produtivo, não só o trabalhador, mas o sujeito que, em todos os domínios de sua vida, produz bem-estar, prazer e felicidade"[57].

A vigilância, nesse sentido, ganha centralidade, já que, para os autores, é por meio dela que se fabrica homens úteis e dóceis, hábeis e aptos no e ao trabalho. Com a segun-

---

55. DE HOLLANDA, Chico Buarque. *Funeral de um lavrador*. Rio de Janeiro: Som Livre, 1968. Disponível em: <https://open.spotify.com/track/0BqrxdNuiFLTXRJ4br1EOh?si=2ad609bb79284fba>. Acesso em 22 jul. 2022.
56. HARDT. NEGRI. *A nova razão...*, *op. cit.*
57. HARDT. NEGRI. *A nova razão...*, *op. cit.*, p. 325.

da metade do século XX, entretanto, em mais uma transmutação do capitalismo, outra forma de se fabricar sujeitos emergiu: a modelagem da sociedade pela lógica empresarial.

Esse sujeito neoliberal é captado de maneira inversa: se, no capitalismo industrial, o sujeito erigia a sua felicidade em torno da produção para o outro, esse *neossujeito* passa a voltar seu desejo a si mesmo, umbilicalmente. Por isso,

> [a] vontade de realização pessoal, o projeto que se quer levar a cabo, a motivação que anima o "colaborador" da empresa, enfim, o *desejo* com todos os nomes que se queira dar a ele é o alvo do novo poder. O ser desejante não é apenas o ponto de aplicação desse poder; ele é o substituto dos dispositivos de direção das condutas[58].

Para os autores, essa vontade traz consigo uma permeabilidade capaz de fazer com que as pessoas alcem o empreendedorismo de si a um *leitmotif*, ao coincidir o trabalho com o sucesso. A tecnologia neoliberal, então, transforma o governo dos outros no governo de si, alterando, também, as redes imperiais de domínio, que se tornam cada vez mais ramificadas e descentralizadas. Império, para os autores, seria uma transmutação do próprio imperialismo nos tempos atuais. Às avessas do imperialismo, o Império dispensa um centro de emanação, operando na capilaridade e agindo contra a multidão[59].

Essa é, no léxico de Hardt e Negri, em *apertadíssima* síntese, a noção de biopoder – um poder capaz de captar sujeitos em redes de desejo de si e de otimização empresarial. A biopolítica, entretanto, ganha, com os autores, uma dimensão diversa. É que o biopoder tem na produção biopolítica o seu oposto. A produção biopolítica é aquilo que se volta contra e escapa ao Império, emanando da multidão e, por isso, coletiva e democrática[60].

Giorgio Agamben, por sua vez e à sua maneira, aborda o conceito tendo como um dos eixos a ideia de que uma biopolítica, levada ao fim e ao cabo, carrega consigo não somente uma gestão sobre o território e os corpos, mas uma destruição da vida. Por isso, "a biopolítica (…) na verdade só se torna inteligível diante de seu complemento necessário: a tanatopolítica"[61].

Em uma aproximação da exploração investigativa de Hannah Arendt e Michel Foucault, à sua própria maneira, Agamben investe-se na tentativa de compreender como o "aumento vertiginoso da importância da vida biológica e da saúde da nação como problema do poder soberano, que se transforma então progressivamente em 'governo dos homens'"[62], conceito eminentemente foucaultiano, conduziu-se às "áreas por excelência da biopolítica moderna: o campo de concentração e a estrutura dos grandes estados totalitários do Novecentos"[63], abordagem, por sua vez, trazida por Arendt.

---

58. HARDT, Michael. NEGRI, Antonio. *A nova razão…*, op. cit., p. 327.
59. HARDT, Michael. NEGRI, Antonio. *Empire*. Massachusetts: Harvard University Press, 2000.
60. HARDT, Michael. NEGRI, Antonio. *Multitude*: war and democracy in the age of Empire. Nova Iorque: Penguin Publishers, 2004.
61. MATOS, Andityas. COLLADO, Francis. *Para além da biopolítica*. São Paulo: sobinfluencia edições, 2021. p. 18.
62. AGAMBEN, Giorgio. *Homo sacer*: o poder soberano e a vida nua I. Belo Horizonte: Editora UFMG, 2002. p. 11.
63. AGAMBEN. *Homo sacer: o…*, op. cit., p. 12.

A polissemia da biopolítica poderia continuar a ser descrita de forma ainda mais extensa. Entretanto, para os fins metodológicos desta pesquisa, diante de todo o cenário até então construído, opto por abordá-la a partir de Michel Foucault – tanto em consonância com os demais desdobramentos de noções de matriz foucaultiana já explorados, quanto pela íntima conexão com as noções desenvolvidas por Achille Mbembe em sua caracterização da necropolítica.

Foucault estabelece a biopolítica não em uma ordem centralizada que emana de um (ou uns) contra outro (ou vários). Antes, lhe interessa sobremaneira analisar a biopolítica inserida no contexto das relações e das formas de exercício do poder. No corpo desta tese, dediquei algumas páginas ao movimento caracterizado por Foucault e outros autores como a inserção do corpo no cálculo político. Isso deu origem a uma série de efeitos, especialmente no que tange à imbricação entre direito e medicina na formação de verdades e de normalizações.

Como relações de poder são eminentemente um fluxo, gostaria de chamar atenção, agora, para outra forma, esta particular do século XIX: a biopolítica. As análises acerca das relações de poder, em geral, têm a tendência de hiperfoco nas suas dimensões negativas. Disciplina, por exemplo, desponta como um poder voltado ao corpo dos sujeitos para que estes sejam vigiados, treinados, utilizados e eventualmente punidos[64].

Já a biopolítica é uma relação de outra natureza. O corpo, ainda que central na análise foucaultiana, é deslocado para dar lugar à ideia de vida. Assim,

> [a] nova tecnologia que se instala se dirige à multiplicidade dos homens, não na medida em que eles se resumem em corpos, mas na deidade em que ela forma, ao contrário, uma massa global, afetada por processos de conjunto que são próprios da vida, que são processos como o nascimento, a morte, a produção, a doença etc. Logo (...), que se faz em direção não do homem-corpo, mas do homem-espécie[65].

São processos que, por sua dimensão positiva/produtiva, têm correlação com a vida em seus extremos, início e fim, e em como prolongar de maneira útil o intermeio. Se, com a formação capitalista, a vida passou a ser medida em termos de produtividade, quaisquer afastamentos que gerassem redução de carga horária, diminuição de disposição ou, ainda, prejuízos econômicos, ganhou também extrema importância. Por isso, a doença passou a ser analisada como um fenômeno populacional.

Ademais, se a morte, e por correlato necessário, a vida, passou a figurar no centro das relações de poder, categorias de sujeição que acarretem um rompimento ou cisão do fluxo produtivo também assim o fizeram. Nesse sentido, passa a tema da biopolítica e do biopoder aqueles indivíduos a serem neutralizados, colocados fora de circulação ou, em geral, todos aqueles que prejudiquem a roda da industrialização. Para esses domínios,

---

64. FOUCAULT, Michel. *Em defesa da sociedade*: curso no Collège de France (1975-1976). 2. ed. São Paulo: Editora WMF Martins Fontes, 2010. p. 204.
65. FOUCAULT. *Em defesa da...*, op. cit., p. 204.

começam a ser erguidas instituições de assistência – que são antigas na história, porém inovadoras em virtude da reformulação da governamentalidade[66].

A biopolítica, também, desponta em um cenário de consolidação da urbanização dos aglomerados urbanos. Devido às formações capitalistas, alterou-se o modo de sedentarismo e permanência no espaço de seres humanos, que passaram, a partir da segunda metade do século XVII, a se concentrar no que hoje caracterizamos como os grandes centros urbanos. Diversas questões emergem dessa nova confluência, de ordens geológicas, climáticas, hidrográficas, de ocupação do território e de cunho sanitário. A questão das cidades, portanto, é uma questão eminentemente biopolítica.

Especialmente, as cidades trouxeram consigo a concentração multifacetada de pessoas em um pequeno território, deslocando a problemática do indivíduo ou mesmo de um pequeno grupo para a ideia de população. Desse modo, "a biopolítica lida com a população, e a população como problema político, como problema a um só tempo científico e político, como problema biológico e como problema de poder (…)"[67].

Ainda, algo peculiarmente interessante na leitura de Foucault sobre a biopolítica, em especial quando ela é contrastada ao poder disciplinar, está no fato de a biopolítica possuir um aspecto muito mais geral e inespecífico. O detalhe, a minúcia, a particularidade de cada corpo biológico, perde espaço para a aproximação, o equilíbrio e a regularidade. A biopolítica, enquanto relação de poder, desponta em uma versão ineditamente aberta e flexível – menos visível, mas, nem por isso, menos pungente e presente na vida de sujeitos que positivamente são produzidos por seu intermédio.

Se, portanto, a soberania nos tempos pré-consolidação das sociedades biopolíticas, consistia em espetacularizar a morte e fazer morrer, o biopoder consiste, noutro sentido, em um poder de fazer viver. O poder de controlar a vida, que faz viver e deixa morrer[68]. É assim que a morte, de um espetáculo, passou a ser considerada como secundária, comparada à centralidade conferida ao fazer viver.

Poder disciplinar e biopoder, nesse sentido, não são, ao menos para Foucault, excludentes. São, antes, momentos que movimentam uma determinada engrenagem, ou, tecnologia. Acomodaram-se, primeiro no corpo, e depois na vida. Por mais que não se coincidam, não são incompatíveis. É por isso que, não raro, "os mecanismos disciplinares de poder e os mecanismos regulamentares do poder, os mecanismos disciplinares do corpo e os mecanismos regulamentares da população, são articulados um com o outro"[69]. Em camadas, portanto, operam as noções de normalização, disciplina, biopoder e biopolítica.

Adiciono a esta composição a configuração do neoliberalismo como racionalidade. Saliento que esse é um fenômeno crucial para a compreensão das relações de poder no

---

66. FOUCAULT. *Em defesa da…, op. cit.*, p. 205.
67. FOUCAULT. *Em defesa da…, op. cit.*, p. 206.
68. FOUCAULT. *Em defesa da…, op. cit.*, p. 207.
69. FOUCAULT. *Em defesa da…, op. cit.*, p. 211.

horizonte contemporâneo. O neoliberalismo supera a qualificação como mera estratégica econômica. Antes, configura-se como uma

> ordem normativa da razão desenvolvida por mais de três décadas em uma racionalidade governamental vastamente disseminada, que metamorfoseia cada domínio e esforço humanos, juntamente os próprios humanos, em uma imagem específica do econômico. Toda conduta é uma conduta econômica; todas as esferas da existência são enquadradas e medidas por métricas e termos econômicos, mesmo quando essas esferas não são diretamente monetizadas[70].

Ao introduzir o assunto desta tese, trouxe à baila o conceito de *Homo oeconomicus*, presente na obra de Wendy Brown. O retomo, ainda que sem aprofundar, a fim de demonstrar que os desafios contemporâneos da democracia e dos direitos humanos, sob a racionalidade neoliberal, não foram vivenciados em primeira pessoa por Michel Foucault, em virtude da sua morte, em 1984 – ainda que, em muitas de suas passagens, seja possível verificar indícios de percepção do autor à sensibilidade do tema.

A leitura biopolítica do mundo contemporâneo encontra desafios próprios da aplicação de conceitos forjados em conjunturas políticas distintas. Se, atualmente, há uma racionalidade pungente como a neoliberal, que corrói o *demos* e se encontra presente na produção de sujeitos, na esquematização valorativa da vida, sendo uma "conduta da conduta"[71], esse contexto deve ser levado em consideração na construção de um argumento que pretenda carregar consigo os efeitos das relações de poder hodiernas.

Indispensável para esta análise é, também, a experiência colonial das periferias do capitalismo. Especialmente, a relação entre experiências coloniais e racismo. Ainda que o tema tenha sido abordado de forma mais intensa na contemporaneidade, injusto seria dizer que Foucault não abordou a temática. Antes, o autor chegou, de fato, a explorá-la, ainda que de modo detido.

Para Foucault, o biopoder, seja disciplinar ou regulamentador, que tem como sustentáculo e como objetivo a vida em suas generalidades e pormenores, ao adentrar cada vez mais intimamente na sujeição, faz recuar a figura morticínia do soberano. Ele indaga, portanto, como seria possível que um poder que tem o condão de fazer de seu eixo a figura da vida, poderia operar como uma política de morte. Assim, "[c]omo esse poder que tem essencialmente o objetivo de fazer viver pode deixar morrer?"[72].

O indicativo principal dessa capacidade do poder que faz viver também deixar morrer é o racismo. Para Foucault, em síntese, a função do racismo seria justamente efetuar uma cisão no próprio objeto da biopolítica e do biopoder. Assim, por meio do olhar do racismo – que, como dito acima, nunca é um olhar desvinculado de uma prática violenta ou filtrada – o *fazer viver* passa a não ser homogêneo. A construção do racismo carrega consigo a noção de perigo e normalização, e essas noções justificariam a retomada do poder soberano de matar em prol e em defesa da sociedade. É por isso que

---

70. BROWN. *Undoing the demos...*, op. cit., p. 9.
71. BROWN. *Undoing the demos...*, op. cit., p. 21.
72. FOUCAULT. *Em defesa da...*, op. cit., p. 214.

[q]uando vocês têm uma sociedade de normalização, quando vocês têm um poder que é, ao menos em toda a sua superfície e em primeira instância, em primeira linha, um biopoder, pois bem, o racismo é indispensável como condição para poder tirar a vida de alguém, para poder tirar a vida dos outros. A função assassina do Estado só pode ser assegurada, desde que o Estado funcione no modo do biopoder, pelo racismo[73].

A colonização é central para o racismo. Mesmo em Foucault, esse argumento já se sobressaía, ainda que pouco desenvolvido[74]. É necessário que esse argumento, entretanto, se desenvolva. A experiência colonial e o(s) genocídio(s) perpetrados na África, nas Américas, na Ásia e na Oceania são marcadores que organizam a contemporaneidade. O que chancela tal violência é o fortalecimento do racismo como política de Estado e como racionalidade que justifica esse estar-aí-para-morres dos (des)qualificados.

Nesse ponto, Achille Mbembe é crucial para uma compreensão de quando a biopolítica encontra o racismo e a experiência colonial. Ainda, é o ponto nevrálgico do argumento que ora passo a desenvolver para concluir – e que permeia toda – a tese: a ideia de que há um *enquadramento* que atravessa os usuários de *crack* e que, ao distribuir diferencialmente a *condição precária*, faz com que esses sujeitos estejam à disposição de um sistema que produz restrições *normalizantes*, numa lógica extremamente parecida com uma *circulação* de precariedades.

Defendo que esse argumento pode ser lido sob o olhar da necropolítica. Justamente por isso, optei por deixar o tema que trago no título deste trabalho para o final. Necropolítica é um conceito que mobiliza diversos outros e que, ao mesmo tempo, possui sua própria lógica. Está envolvido em uma vasta rede de ferramentas analíticas, mas também não pode ser confundido com elas.

Ao iniciar a construção da necropolítica como uma das molduras do *crack* no Brasil, a faço desde minha constituição pessoal. Uma mulher branca, de classe média, latino-americana, prestes a defender o doutorado em uma das instituições mais privilegiadas do continente. Ciente, mas nunca olvidada, de que também o meu olhar foi feito com o sangue dos outros[75], prossigo.

A necropolítica pode ser abordada a partir da teorização sobre as diferentes formas e modo de se exercer poderes. Não obstante, se destaca em virtude da centralidade das questões raciais e coloniais que permeiam a análise de quem, em primeira mão, trabalhou o tema: Achille Mbembe.

Camaronês, Mbembe analisa história, política e filosofia tendo como pano de fundo as perspectivas anticoloniais e antirracistas. Inviável, pois, introduzir a necropolítica sem antes enredá-la ao menos em grande parte do plexo teórico do autor. Se, anteriormente, frisei que a biopolítica parece insuficiente – ou mesmo incompleta – para lidar com a

---

73. FOUCAULT. *Em defesa da...*, op. cit., p. 215.
74. "O racismo vai se desenvolver *primo* com a colonização, ou seja, com o genocídio colonizador". *Cf.*: FOUCAULT. *Em defesa da...*, op. cit., p. 216.
75. HARAWAY. *Saberes localizados: a...*, op. cit.

complexidade que articula um passado colonial com um presente racista, é justamente desses pontos que Mbembe parte.

Essa ponte que está sempre sendo atravessada entre passado colonial e presente racista permeia as análises do camaronês. Como as consequências da redução de africanos *tornados escravizados* à reificação, essa ponte permanece até hoje bem firme, definindo tanto aquilo que podemos entender por colônia como também a própria noção de raça. Por isso, o racismo e o colonialismo são passados que não passaram. Se desembocam e produzem seus efeitos no presente, mirando na cara do futuro[76].

Admitindo o que propõe como uma representação, e como tal sujeita a rupturas, falhas e equívocos, Mbembe percebe raça como inexistente, como fato natural físico, antropológico ou genético. Raça, como uma ideia de naturalmente haver diferenças biogenéticas que justifiquem a distribuição desigual do tratamento, seguramente é algo apenas ficcional[77]. Assim, "[a] raça não passa de uma ficção útil, uma construção fantasmática ou uma projeção ideológica, cuja função é desviar a atenção de conflitos considerados, sob outro ponto de vista, como mais genuínos"[78].

Não obstante a sua não existência, o racismo continua existindo. A cisão da leitura ocidental do mundo propôs, com base em um critério – no mínimo – questionável um enorme contingente de populações que passaram a constituir "a manifestação por excelência da existência objetificada"[79]. Não se objetifica, entretanto, sem promover uma radical e contundente (des)qualificação daquilo/daquele que se pretende objetificar. Assim, a figura excedente do negro, excedente a ponto de ser figura-infigurável, foi forjada.

A classificação europeia do mundo relegou ao negro e à África o animalesco, o brutal, a ausência completa de consciência e, em última instância, de humanidade. Ainda que África(s) sejam muitas e que certamente nem todo negro é africano, isso tinha pouquíssima relevância. A categoria já havia sido forjada, e seu espaço de maleabilidade era decerto minúsculo.

Essa noção moderna do negro, ainda que maquinada nas grandes navegações e na expansão europeia sobre o mundo, não ficou restrita ao comércio negreiro ou às *plantations*. Também, não se pode confundir o sequestro negreiro com outras formas de servidão, antigas ou mesmo modernas. Mbembe é categórico nessa diferenciação:

> [n]essas pias batismais da nossa modernidade, pela primeira vez na história humana, o princípio racial e o sujeito de mesma matriz foram operados sob o signo do capital, e é justamente por isso que distingue o tráfico negreiro e suas instituições das formas autóctones de servidão (...). O Atlântico foi-se tornando o epicentro de uma nova concatenação de mundos, o lugar de onde emergiu uma

---

76. MBEMBE. *Crítica da razão...*, op. cit.
77. Determinadas categorias arrogam para si o condão de cindir o mundo por meio de uma leitura asséptica e isenta da biologia como ela é, a despeito de a natureza não dar saltos e ser marcada muito mais por um contínuo do que por cisões abruptas que sirvam de sustentação ético-jurídica para a concessão de direitos a uns, mas não a outros. Cf. NASSER CURY, Carolina MARIA. STANCIOLI, Brunello. *Para além das espécies*: o status jurídico dos animais. Belo Horizonte: Del Rey, 2020.
78. MBEMBE. *Crítica da razão...*, op. cit., p. 28.
79. MBEMBE. *Crítica da razão...*, op. cit., p. 29.

nova consciência planetária. Esse acontecimento se segue às tentativas europeias anteriores de expansão rumo às Canárias, à Madeira, aos Açores e às ilhas de Cabo Verde, correspondentes à etapa inicial da economia de *plantations* utilizando mão de obra de escravos africanos[80].

Se, em um primeiro momento, o epicentro desse movimento era o Atlântico e seus arredores navegáveis, logo a condição negra foi transnacionalizada. Homogeneizada, essa condição passou a abarcar diversas pessoas, desde o homem negro tornado escravizado até o escravizado de nascença. Com isso, a noção de raça passou a representar um conjunto de pessoas forjadas na inferioridade. Mbembe afirma que, enquanto não existe *o negro*, isso não impede que ele seja produzido. O elemento que marca essa produção é o que ele denomina de corpo de extração. Corpos que, estando sujeitos à vontade de senhores, eram assujeitados com base em vínculos sociais de exploração. Dessa maneira, "incessantemente produzido[s] e reproduzido[s] por meio de uma violência de tipo molecular, que ao mesmo tempo suturava e saturava a relação servil"[81].

Retomo o pensamento de Mbembe sobre raça e racismo considerando-o como intimamente conectados ao processo de produção de subjetividades do *crack*. A fabricação de sujeitos raciais é essa ponte em prologado trânsito que permite com que a normalização da ideia de perigo e que a anulação de corpos abjetos guarde estrito vínculo com os desdobramentos do racismo.

Se, inválido do ponto de vista biogenético, pelos motivos acima *resumidos*, o conceito de raça desponta como uma categoria posta a ser utilizada como uma tecnologia da diferenciação. Talvez, diferenciação não seja sequer o termo correto, já que o que ocorre é o forjar-se de "seres a designar, a anular"[82], deturpando a realidade e fixando afetos.

O racismo permeia estruturas sociais ou econômicas, ainda que nem sempre repercuta de forma igual nas inúmeras categorias de opressão. Ativa, portanto, sentimentos viscerais de medo, ódio, pânico, perturbação – e, com eles, a incessante necessidade de se normalizar o perigo.

Como categoria ficcional que forja realidades, portanto, a raça é dotada, em Mbembe, de certa plasticidade. Tal qual corpos humanos, que são plásticos e maleáveis – "uma potência que de bom grado se cobre com uma máscara"[83] –, também são os conceitos e as formas de dominação e opressão daqueles que se cobrem com *determinadas* máscaras.

Devido a isso, Mbembe afirma que os corpos de extração são múltiplos. Se, em um determinado momento, foram forjados tendo como base ideológica os negros tornados escravizados a partir da África, a experiência que faz emergir esse corpo expropriado e apropriado se espraia para outros domínios. Zonas que, com o avançar do capitalismo – e, em especial, com a racionalidade neoliberal –, amanharam terrenos férteis para que

---

80. MBEMBE. *Crítica da razão...*, op. cit., p. 33.
81. MBEMBE. *Crítica da razão...*, op. cit., p. 44.
82. MBEMBE. *Crítica da razão...*, op. cit., p. 69.
83. MBEMBE. *Crítica da razão...*, op. cit., p. 235.

o substantivo negro deix[e] de remeter unicamente à condição atribuída aos povos de origem africana durante a época do primeiro capitalismo (...). A essa condição fungível e solúvel, à sua institucionalização enquanto padrão de vida e à sua generalização pelo mundo inteiro, chamamos o *devir-negro do mundo*[84].

Dessa forma, a condição de fungibilidade da humanidade reconfigura o racismo na mesma medida em que postula um lugar de universalidade da condição humana, de forma contraditória – ou proposital. Nesse ponto, o neoliberalismo, como racionalidade, entra em cena, articulando saídas para quando o capital atingir seu ponto de fuga máximo, alcançando inúmeras subalternidades *de extração*[85].

É nessa confluência que a biopolítica e o biopoder foucaultianos ganham novas camadas. O racismo desponta como conjuntura de possibilidade para que a exceção do controle da vida se particularize como uma permissão para morrer. A otimização da vida, conduzida no âmago do racismo de Estado, é extremada para aqueles que podem ser enquadrados na moldura da racialização e, portanto, extraídos.

São práticas de "poder matar, deixar viver ou expor à morte"[86]. Vida e morte se inscrevem em uma relação de poder, sob o racismo de Estado, em ordem distinta da prevista por Foucault, portanto. Em um contexto em que a soberania coincide com a produção de normas gerais por um povo igual, Mbembe expõe a fragilidade dessa noção que fundamenta grande parte da teoria democrática contemporânea.

A própria contemporaneidade, abarrotada de refugiados, do genocídio da população negra, da guetificação de latinos, da segregação palestina, do sexismo e misoginia entre homens e mulheres, dos assassinatos em massa de populações cuja sexualidade ou gênero são tidos como desviante, impõe que essa noção seja repensada. Assim, é peremptório que os olhares se voltem para as formas de soberania cujo projeto central não é a luta pela autonomia, mas a "instrumentalização generalizada da existência humana e a destruição material de corpos humanos e populações"[87].

Ainda que essa instrumentalização generalizada ganhe corpo com episódios como o holocausto, foi na escravidão e no sistema de *plantation* que foi gestado o laboratório das políticas de terror e de extermínio. Populações, nesse contexto, foram destituídas de seus lares, de seus direitos sobre o próprio corpo e do estatuto político[88]. Tamanha privação corresponde a "uma dominação absoluta, uma alienação de nascença e uma morte social"[89].

As colônias despontaram como um território, mas não qualquer um. Um território hostil, selvagem e cujo imperativo não poderia ser outro senão o da extração de todas

---

84. MBEMBE. *Crítica da razão...*, op. cit., p. 19-20.
85. MBEMBE. *Crítica da razão...*, op. cit.
86. MBEMBE. *Necropolítica*. Op. cit., p. 6.
87. MBEMBE. *Necropolítica*. Op. cit., p. 10-11.
88. Ainda que tal destituição seja extremamente contraditória, já que os forjados escravos incessantemente reinventavam suas práticas de resistência e vivências, trazendo a polifonia da própria condição de ser pessoa.
89. MBEMBE. *Necropolítica*. Op. cit., p. 27.

as riquezas e circulação ou extermínio de tudo aquilo que era indesejado. Soberano, nesse contexto, não é aquele que faz leis igualitárias. Soberano, noutro sentido, é aquele que tem como política o direito de deixar morrer ou de fazer morrer. E, nas colônias,

> o direito soberano de matar não está sujeito a qualquer regra (...). Lá, o soberano pode matar a qualquer momento ou de qualquer maneira. A guerra colonial não está sujeita a normas legais e institucionais (...). Em vez disso, o terror colonial se entrelaça constantemente com um imaginário colonialista, caracterizado por terras selvagens, morte e ficções que criam o efeito de verdade[90].

Se soberania se atrela ao deixar morrer ou fazer morrer, ela carrega intimamente a definição da importância de uma vida. Assim, passa-se a operar em uma escala cujos eixos se distribuem em virtude da descartabilidade de modos de vida e de condições pessoais ou coletivas. Para tanto, conjugam-se as noções de disciplina, de biopolítica e de necropolítica.

As dimensões de perigo e inimigo, ao serem racializadas, são captadas por uma lógica bélica e violenta, dentro do Estado, mas que, do mesmo modo, nem sempre se confundem com ele. *Máquinas de guerra*, que criam campos e zonas de exceção[91], onde se experimenta uma "condição permanente de 'viver na dor'"[92].

É por isso que a necropolítica, essa forma contemporânea de se enquadrar vidas sob o poder da morte, também cria territórios da morte. Lugares e sujeitos são expostos a uma condição tão extrema de massacre e hostilidade que passam a possuir o estatuto de mortos-vivos.

---

90. MBEMBE. *Necropolítica. Op. cit.*, p. 36.
91. MBEMBE. *Necropolítica. Op. cit.*
92. MBEMBE. *Necropolítica. Op. cit.*, p. 68.

POR UM ARREMATE FINAL

"O que melhora o atendimento é o contato afetivo de uma pessoa com outra. O que cura é a alegria, o que cura é a falta de preconceito"[1].

É agridoce reler a última palavra do parágrafo com o qual terminei o último capítulo, por não deixar de reparar na coincidência lexical. A figura mítica que circunda várias caracterizações dos usuários de *crack* é, justamente, a imagem de um zumbi[2]. Zumbis são cadáveres reanimados, mortos-vivos.

Agridoce porque, ao mesmo tempo em que vejo robustez no argumento que tentei, nestas mais de 200 páginas, delinear, precisamente por tê-lo delineado da maneira que fiz, concluo que as internações involuntárias de usuário de *crack* podem se enquadrar no escopo da necropolítica, assumindo a feição, portanto, de um necropoder.

As internações involuntárias são justificadas pelo direito como *ultima ratio*, isto é, como medida absolutamente excepcional ante o ordenamento, a ser adotada quando não há mais recurso a se tentar. Certamente, o papel da reforma psiquiátrica e, especialmente, o da luta antimanicomial, deve ser destacado para esse importante movimento. A Lei de Reforma Psiquiátrica, forjada na tentativa de superar práticas de cuidado e atenção à saúde mental excludentes, sinaliza a incorporação de internações psiquiátricas como medidas voltadas à promoção do bem-estar, e não ao castigo ou à punição.

No entanto, mesmo dentro do próprio direito pode-se observar um conjunto bastante vasto de movimentações legislativas, executivas e judiciárias, capazes de colocar em xeque o recurso a essas internações como *ultima* ratio, já que a adoção de tal medida tem se tornado cada vez mais frequente, muitas vezes sem que se exija ou demonstre, de forma cabal, o esgotamento de outros meios menos gravosos de lidar com o usuário, o que se faz indispensável para a legitimidade do ato que restringe direitos fundamentais do sujeito. Por meio de projetos de lei, articulações de bastidores, desmonte da saúde pública e introdução de CTs no orçamento cada vez mais *investido no desinvestimento* dos acolhimentos em CAPS-AD, as internações involuntárias, que se pretendem apresentar

---

1. DA SILVEIRA, Nise. *Uma mulher à frente do seu tempo* [exposição]. Belo Horizonte: Centro Cultural Banco do Brasil, 2022.
2. Como exemplo da retratação, além de campanhas publicitárias governamentais e não governamentais e do incessante apelo midiático, encontram-se mais de 725.000 resultados da junção semântica entre *crack* e zumbis na plataforma de pesquisas *Google*.

como exceção, tornaram-se, ao revés, uma política em larga escala de um governar nas entrelinhas.

Mobilizado por um complexo altamente ramificado, perene e descentralizado, que combina narrativas de imprensa, geopolítica das drogas, proibicionismo, pânico moral, dispositivos e relações de poder, o *crack* atravessa inúmeras vidas, marcando-as não somente pelo uso prejudicial da substância, mas pelo direito-dever estatal de se fazer o que quiser com essas vidas – inclusive, fazer morrer ou deixar morrer.

Há muito Estado em uma cracolândia. A omissão estatal é, também, uma ação deliberada. Sua omissão pode ser percebida tanto na ausência de políticas públicas de acolhimento ao usuário de droga e à população em situação de rua, que vão desde o fornecimento de recursos básicos de higiene e nutrição para a população que ali se encontra – que, também, são ações, ainda que omissivas —, quanto na condução forçada de indivíduos, uma *população de indivíduos*, a instituições de tratamento. Essas, como se viu anteriormente, (i) ou se inserem no que ainda resta de reforma psiquiátrica e estão sucateadas e desinvestidas ou (ii) se inserem na privatização da saúde, em CTs que operam cada vez mais ao arrepio das próprias normativas de saúde pública.

Tais instituições asilares[3], que, conforme já mencionado, cada vez mais fracionam o orçamento público destinado às políticas de saúde voltadas aos usuários de drogas,

> articulam isolamento, abstinência, uso do trabalho dos internos para manutenção dos locais – sob o nome de laborterapia – e referências religiosas ou espirituais. Esses elementos (…) caminham no sentido de avaliações morais e doutrinárias, não podendo configurar-se como tratamento em saúde sob qualquer aspecto, menos ainda o interesse exclusivo em beneficiar sua saúde e nem tampouco garantem que as pessoas internadas tenham informações a respeito de sua doença e dos tratamentos possíveis[4].

Tamanha a invisibilidade seletiva dos usuários alvo das políticas de internação involuntária, que inexiste levantamento nacional – ou mesmo regional – sobre o número de internações realizadas nessa modalidade. O que se têm são levantamentos esparsos, realizados por pesquisadores individuais ou inseridos em pequenos grupos de pesquisa.

À míngua de parâmetros exatos, estima-se que, no SUS, cerca de 35,6% dos internados por sofrimento psíquico (categoria que abrange as internações por uso prejudicial de substâncias anteriores à NPND) estejam asilados de maneira involuntária. Ainda, a maioria dos internados involuntariamente é composta de homens com idade média de cerca de 35 anos de idade[5].

Esses dados, obtidos em Fortaleza, são similares aos obtidos no estado do Paraná, onde um levantamento apontou que a modalidade de internações involuntárias corresponde

---

3. Asilar é qualquer instituição de recolhimento psiquiátrico que não possua recursos para ofertar assistência integral e multidisciplinar e que não garanta o acesso dos asilados a recursos menos invasivos. *Cf.*: CONSELHO FEDERAL DE PSICOLOGIA. *Relatório da inspeção…, op. cit.*
4. CONSELHO FEDERAL DE PSICOLOGIA. *Relatório da inspeção…, op. cit.*, p. 56.
5. OLIVEIRA, Maria *et al*. Perfil sociodemográfico e clínico de pacientes em internações psiquiátricas voluntárias e involuntárias. *Revista Brasileira em Promoção da Saúde*, vol. 24, n. 4, out-dez., 2011. p. 361-366.

a cerca de 37% das hospitalizações por motivos psiquiátricos. Ainda, que as internações motivadas por uso prejudicial, naquele estado, correspondem a, aproximadamente, 36% da modalidade involuntária. Outra camada foi acrescentada ao estudo: os encaminhamentos oriundos da rede SUS, pelos CAPS, corresponde a cerca de 13% das internações involuntárias, sendo que em 43,2% das internações involuntárias não foi possível obter o motivo para o encaminhamento formal. Finalmente, estimou-se que cerca de 66% dos internados eram homens[6].

Há similitude, também, entre os números de Fortaleza e de Santa Catarina quanto à prevalência das internações involuntárias: em Santa Catarina, estimou-se que elas correspondem a aproximadamente 35% das internações realizadas por motivos psiquiátricos concerne as involuntárias. Ainda, que, dentro dessa modalidade, cerca de 48% deriva do consumo de substâncias psicoativas. Quanto ao sexo e à faixa etária, evidenciou-se que a maioria se identificava como homem e a média de idade era de 38 anos[7].

No que tange especificamente às internações compulsórias, aquelas que ocorrem no curso de processos judiciais, outro estudo apontou que mais de 80% delas era de indivíduos do sexo masculino, com média de idade de 37 anos, com menos de oito anos de escolaridade completa e com predominância de histórico laboral informal ou atuando como servente de pedreiro[8].

As internações em CTs devem ocorrer na modalidade voluntária. É o que preveem tanto a LRP quanto a NPND. Todavia, uma análise mais aprofundada do grande número de propostas de alteração legislativa, aliada ao crescente aumento no financiamento público desses equipamentos, torna a discussão relevante para os presentes fins.

De acordo com a Federação Brasileira de Comunidades Terapêuticas – FEBRACT.[9], atualmente, há aproximadamente 80 mil pessoas internadas nessas CTs. Esse número é, provavelmente, subestimado, tendo em vista que nem todas as CTs possuem registro de constituição ou nos órgãos de controle.

Ainda, segundo dados do Relatório da Inspeção Nacional em Comunidades Terapêuticas[10], cerca de 65% das CTs, ao arrepio da LRP e da NPND, recebe internações involuntárias. Nesse universo, os usuários são conduzidos compulsoriamente, por determinação do Poder Judiciário, por decisões ao longo do trâmite de processos penais, ou involuntariamente, que não contam com a comunicação obrigatória, em até 72

---

6. DA SILVA, Thaise *et al*. Perfil de internações hospitalares em unidade psiquiátrica de um hospital geral. *Revista Mineira de Enfermagem*, v. 18, n. 3, jul.-set. 2011. p. 652-659.
7. VIEIRA, Ariana. BRESSAN, Laís. GARCIA, Lêda. Perfil epidemiológico dos pacientes psiquiátricos internados involuntariamente em um hospital psiquiátrico do sul catarinense de 2012 a 2016. *Arquivos Catarinenses de Medicina*, v. 48, n. 3, 2019. p. 45-55.
8. FERNANDES, Diego *et al*. Perfil das internações compulsórias segundo o sexo e o diagnóstico clínico em pacientes internados no Instituto de Psiquiatria do Estado de Santa Catarina. *Medicina-Pedra Branca*, 2020.
9. Federação Brasileira de Comunidades Terapêuticas. *Site da instituição*. Disponível em: <https://febract.org.br/portal/comunidades-terapeuticas/>. Acesso em 24 mar. 2022.
10. Conselho Federal de Psicologia. *Relatório da inspeção…, op. cit.*

horas, ao MP, como prevê a LRP, tampouco com laudo médico circunstanciado acerca da necessidade da internação.

Registro, também, que nenhuma outra norma brasileira prevê que o Judiciário tenha o condão de, involuntariamente, submeter quaisquer pessoas a tratamento, tendo em vista que o acesso à saúde é direito, não dever. Somente nos casos que decorram de processos criminais abre-se a exceção – que, ainda assim, pode ser considerada violadora de outra norma: a Convenção dos Direitos da Pessoa com Deficiência, promulgada pelo Decreto nº 6.949/2009. A despeito do patente choque com o Decreto mencionado, que integra a lógica constitucional brasileira, "ao menos parte do poder Judiciário, sem atentar a essas discussões, segue lançando mão das internações do tipo compulsórias e, além disso, vem recorrendo a comunidades terapêuticas para esse fim, inclusive quando se trata de adolescentes"[11], conforme, novamente, destaca o relatório do CFP sobre CTs.

Outra modalidade de internação destaca-se: as modalidades que têm o seu início voluntário e que, não obstante, convertem-se em involuntárias ao longo da permanência do usuário. As CTs, que oferecem uma malha de facilidades para a entrada do usuário, tais como transporte gratuito às instalações, equipe de condução do usuário e opções variadas para o pagamento da internação, subverte a lógica das facilidades, apresentando empecilhos para que o internado saia de suas dependências. "Na prática, a internação – ainda que inicialmente anunciada como voluntária – pode assim vir a ser caracterizada como privação de liberdade, dado que a pessoa perde o poder de decisão de encerrar o tratamento (…)"[12].

Já em outro estudo, de alcance mais global, publicado na *British Medical Journal*, pesquisadores salientaram que as internações involuntárias são um contrassenso, já que a taxa de reincidência e recaídas gira em torno de 90% em países cuja legislação permite a condução involuntária de usuários de drogas, ao passo que chamam a atenção para a pouquíssima quantidade de dados disponíveis sobre essa modalidade de internação[13].

Diante disso, em que pese não ser possível, por ora, aferir o número exato de internados em âmbito nacional, os dados obtidos nas pesquisas brasileiras, compatíveis com os achados internacionais, já permitem ponderar sobre a ineficácia das internações involuntárias no que tange ao abandono do uso de *crack*.

Constatou-se que entre 2% e 13% dos internados nessa modalidade abandona, efetivamente, o uso da droga[14], o que permite inferir que as taxas de reincidência e recaídas são altíssimas. Impõe-se, de conseguinte, o questionamento sobre se todo

---

11. Conselho Federal de Psicologia. *Relatório da inspeção…, op. cit.*
12. Conselho Federal de Psicologia. *Relatório da inspeção…, op. cit.*
13. LUNZE, Karsten. GOLICHENKO, Mikhail. KAMARULZAMAN, Adeeba. Mandatory addiction treatment for people who use drugs: global health and human rights analysis. *British Medical Journal*, v. 353, jun, 2016. p. 1-5.
14. *Cf.*: PEDROSO, Rosemeri. *Trajetória do usuário de crack internado e seguimento de uma coorte retrospectiva e prospectiva*. [Tese de Doutorado]. Universidade Federal do Rio Grande do Sul, Faculdade de Medicina, Programa de Pós-Graduação em Psiquiatria.

esse investimento maciço em ampliação das internações involuntárias sequer guarda correlação com o grau de eficácia do modelo de tratamento proposto.

Quando iniciei a pesquisa para a tese, já suspeitando da ineficiência de tal modelo de intervenção, considerava surpreendente que ele pudesse ser alçado ao rol de política pública. Esse fato sempre foi, para mim, um contrassenso, um verdadeiro oxímoro político, ainda mais tendo em mente os mais de 50 anos do histórico dos movimentos de luta antimanicomial no Brasil. Parecia-me inadmissível pensar que, mesmo após o desvelar das estruturas holocáusticas[15] dos manicômios brasileiros, a internação involuntária voltava a ser uma política estruturante da saúde e da segurança do Brasil.

Ao deslocar meu olhar para as minúcias desse sistema de circulação de condições precárias, embora o espanto não tenha diminuído, deixou de se afigurar surpreendente que o poder público investisse de forma expressiva em políticas de internação involuntária dos usuários de *crack*, porque pude, enfim, perceber a confluência entre essas e o necropoder.

Ressalto que considero importante haver modelos de tratamento e acolhimento de usuários de drogas que, por diversos motivos, encontram-se em meio ao desenvolvimento de vínculos prejudiciais com a substância. Aparelhos multidisciplinares de acolhimento psicossocial, de terapêuticas que caminham em conjunto com direitos fundamentais e que são mediados pela RD, por exemplo, parecem soluções provisórias adequadas ao endereçamento do tema.

Todavia, para além de postular a mera ampliação de modelos que despontam como mais adequados, aposto na necessidade de reformulação radical do conceito de saúde pública, que é pautado por vieses racistas e de segregação socioespacial.

As internações involuntárias não são uma abordagem recente. Já no século XIX, veem-se registros da adoção da medida, inclusive no direito. Na época, despontou, na França, em meio à consolidação do saber-poder psiquiátrico, a internação *ex-officio*[16], consistente na internação de algum alienado, a pedido de ente da Administração Pública em estabelecimento especializado de saúde, supostamente apto a receber e curar o doente. A designação *ex-officio* decorre do fato de se tratar de decisão prefeitoral, lastreada por atestados médicos que indicavam a necessidade de tal medida, os quais, por sua vez, tinham caráter meramente opinativo, já que o poder regional não estava vinculado ao parecer medido, podendo-se livre-convencer da necessidade ou desnecessidade da internação.

A internação *ex-officio* é particularmente interessante, por levar em consideração, como critério para a internação involuntária, o que acabei de mencionar em seções anteriores: a qualificação do indivíduo como perigoso e perturbador da ordem. Nesse sentido, "a internação deve ser, diz o texto, uma internação motivada pelo estado de

---

15. ARBEX, Daniela. *Holocausto brasileiro*: vida, genocídio e 60 mil mortos no maior hospício do Brasil. 1. ed. São Paulo: Intrínseca, 2019.
16. FOUCAULT. *Os anormais: curso...*, op. cit.

alienação de um indivíduo, mas deve ser uma alienação capaz de comprometer a ordem e a segurança públicas"[17].

Do século XIX até a contemporaneidade, certamente, o status das internações involuntárias foi objeto de inúmeras alterações. Há, inclusive, leituras mais otimistas sobre a questão, que chegam a apontar uma tendência de abandono de práticas manicomiais no tratamento da saúde mental, especialmente aquelas voltadas ao uso prejudicial de drogas.

Ao longo da tese, utilizei, de forma proposital, palavras como *trama, costura, enredamento*. O que quis suscitar, ao recorrer a tais locuções, é a ideia de que há vários fios que se entrecruzam e se interligam, maquinando, por meio do tear ou do coser, uma estrutura carregada de texturas e irregularidades. Também, um arranjo que se destaca para além dos fios entrecruzados, adquirindo um sentido próprio. Algo bastante próximo à ideia de rizoma., um complexo sistema polimorfo e horizontal, sem uma única direção e com uma multiplicidade de conexões, pontos de encontro, linhas e cruzamentos heterogêneos[18].

Sem perder *o fio da meada*, agora passo a enredar tudo o que trouxe nesta tese. Se há uma pletora de alterações no status das internações involuntárias de usuário de *crack* ao longo do tempo, tais alterações não apresentam-se, por tudo outrora mencionado, um contínuo regular. Parece-me, noutro sentido, que há um emaranhado de relações que ora são suscitadas, ora são suprimidas.

Suscitar e suprimir reiteradamente são atos que não se assemelham, assim, à lógica linear. Antes, guardam relação muito mais próxima com a ideia de *circulação*, ou, *movimento*. Esses substantivos, ao serem deslocados para a sua condição de verbo, trazem consigo a ideia de uma passagem motivada de um estado a outro. Movimentar e circular conectam-se à noção de imprimir animação de um ponto ao outro, para, então, retornar a ele.

O que estaria em movimento, então, na relação entre internações involuntárias e uso de *crack*?

O percurso que trilhei me aponta para a seguinte direção: com a força motriz necropolítica, as internações involuntárias de usuários de *crack* fazem circular a condição precária distribuída de forma diferencial.

Nessa circulação, as trajetórias de vida pessoais dos usuários de crack são aglutinadas uniformemente por meio de um enquadramento que permite com que esses *tão* diversos sujeitos sejam apreendidos pelas lentes do perigo, da normalização e da abjeção. Nesse momento, todas as narrativas tradicionais sobre o uso de *crack* vêm à tona, fazendo do pânico moral uma morada constante, que dá à imagem do usuário e da própria droga a aparência de se tratar de conceitos aprioristicamente acessíveis quando, na verdade, a

---

17. FOUCAULT. *Os anormais: curso...*, op. cit., p. 120.
18. DELEUZE, Gilles. GUATTARI, Felix. *Mil platôs: capitalismo...*, op. cit.

função que assumem nada mais é que uma ilação sobre quem é usuário de *crack* e sobre o que deve ser feito com o perigo que ele representa.

Essa ilação, que se reproduz no imaginário social sob a forma de uma verdade pré-constituída, e é constantemente corroborada por usos midiáticos, políticos e ideológicos, faz irromperem formas violentas de intervenção, como as internações involuntárias, que não necessariamente decorrem de suas (in)eficácias, suas (i)legalidades ou mesmo suas (des)necessidades, mormente porque, como demonstrei, a tão propalada *epidemia* de *crack* não existe enquanto fenômeno real, a justificar investimentos na casa de bilhões de reais anuais no combate a uma droga que se destacada das demais por motivos desarrazoados.

Ao revés, esse destaque que se atribui ao *crack* possui lastro em dois elementos que me fizeram ver, na chave de leitura da necropolítica e nos corpos de extração, uma pista. O caráter racializado dos sujeitos que se encontram em territórios como as cracolândias já foi objeto de discussão neste trabalho, e creio ter sido demonstrado. Sobre um cenário composto, em cerca de 80%, por pessoas que não são brancas, o necro-olhar faz emergir, devido à construção política e moral do ocidente, a sensação de que aqueles corpos de extração estão à vista, à espera da captura, que se efetiva através de uma forma de poder que torna a exceção à regra. Que, por meio de uma violência molecular, que sutura e satura relações e direciona a zona de inimizade àqueles tornados fungíveis.

Pode-se, destarte, matar e expor à morte, que, antes de ser uma noção biológica, aqui, é um fenômeno que permeia a condição desses seres de extração. Deixar morrer ou fazer morrer, portanto, na moldura do *crack*, significa expor a toda sorte de políticas que conduzem para que o viés racializado opere e faça com que essas pessoas somente ocupem um círculo: o de condições precárias circulares. Condições que perpetuam um constante viver na dor.

Constância e circularidade da precariedade, portanto, são os enquadramentos que vejo como possíveis para que se sustentem, até hoje e com tantas evidências em sentido contrário, as internações involuntárias de usuários de *crack*. Continuidade, ainda, de outros modos de circulação dessa condição precária, já que a extrema correlação entre os perfis dos usuários de *crack* apreendidos em cracolândias e a população carcerária brasileira, mencionada anteriormente, também é outro fio dessa trama que ora tento desembolar.

As relações de poder, múltiplas e frequentemente sobrepostas, podem operar em conjunto. Tanto o controle pela vida quanto a subjugação pela morte não são figuras excludentes, e despontam como efetivamente complementares. As prisões, os manicômios judiciários, os centros de atenção psicossocial para álcool e outras drogas, as CTs, cada um da sua forma, compõem uma trama em constante mobilidade. Dentro dessa lógica, dizer que "cada uma dessas instituições são [instituições] totais" é perder de vista a importância da circulação para que todas elas operem – cada uma à sua maneira, mas todas elas em conjunto.

A relação entre essas instâncias repressivas, punitivas ou normalizadoras reside, em meu entender, justamente em sua porosidade e na comunicação que elas mantêm umas com as outras. Assim, essas instituições são espaços

> matizados, recortados, fragmentados, com degraus e curvas, diferenças de níveis, zonas mais claras ou mais escuras, regiões mais quentes ou mais frias, mais ou menos fétidas, áreas mais silenciosas ou celas de onde emanam apenas gritos[19].

O fluxo interinstituições ocorre com esses corpos de extração. Por isso, muitos usuários de *crack* possuem passagem pelo sistema de justiça criminal; por isso, os manicômios judiciais são povoados por usuários de drogas; também devido a isso, o perfil racial e socioeconômico dos usuários é coincidente com o da população carcerária, e é tudo isso que faz emergir, no imaginário coletivo, a sensação de profundo pavor que abre espaço para que se justifique as internações involuntárias.

A (des)qualificação aglutina e arrasta. Em contexto no qual a própria autonomia pouco vale como critério para a autorização da condução involuntária de pessoas, o movimento que perpassa essas internações é um constante ir e vir. Sair e voltar das cracolândias para, então, sair e voltar das internações involuntárias para, em sequência, sair e voltar ao sistema de justiça criminal, sempre pendulares em seus trânsitos, sempre sendo extraídos de si.

Opto por encerrar propondo essa moldura, esse enquadramento. Um enquadramento que, naturalmente, deixa de dar visibilidade a um vasto horizonte de figuras possíveis de serem retratadas. E que, contudo, apresenta a visibilidade daqueles que, por inúmeros olhares, são forjados invisíveis.

Cada tempo traz seus desafios, decerto. Os nossos, o nosso tempo e o nosso agora, não são diferentes. Em meio a quase 1 milhão de corpos mortos da Covid-19, quase 1 milhão de corpos encarcerados, tantos milhares de outros mortos anualmente pelas forças de segurança, o genocídio do que ainda resiste de povos indígenas, o desaparecimento e morte de pessoas LGBTQIA+, o assassinato de pesquisadores, ativistas e políticos, o extermínio de animais – humanos e não humanos – e do meio ambiente soterrado pelas pegadas das boiadas, enfim, em meio a um cenário que mobiliza muita coisa, mas acima de tudo e de todos, as nossas tristezas coletivas, que possamos, também, nos enlutar pelos que são tomados pelas políticas de *crack*.

---

19. MALLART. *Findas linhas: circulações...*, op. cit., p. 225.

EPÍLOGO

"E compreendo melhor porque eu sentia tanta dificuldade em começar, há pouco. Sei bem, agora, qual era a voz que eu gostaria que me precedesse, me carregasse, me convidasse a falar e habitasse meu próprio discurso. Sei o que havia de tão temível em tomar a palavra, pois eu a tomava neste lugar de onde o ouvi e onde ele não mais está para escutar-me"[20].

"Zézim, remexa na memória, na infância, nos sonhos, nas tesões, nos fracassos, nas mágoas, nos delírios mais alucinados, nas esperanças mais descabidas, na fantasia mais desgalopada, nas vontades mais homicidas, no mais aparentemente inconfessável, nas culpas mais terríveis, nos lirismos mais idiotas, na confusão mais generalizada, no fundo do poço sem fundo do inconsciente: é lá que está o seu texto. Sobretudo, não se angustie procurando-o: ele vem até você, quando você e ele estiverem prontos. Cada um tem seus processos, você precisa entender os seus"[21].

---

20. FOUCAULT. *A ordem do...*, op. cit., p. 74.
21. ABREU, Caio Fernando. *Carta a José Marcio Penido*. Disponível em: <https://www.terapiadapalavra.com.br/carta-a-jose-marcio-penido-caio-fernando-abreu/>. Acesso em: 27 jul. 2022.

REFERÊNCIAS BIBLIOGRÁFICAS

ABRAMOVAY, Pedro. Por que é tão difícil falar sobre drogas? In: ACSELRAD, Gilberta (Org.). *Quem tem medo de falar sobre drogas?* Rio de Janeiro: Editora FGV, 2015.

ABREU, Caio Fernando. *Carta a José Marcio Penido.* Disponível em: <https://www.terapiadapalavra.com.br/carta-a-jose-marcio-penido-caio-fernando-abreu/>.

AGAMBEN, Giorgio. *Homo sacer*: o poder soberano e a vida nua I. Belo Horizonte: Editora UFMG, 2002.

AGAR, Michael. The story of crack: towards a theory of illicit drug trends. *Addiction Research and Theory*, v. 11, n. 1, 2003. p. 3-29.

ALMEIDA, Magali da Silva. Desumanização da população negra: genocídio como princípio tácito do capitalismo. *Em pauta*, Rio de Janeiro, n. 34, v. 12, 2014. p. 131-154.

ALVES, Ygor. PEREIRA, Pedro. A controvérsia em torno da internação involuntária de usuários de crack. *Revista Sociedade e Estado*, v. 34, n. 2, maio/ago. 2019.

AMARANTE, Paulo. NUNES, Mônica. A reforma psiquiátrica no SUS e a luta por uma sociedade sem manicômios. *Ciência e saúde coletiva*, v. 25, n. 6, 2018. p. 2068.

ARBEX, Daniela. *Holocausto brasileiro:* vida, genocídio e 60 mil mortos no maior hospício do Brasil. 1. ed. São Paulo: Intrínseca, 2019.

ATSUSHI, Iriki. SAKURA, Osamu. The neuroscience of primate intellectual evolution: natural selection and passive and intentional niche construction. *Philosophical Transactions of the Royal Society B*: Biological Sciences. v. 363, n. 1500, 2008. p. 2229-2241.

AUSTIN, John. *How to do thing with words*: the William James Lectures delivered at Harvard University in 1955. Oxford: Oxford University Press, 1995.

BASTOS, Francisco. BERTONI, Neilane. *Pesquisa nacional sobre o uso de crack*: quem são os usuários de crack e/ou similares do Brasil? Quantos são nas capitais brasileiras? Rio de Janeiro: Lis/Icict/Fiocruz, 2014.

BATISTA, Nilo. Política criminal com derramamento de sangue. *Revista Brasileira de Ciências Criminais,* v. 5, n. 5, 1997. p. 129-146.

BOITEUX, Luciana. PÁDUA, João Pedro. *Respuestas estatales al consumidor de drogas ilícitas en Brasil*: un análisis crítico de las políticas públicas (penales y civiles) para los consumidores. Academia.edu, 2014. Disponível em: <https://www.academia.edu/7376141/Respuestas_Estatales_al_Consumidor_de_Drogas_Il%C3%ADcitas_en_Brasil_un_Análisis_Cr%C3%ADtico_de_las_Pol%C3%ADticas_Públicas_Penales_y_Civiles_para_los_Consumidores_2014_>.

BRASIL. Departamento Penitenciário Nacional e Fórum Brasileiro de Segurança Pública. Ministério da Justiça. *Infopen*: Levantamento Nacional de Informações Penitenciárias. Disponível em: <https://dados.gov.br/dataset/infopen-levantamento-nacional-de-informacoes-penitenciarias1>.

_____. Departamento Penitenciário Nacional e Fórum Brasileiro de Segurança Pública. Ministério da Justiça. *Infopen*: Levantamento Nacional de Informações Penitenciárias. Disponível em: <https://dados.gov.br/dataset/infopen-levantamento-nacional-de-informacoes-penitenciarias1>.

_____. Observatório Crack é Possível Vencer. *Relatório sobre Comunidades Terapêuticas* – 2014. Disponível em: <http://www.brasil.gov.br/observatoriocrack/cuidado/comunidades-terapeuticas.html>.

_____. Tribunal de Justiça de Minas Gerais. Apelação cível AC 5126844-05.2017.8.13.0024 MG. *Órgão Julgador*: 4ª Câmara Cível. Belo Horizonte, 11 mar. 2021.

_____. Tribunal de Justiça de Minas Gerais. Apelação cível AC 0056428-32.2014.8.13.0112 Campo Belo. *Órgão Julgador*: 4ª Câmara Cível. Belo Horizonte, 11 mar. 2021.

BROWN, Wendy. *Undoing the demos*: neoliberalism's stealth revolution. Nova Iorque: Zone Books, 2015.

BRUCK, Mozahir. *O jornalismo diante de novos cenários sociais*: a imprensa e o surgimento da Aids e do crack. São Paulo: Intermeios, 2015.

BUTLER Judith. *Vida precária*: os poderes do luto e da violência. São Paulo: Autêntica, 2019.

_____. *Quadros de guerra*: quando a vida é passível de luto? 4. ed. Trad. Sergio Lamarão e Arnaldo Marques da Cunha. Rio de Janeiro: Civilização Brasileira, 2018.

CAMPOS, Marcelo. ALVAREZ, Marcos. Pela metade: implicações do dispositivo médico-criminal da "Nova" Lei de Drogas na cidade de São Paulo. *Tempo Social – Revista de Sociologia da USP*, v. 29, n. 2. p. 45-73.

CARNEIRO, Henrique. Autonomia ou heteronomia nos estados alterados de consciência. In: LABATE, Beatriz *et al*. *Drogas e cultura*: novas perspectivas. Salvador: EDUFBA, 2008.

_____. *Drogas*: a história do proibicionismo. São Paulo: Autonomia Literária, 2019.

CARVALHO, Salo. *A política criminal de drogas no Brasil*. 7. ed. São Paulo: Saraiva, 2014.

CENTELHA. *Ruptura*. São Paulo: n-1 edições, 2019.

CENTRADEQ-CREDEQ, um pesadelo financiado pelo estado. *The Intercept Brasil*. YouTube. 8 abr. 2019. Disponível e: <https://www.youtube.com/watch?v=cT7_QBVj_iw&feature=emb_logo>. Acesso em: 31 mar. 2021.

CONSELHO FEDERAL DE PSICOLOGIA. *Relatório da inspeção nacional em comunidades terapêuticas*. Mecanismo Nacional de Prevenção e Combate à Tortura. Procuradoria Federal dos Direitos do Cidadão. Ministério Público Federal. Brasília: CFP, 2018. Disponível em: <https://site.cfp.org.br/publicacao/relatorio-da-inspecao-nacional-em-comunidades-terapeuticas/>. Acesso em: 04 mar. 2021.

COSTA, Jurandir Freire. *História da psiquiatria no Brasil*. 5. ed. Rio de Janeiro: Garamond, 2007.

COURTWRIGHT, David. *Forces of habit*: drugs and the making of the modern world. Cambridge: Harvard University Press, 2002.

CRIOLO. Casa de papelão. *Convoque seu Buda*. São Paulo: Oloko Records, 2014. Disponível em: <https://open.spotify.com/track/6gfEwOVH4VlQ6xVTLmq6IS?si=415b4b2f624c48f5>.

DA SILVA, Thaise *et al*. Perfil de internações hospitalares em unidade psiquiátrica de um hospital geral. *Revista Mineira de Enfermagem*, v. 18, n. 3, jul.-set. 2011. p. 652-659.

DA SILVEIRA, Nise. *Uma mulher à frente do seu tempo* [Exposição]. Rio de Janeiro: Centro Cultural Banco do Brasil, 2022.

DAMAS, Fernando Balvedi. Comunidades terapêuticas no Brasil: expansão, institucionalização e relevância social. *Revista de Saúde Pública*, n. 6, v. 1, 2013.

DATAFOLHA. Maioria dos paulistanos aprova ações na Cracolândia. *Data Folha Instituto de Pesquisas*, 05 jun. 2017. Disponível em: <http://datafolha.folha.uol.com.br/opiniaopublica/2017/06/1890337-maioria-dos-paulistanos-%20aprova-acoes-na-cracolandia.shtml>.

DAVIS, Angela. *A liberdade é uma luta constante*. São Paulo: Boitempo, 2018.

DE HOLLANDA, Chico Buarque. *Funeral de um lavrador*. Chico Buarque de Hollanda, v. 3. Rio de Janeiro: Som Livre, 1968. Disponível em: <https://open.spotify.com/track/0BqrxdNuiFLTXRJ4br1EOh?si=2ad609bb79284fba>.

DE SALA para uso de drogas a 'tolerância zero': como cidades lidaram com 'cracolândias' pelo mundo. *G1* por BBC, 13 jun 2022. Disponível em: <https://g1.globo.com/sp/sao-paulo/noticia/2022/06/13/de-sala-para-uso-de-drogas-a-tolerancia-zero-como-cidades-lidaram-com-cracolandias-pelo-mundo.ghtml>. Acesso em 14 jun 2022.

DELEUZE, Gilles; GUATTARI, Felix. *Mil platôs*: capitalismo e esquizofrenia 2. São Paulo: Editora 34, 2011. v. 1.

DERRIDA, Jacques. Signature, event, context. In: *Margins of pfilosophy*. The University of Chicago Press, 1982. Disponível em: <http://hemi.nyu.edu/course-nyu/advanced/materials/text/derrida.html>.

DINIZ, Débora. *A custódia e o tratamento psiquiátrico no Brasil:* censo 2011. Brasília: Editora UnB, 2013.

DOMANICO, Andrea. *Craqueiros e cracados*: bem vindo ao mundo dos noias! Estudo sobre a implementação de estratégias de redução de danos para usuários de crack nos cinco projetos-piloto do Brasil – [Tese de doutorado] – Universidade Federal da Bahia; 2006.

DOS SANTOS, Maria Paula. PIRES, Roberto. Políticas de cuidado a usuários de álcool e outras drogas no Brasil: evolução história e desafios de implementação. In: PIRES, Roberto. DOS SANTOS, Maria Paula (orgs.). *Alternativas de cuidado a usuários de drogas na América Latina*: desafios e possibilidades de ação pública. Brasília: IPEA; CEPAL, 2021.

ELIAS, Norbert. *O processo civilizador*. São Paulo: Zahar Editores, 1990. p. 238-242.

EMICIDA. Mandume. *Sobre Crianças, Quadris, Pesadelos e Lições de Casa...* São Paulo: Laboratório Fantásma, 2015. Disponível em: <https://open.spotify.com/track/7JEFQNPdF5yUePOuTAG-5fs?si=2a85e0b810674991>.

ESCOHOTADO, António. *Las drogas*: de los orígenes a la prohibición. Madrid: Alianza, 1994.

_____. *Historia general de las drogas*: incluyendo el apéndice Fenomenología de las drogas. Madri: Editorial Espasa Calpe, 1998.

FERNANDES, Diego *et al*. *Perfil das internações compulsórias segundo o sexo e o diagnóstico clínico em pacientes internados no Instituto de Psiquiatria do Estado de Santa Catarina*. Medicina-Pedra Branca, 2020.

FIORE, Maurício. *Uso de drogas*: controvérsias médicas e debate público. São Paulo: Mercado das Letras, 2006.

_____. O lugar do Estado na questão das drogas: o paradigma proibicionista e as alternativas. *Novos Estudos – CEBRAP*, v. 92, 2012.

_____. *Substâncias, sujeitos e eventos*: uma autoetnografia sobre uso de drogas. Rio de Janeiro: Telha, 2020.

FLORIDI, Luciano. The informational nature of personal identity. In: *Minds and machines,* v. 21, 2011. p. 549-566.

FOLHA de São Paulo. Dispersão da cracolândia aumenta apoio a ações violentas, dizem estudiosos. *Folha de S. Paulo*, 8 jul. 2022. Disponível em: <https://www1.folha.uol.com.br/cotidiano/2022/07/dispersao-da-cracolandia-aumenta-apoio-a-acoes-violentas-dizem-especialistas.shtml>.

FOUCAULT, Michel. *O nascimento da clínica*. 1. ed. Rio de Janeiro: Editora Forense Universitária, 1977.

_____. *Em defesa da sociedade*: curso no Collège de France (1975-1976). 2.ed. São Paulo: Editora WMF Martins Fontes, 2010.

_____. *O governo de si e dos outros*. 1. ed. São Paulo: WMF Martins Fontes, 2010.

_____. *Os anormais*: curso no Collège de France. São Paulo: Editora WMF Martins Fontes, 2010.

_____. *Em defesa da sociedade*: curso no Collège de France (1975-1976). 2. ed. São Paulo: Editora WMF Martins Fontes, 2010.

_____. *Ditos e escritos*: volume V: ética, sexualidade, política. 3. ed. Rio de Janeiro: Forense Universitária, 2012.

_____. *A ordem do discurso*: aula inaugural no Collège de France, pronunciada em 2 de dezembro de 1970. 24. ed. São Paulo: Edições Loyola, 2014.

_____. *História da sexualidade I*: a vontade de saber. Trad. Maria Thereza Albuquerque e J. A. Guilhon Albuquerque. 4. ed. Rio de Janeiro/São Paulo: Paz e Terra, 2017.

_____. *Microfísica do poder*. 5. ed. Rio de Janeiro: Paz e Terra, 2017.

FRACASSO, Laura. Características da comunidade terapêutica. In: FEDERAÇÃO BRASILEIRA DE COMUNIDADES TERAPÊUTICAS. *Drogas e álcool:* prevenção e tratamento. Campinas: Komedi, 2012.

FRÚGOLI JÚNIOR, Heitor; CAVALCANTI, Mariana. Territorialidades da(s) cracolândia(s) em São Paulo e no Rio de Janeiro. *Anuário Antropológico*, v. 38, 2013.

_____, Heitor. SKLAIR, Jessica. O bairro da Luz em São Paulo: questões antropológicas sobre o fenômeno da gentrificação. *Cuadernos de Antropologia Social,* UBA, n. 30, 2009.

FUKUSHIMA, André et al. Purity and adulterant analysis of crack seizures in Brazil. *Forensic Science International*, v. 243, 2014. p. 95.

GARCIA, Mariana. Uso problemático do crack e a classe média. In: SOUZA, Jessé (org.). *Crack e exclusão social*. Brasília: Ministério da Justiça e Cidadania, Secretaria Nacional de Política sobre Drogas, 2016.

GARLAND, David. As contradições da "sociedade punitiva": o caso britânico. *Discursos sediciosos n. 11*. Rio de Janeiro: Revan, 2003.

GOFFMAN, Erving. *Manicômios, prisões e conventos*. 8. ed. São Paulo: Perspectiva, 2010.

GOODMAN, Jordan. LOVEJOY, Paul. SHERRATT, Andrew. *Consuming habits*: drugs in history and anthropology. Londres: Routledge, 1995.

HALE, Sandra. *The discourse of Court Interpreting*: discourse practices of the Law, the Witness and the Interpreter. New York: John Benjamins, 2004.

HARAWAY, Donna. Saberes localizados: a questão da ciência para o feminismo e o privilégio da perspectiva parcial. *Cadernos Pagu*, v. 5, 1995.

HARDT, Michael. NEGRI, Antonio. *Empire*. Massachusetts: Harvard University Press, 2000.

_____. NEGRI, Antonio. *Multitude*: war and democracy in the age of Empire. Nova Iorque: Penguin Publishers, 2004.

HART, Carl. *Um preço muito alto*: a jornada de um neurocientista que desafia nossa visão sobre as drogas. 1. ed. Rio de Janeiro: Zahar, 2014.

HIMMELSTEIN, Jerome. How the mass media use numbers to tell a story: the case of the crack scare of 1986. *Numeracy*. Advancing Education in Quantitative Literacy, University of South Florida, v. 7, n. 1, 2014.

HIRDES, Alice. *A reforma psiquiátrica no Brasil*: uma (re)visão. *Ciência e saúde coletiva*, v. 14, n. 1, 2009.

hooks, bell. *Ensinando a transgredir*: a educação como prática da liberdade. São Paulo: Editora WMF Martins Fontes, 2013.

INCIARDI, James. MCELRATH, Karen. *The American drug scene:* readings in a global context. Oxford: Oxford University Press, 2014.

KARAM, Maria Lucia. *Crack*: obrigatório x contraditório, processos de tratamento e compulsoriedade. *I Simpósio Sul-Americano de políticas sobre drogas*: crack e cenários urbanos. 2010. p. 4. Disponível em: <https://docplayer.com.br/55471589-Crack-obrigatorio-x-contraditorio-processos-de--tratamento-e-compulsoriedade-maria-lucia-karam.html>.

KIEFER, Sandra. Viciado em crack vaga há quatro anos pelo Bairro Lagoinha, em BH. *Estado de Minas*, 12 ago. 2015. Disponível em: <https://www.em.com.br/app/noticia/gerais/2015/08/12/interna_gerais,434005/viciado-em-crack-vaga-ha-quatro-anos-pelo-bairro-lagoinha-em-bh.shtml>.

LABROUSSE, Alain. *Geopolítica das drogas*. São Paulo: Desatino, 2010.

LARANJEIRA, Ronaldo. Crack: como acabar com essa epidemia que devasta o país. *Veja*, 30 jul. 2020. Disponível em: <https://veja.abril.com.br/coluna/letra-de-medico/crack-como-acabar-com-essa-epidemia-que-devasta-o-pais/>.

LATOUR, Bruno. *Reassembling the social*: an introduction to actor-network-theory. Nova Iorque: Oxford University Press, 2005.

LEVY, Clarissa. FERRAZ, Thais. Clínica antidrogas tinha solitária, trabalho forçado e ameaças. Tudo pago pelo governo. *The Intercept Brasil*, 10 mar. 2019. Disponível em: <https://theintercept.com/2019/03/10/tratamento-drogas-governo/>.

_____. FERRAZ, Thais. Quem ganha com a nova lei de drogas não são os dependentes químicos — são os donos de clínicas. *The Intercept Brasil*, 17 maio 2019. Disponível em: <https://theintercept.com/2019/05/16/nova-lei-drogas-donos-clinicas/>.

LEVY, Neil. *Addiction and self-control*: perspectives from philosophy, psychology and neuroscience. Oxford: Oxford University Press, 2014.

LOPES, Marcela. RENA, Natacha. DE SÁ, Ana Isabel. Método cartográfico Indisciplinar: da topologia à topografia do rizoma. *V!RUS*, São Carlos, n. 19, 2019 [online], p. 3. Disponível em: <http://www.nomads.usp.br/virus/_virus19/?sec=4&item=6&lang=pt>.

LUNZE, Karsten. GOLICHENKO, Mikhail. KAMARULZAMAN, Adeeba. Mandatory addiction treatment for people who use drugs: global health and human rights analysis. *British Medical Journal*, v. 353, 06 jun. 2016-12 jun. 2016. p. 1-5.

MACHADO, Roberto et al. *Danação da norma*: a medicina social e constituição da psiquiatria no Brasil. Rio de Janeiro: Graal, 1978.

MACRAE, Edward. TAVARES, Luiz. NUÑEZ, Maria (orgs.). *Crack*: contextos, padrões e propósitos de uso. Salvador: EDUFBA, 2013. E-book Kindle.

MALLART, Fabio. *Findas linhas*: circulações e confinamentos pelos subterrâneos de São Paulo. [Tese de Doutorado]. Faculdade de Filosofia, Letras e Ciências Humanas da Universidade de São Paulo. 2019.

MANIFESTO de Bauru. Disponível em: <https://site.cfp.org.br/wp-content/uploads/2017/05/manifesto-de-bauru.pdf>.

MARQUES, Ana. MÂNGIA, Elisabete. A construção dos conceitos de uso nocivo ou prejudicial e dependência de álcool: considerações para o campo de atenção e cuidado à saúde. *Revista de Terapia Ocupacional da Universidade de São Paulo*, v. 21, n. 1, jan./abr. 2010. p. 10-14.

MATOS, Andityas. COLLADO, Francis. *Para além da biopolítica*. São Paulo: sobinfluencia edições, 2021.

MBEMBE, Achille. *Crítica da razão negra*. São Paulo: n-1 edições, 2018.

_____. *Necropolítica*: biopoder, soberania, estado de exceção, política de morte. Trad. Renata Santini. Rio de Janeiro: n-1 edições, 2018.

MONTESANTI, Beatriz. Internação involuntária, abstinência: entenda a nova política de drogas. *UOL*, 30 jun. 2019. Disponível em: <https://noticias.uol.com.br/saude/ultimas-noticias/redacao/2019/06/30/internacao-involuntaria-abstinencia-entenda-a-nova-politica-de-drogas.htm>.

MÜLLER-LAUTER, Wolfgang. *Nietzsche*: sua filosofia dos antagonismos e os antagonismos de sua filosofia. São Paulo: Editora Unifesp, 2011.

NAPPO, Solange. *Comportamento de risco de mulheres usuárias de crack em relação às DST/AIDS*. São Paulo: CEBRID, 2004. Disponível em: <https://www.cebrid.com.br/wp-content/uploads/2011/10/Comportamento-de-Risco-de-Mulheres-Usuárias-de-Crack-em-Relação-às-DST-AIDS-2004.pdf>.

NASSER CURY, Carolina Maria. A produção de sujeitos despessoalizados: narrativas de imprensa e a construção da imagem do usuário de crack pela mídia. In: RENA, Natacha; FREITAS, Daniel; SÁ, Ana Isabel; BRANDÃO, Marcela (org.). *I Seminário Internacional Urbanismo Biopolítico*. 1. ed. Belo Horizonte: Fluxos, 2018. p. 98-122.

_____. RIBEIRO, Natasha Burrell. Em qualquer parte, de qualquer maneira: necropolítica, neoliberalismo e os corpos rentáveis do crack. In: Natacha Rena; Marcela Brandão; Daniel Medeiros; Isabel de Sá. (Org.). *Urbanismo Biopolítico*. 1. ed. Belo Horizonte: Agência de Iniciativas Cidadãs, 2021, v. 1, p. 335-372.

_____. STANCIOLI, Brunello. *Para além das espécies*: o status jurídico dos animais. Belo Horizonte: Del Rey, 2020.

NATIONAL Survey on Drug Use and Health. Disponível em: <https://nsduhweb.rti.org/respweb/about_nsduh.html>.

NASSAR, Raduan. *Lavoura arcaica*. 3. ed. São Paulo: Companhia das Letras, 2004.

NUTT, David. *Drugs*: without the hot air. Cambridge: UIT, 2012.

OLIVEIRA, Maria et al. Perfil sociodemográfico e clínico de pacientes em internações psiquiátricas voluntárias e involuntárias. *Revista Brasileira em Promoção da Saúde*, v. 24, n. 4, out.-dez., 2011. p. 361-366.

OLIVEIRA, Susan. BITENCOURT, Gabriela. NASSER, Carolina. RENA, Natacha. Territórios, movimentos populares e universidade: entrelaçando ensino, pesquisa e extensão na Pedreira Prado Lopes. *Revista Indisciplinar*, v. 5, n. 1, 2019. p. 62-89.

OOTENBERG, Paul (ed.). *Cocaine global history*. Londres: Routledge, 1999.

PARFIT, Derek. *Reasons and persons*. Oxford: Oxford University Press, 1984.

PASSETTI, Edson. *Das fumeries ao narcotráfico*. São Paulo: Educ, 1991.

PASSOS, Eduardo. SOUZA, Tadeu. Redução de danos e saúde pública: construções alternativas à política global de "guerra às drogas". *Psicologia e Sociedade*, v. 23, n. 1, 2011. p. 154-162.

PASSOS, Rachel. Frantz Fanon, reforma psiquiátrica e luta antimanicomial no Brasil: o que escapou nesse processo? *Sociedade em debate*, v. 25, n. 3, set./dez. 2019.

PEDROSO, Rosemeri Siqueira. *Trajetória do usuário de crack internado e seguimento de uma coorte retrospectiva e prospectiva* – [Tese de Doutorado] – Universidade Federal do Rio Grande do Sul, Programa de Pós-Graduação em Ciências Médicas, Porto Alegre, 2014.

PERLONGHER, Néstor. *O negócio do michê*: a prostituição viril. São Paulo: Brasiliense, 1987.

PESSOA, Fernando. *Poesia completa de Alberto Caeiro*. São Paulo: Companhia das Letras, 2005. E-book Kindle.

PFEIL, Flavia. Profissionais de saúde tratam, mas o que pensam sobre isso? In: ACSELRAD, Gilberta; KARAM, Maria Lúcia (org.). *Quem tem medo de falar sobre drogas?* Saber mais para se proteger. Rio de Janeiro: Editora FGV, 2015.

POLÍCIA Federal constata uso de três novos tipos de drogas. *Folha de S. Paulo*, São Paulo, 30 jul. 1986, Cidades, p. 15. Disponível no Arquivo Público Mineiro.

PONTES, Alexandre Kerr. MEZA, Ana Paula Santos. BICALHO, Pedro Paulo Gastalho de. Ciência e política das drogas: as controvérsias em torno das políticas de internação compulsória. *Estudos e Pesquisas em Psicologia*, v. 15, n. 4, Rio de Janeiro, 2015.

PONZIO, Julia. Linguistic violence and the "body to come": the performativity of hate speech in J. Derrida and J. Butler. *Semiotica*, De Gruyter Mouton, Berlin, v. 225, 2018.

PROCURADOR defende repressão contra o tráfico de crack e diz que muitos viciados estão 'condenados à morte'. *Jovem Pan*, São Paulo, 02 jun 2022. Disponível em: <https://jovempan.com.br/programas/panico/procurador-defende-repressao-contra-o-trafico-de-crack-e-diz-que-muitos-viciados-estao-condenados-a-morte.html>.

RACIONAIS MC'S. *Homem na estrada*. Raio X do Brasil. São Paulo: Racionais MC's, 1993. Disponível em: <https://open.spotify.com/track/10CaXTAohMFQeFWZGfnGyC?si=ffadb2eb5e154ce7>.

RAUPP, Luciene. *Circuitos de uso de crack nas cidades de São Paulo e Porto Alegre*: cotidiano, práticas e cuidado. Tese de doutorado apresentada ao Programa de Pós-Graduação em Saúde Pública da Universidade de São Paulo. São Paulo, 2011.

REAGAN, Nancy. REAGAN, Ronald. Pronunciamento à nação sobre a campanha contra o abuso de drogas. *CNN*. 1986. Disponível em: <https://www.youtube.com/watch?v=lQXgVM30mIY&t=14s>.

REDE JUSTIÇA CRIMINAL. *Sumário executivo das pesquisas sobre prisão provisória*. Disponível em: <http://www.soudapaz.org/upload/pdf/justi_a_rede_fasciculo1_perfil_preso_11_11_13.pdf>.

REINARMAN, Craig. LEVINE, Harry. The crack attack: America's latest drug scare, 1986-1992. In: BEST, Joel (org.). *Images of Issues*: typifying contemporary social problems. New York: De Gruyter, 1995.

RIBEIRO, Fernanda Mendes Lages. MINAYO, Maria Cecília de Souza. As comunidades terapêuticas religiosas na recuperação de dependentes de drogas: o caso de Manguinhos, RJ, Brasil. *Interface*, v. 19, n. 54, Botucatu, 2015.

RIO DE JANEIRO. Lei de Posturas da Cidade do Rio de Janeiro. Câmara Municipal do Rio de Janeiro, 1830. *Revista do Arquivo Geral da Cidade do Rio de Janeiro*. Disponível em: <http://www.rio.rj.gov.br/dlstatic/10112/4204432/4154908/revista_agcrj_n_9.pdf>.

ROBERTS, Julian. Public opinion, crime and criminal justice. TONRY, Michael (org.). *Crime and justice*: a review of research. Chicago: University of Chicago Press, 1992.

ROCHA, Maria Eduarda. DA SILVA, José Augusto. Pânico social e animalização do usuário: o crack na Folha de São Paulo. In: SOUZA, Jessé (org.). *Crack e exclusão social*. Brasília: Ministério da Justiça e Cidadania, Secretaria Nacional de Política sobre Drogas, 2016.

RODRIGUES, Thiago. Tráfico, guerra, proibição. In: LABATE, Beatriz *et al.* (orgs.). *Drogas e cultura*: novas perspectivas. Salvador: EDUFBA, 2008.

RUI, Taniele. *Nas tramas do crack*: etnografia da abjeção. São Paulo, Terceiro Nome, 2014. E-book Kindle.

SAFATLE, Vladimir. JUNIOR, Nelson. DUNKER, Christian (orgs.). *Neoliberalismo como gestão do sofrimento psíquico*. Belo Horizonte: Autêntica, 2020.

SAMORINI, Giorgio. *Animals and psychedelics*: the natural world and the instinct to alter consciousness. New York: Park Street Press, 2002.

SAPORI, Luis. SENA, Lúcia. DA SILVA, Bráulio Figueiredo Alves. A relação entre o comércio do crack e a violência urbana na Região Metropolitana de Belo Horizonte. In: SAPORI, Luis. MEDEIROS, Regina (org.). *Crack*: um desafio social. Belo Horizonte: ed. PUC-Minas, 2010. p. 38-80.

SASSINE, Vinícius. Governo multiplica investimento em comunidades terapêuticas de cunho religioso para atender usuários de drogas. *O Globo*, abr. 2019. Disponível em: <https://oglobo.globo.com/sociedade/governo-multiplica-investimento-em-comunidades-terapeuticas-de-cunho-religioso-para-atender-usuarios-de-drogas-23617574>.

SEIXAS, André. MOTA, André. ZIBREMAN, Mônica. A origem da Liga Brasileira de Higiene Mental e seu contexto histórico. *Revista de Psiquiatria do Rio Grande do Sul*, v. 31, n. 1, 2009.

SILVA, Marco Manso Cerqueira. O crack: uma pedra no caminho... as diferentes formas de uso do crack e sua relação com riscos e danos sociais e à saúde entre moradores do Areal da Ribeira. In: MACRAE, Edward *et al. Crack*: contextos, padrões e propósitos de uso. Salvador: EDUFBA, 2013. E-book Kindle.

SIMÕES, Julio Assis. Prefácio. In: LABATE, Beatriz *et al. Drogas e cultura*: novas perspectivas. Salvador: EDUFBA, 2008.

SMITH, Ryan. The plague among us: the drug crisis. *Newsweek*, n. 15, 16 jun. 1986. Disponível em: <www.ebsco.com>.

SOBRINHO, Wanderley. Lei da internação involuntária: higienismo social ou última chance de cura? *UOL*, 06 jun. 2019. Disponível em: <https://noticias.uol.com.br/saude/ultimas-noticias/redacao/2019/06/06/internacao-involuntaria-higienismo-social-ou-ultima-chance-de-cura.htm>.

SOUZA, Jessé (org.). *Crack e exclusão social.* Brasília: Ministério da Justiça e Cidadania, Secretaria Nacional de Política sobre Drogas, 2016.

STANCIOLI, Brunello. *Renúncia ao exercício de direitos da personalidade, ou, como alguém se torna o que quiser.* Belo Horizonte: D'Plácido, 2019.

STRANO, Rafael. *Crack*: política criminal e população vulnerável. Rio de Janeiro: Editora Revan, 2018.

STREATFEILD, Dominic. *Cocaine*: an unauthorised biography. Nova Iorque: Picador, 2003.

SZASZ, Thomas. *Nuestro derecho a las drogas.* Barcelona: Editora Anagrama, 1993.

THE Nation: The new public enemy number one. *TIME*, 1971. Disponível em: <https://content.time.com/time/subscriber/article/0,33009,905238,00.html>.

TV GLOBO. Nova operação da polícia na Cracolândia tem veículo blindado e atiradores de elite no centro de SP. *G1*, 27 maio 2022. Disponível em: <https://g1.globo.com/sp/sao-paulo/noticia/2022/05/27/policia-realiza-nova-operacao-na-cracolandia-nesta-sexta-em-sp.ghtml>.

U.S. Department of Health & Human Services (USDHHS). Substance Abuse and Mental Health Services Administration. *Drug Abuse Warning Network.* Disponível em <https://www.samhsa.gov/data/data-we-collect/dawn-drug-abuse-warning-network>.

UCHÔA, Marco. *Crack, o caminho das pedras.* São Paulo: Ática, 1996.

VAISSMAN, Magda.; RAMÔA, Marise.; SERRA, Artemis. Panorama do tratamento dos usuários de drogas no Rio de Janeiro. *Saúde em Debate*, Rio de Janeiro, v. 32. n. 78-79- 80, 2008. p. 121-132.

VARGAS, Annabelle. CAMPOS, Mauro. A trajetória das políticas de saúde mental e de álcool e outras drogas no século XX. *Ciência & Saúde Coletiva*, v. 24, n. 3, 2019.

VARGAS, Eduardo; SANCHIS, Pierre. *Entre a extensão e a intensidade*: corporalidade, subjetivização e uso de drogas. Programa de Pós Graduação em Antropologia (FAFICH). Tese de Doutorado. 2001.

_____. Fármacos e outros objetos sócio-técnicos: notas para uma genealogia das drogas. In: LABATE, Beatriz *et. al. Drogas e cultura*: novas perspectivas. Salvador: EDUFBA, 2008.

VELHO, Gilberto. Drogas, níveis de realidade e diversidade cultural. In: RIBEIRO, Maurides. SEIBEL, Sérgio (orgs.). *Drogas*: hegemonia do cinismo. São Paulo: Editora Memorial, 1997.

VIEIRA, Ariana. BRESSAN, Laís. GARCIA, Lêda. Perfil epidemiológico dos pacientes psiquiátricos internados involuntariamente em um hospital psiquiátrico do sul catarinense de 2012 a 2016. *Arquivos Catarinenses de Medicina*, v. 48, n. 3, 2019. p. 45-55.

WACQUANT, Loïc. O corpo, o gueto e o estado penal. (Entrevista concedida a Susana Durão). In: *Revista Etnográfica*, v. 12, n. 2, Lisboa, 2008.

_____. *Punir os pobres*: a nova gestão da miséria nos Estados Unidos. Rio de Janeiro: Editora Revan – Coleção Pensamento Criminológico, 2013.

WEBER, Max. *A ética protestante e o espírito do capitalismo.* 1. ed. São Paulo: Companhia das Letras, 2004.

ZALUAR, Alba. *Condomínio do diabo.* Rio de Janeiro: Revan: UFRJ, 1994.

ANEXO I

Linha do Tempo
Um entrelaçamento entre internações e crack

○ Movimentações do Executivo   ○ Regramentos Legais   ○ Regramentos Infralegais   ○ Narrativas   ○ Eventos

1914 — Decreto nº 2.861 – Absorve a Conferência Internacional do Ópio, em Haia, e regula o uso de ópio, morfina e derivados.

1921 — Decreto nº 14.831 – Aprovação do regulamento dos manicômios judiciários

1923 — Consolidação da Liga Brasileira de Higiene Mental

1932 — Decreto nº 20.930 – Como parte da Consolidação das Leis Penais, o decreto estabelece penalidades para comércio e indução ao uso de drogas que não possuam receita médica ou acima das quantidades prescritas.

1934 — Decreto nº 24.599 – Dispõe sobre a profilaxia mental, assistência, proteção à pessoa e aos bens dos psicopatas, bem como estabelece a fiscalização dos serviços psiquiátricos.

1936 — Convenção de Genebra sobre entorpecentes – provê diretrizes e consolida entendimentos quanto à necessidade de fortalecer o sistema repressivo à produção e comércio de drogas.

1938 — Decreto-Lei nº 891 – Aprova a Lei de Fiscalização de Entorpecentes, absorvendo o conteúdo da Convenção de Genebra. Traz a internação e interdição civil dos toxicômanos.

1940 — Decreto-Lei nº 2.848 – Entra em vigor o Código Penal brasileiro, que traz consigo a regulamentação da pena de reclusão para o tráfico de drogas.

1946 — Decreto-Lei nº 8.550 – Regulamenta a atuação do Ministério da Educação e da Saúde na celebração de acordos que têm como objetivo a ampliação da rede de assistência psiquiátrica.

1957 — Criação da primeira Delegacia de Polícia especializada em tóxicos no Brasil, no município de São Paulo.

1964 — Golpe Militar de 1964

1967 — Decreto-Lei nº 159 – Traz o rol taxativo de substâncias capazes de causar dependência (física ou psíquica)

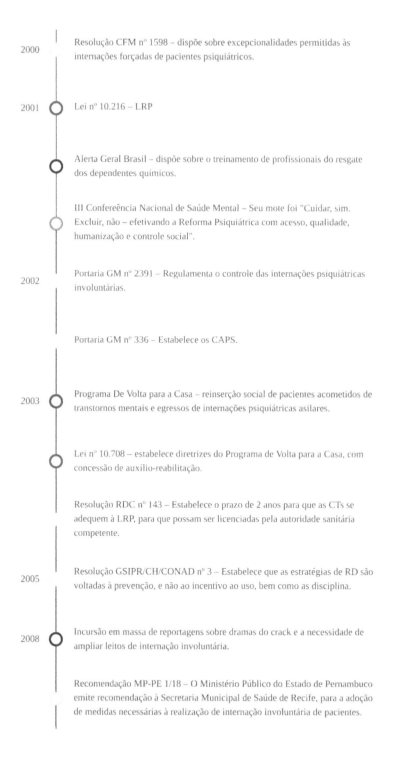

2000 — Resolução CFM nº 1598 – dispõe sobre excepcionalidades permitidas às internações forçadas de pacientes psiquiátricos.

2001 — Lei nº 10.216 – LRP

Alerta Geral Brasil – dispõe sobre o treinamento de profissionais do resgate dos dependentes químicos.

III Confereência Nacional de Saúde Mental – Seu mote foi "Cuidar, sim. Excluir, não – efetivando a Reforma Psiquiátrica com acesso, qualidade, humanização e controle social".

2002 — Portaria GM nº 2391 – Regulamenta o controle das internações psiquiátricas involuntárias.

Portaria GM nº 336 – Estabelece os CAPS.

2003 — Programa De Volta para a Casa – reinserção social de pacientes acometidos de transtornos mentais e egressos de internações psiquiátricas asilares.

Lei nº 10.708 – estabelece diretrizes do Programa de Volta para a Casa, com concessão de auxílio-reabilitação.

Resolução RDC nº 143 – Estabelece o prazo de 2 anos para que as CTs se adequem à LRP, para que possam ser licenciadas pela autoridade sanitária competente.

2005 — Resolução GSIPR/CH/CONAD nº 3 – Estabelece que as estratégias de RD são voltadas à prevenção, e não ao incentivo ao uso, bem como as disciplina.

2008 — Incursão em massa de reportagens sobre dramas do crack e a necessidade de ampliar leitos de internação involuntária.

Recomendação MP-PE 1/18 – O Ministério Público do Estado de Pernambuco emite recomendação à Secretaria Municipal de Saúde de Recife, para a adoção de medidas necessárias à realização de internação involuntária de pacientes.

2009 — A Unidade de Pesquisa em Álcool e Drogas (UNIAD) da UNIFESP, a Secretaria da Saúde do Governo do Estado de São Paulo e o Grupo Saúde Bandeirantes/Hospital Lacan, abre leitos para internação involuntária de usuários de crack com base na metodologia das CTs. O Estado do Rio de Janeiro inaugura unidades de tratamento de usuários de crack, na modalidade voluntária.

Lançamento da Campanha Nacional de Alerta e Prevenção do Uso de Crack. No lançamento, o Ministro da Saúde afirma que o combate ao crack tem de ser incisivo e as leis têm de permitir a internação involuntária nos casos em que o paciente constitui risco para si ou para os outros.

2010 — Campanha para a Presidência da República traz fortemente a questão do crack.

Novela Passione, da Rede Globo de Televisão, traz à dramaturgia a internação involuntária do personagem do ator Cauã Reymond, usuário de crack na telenovela.

Aumentam os pedidos de internação involuntária no Judiciário.

Decreto nº 7.179 – Institui o Plano Integrado de Enfrentamento ao Crack e outras Drogas, que prevê a possibilidade de firmar-se convênios, contratos de repasse ou instrumentos congêneres entre Estado e particulares, para a execução do Plano.

2011 — Resolução RDC nº 29, ANVISA – Dispõe sobre requisitos de segurança sanitária para o funcionamento de instituições públicas ou privadas de tratamento de usuários de drogas.

Ministro da Saúde afirma que o Brasil passa por uma epidemia de crack e que o Plano Integrado de Enfrentamento ao Crack e outras Drogas irá intensificar as internações involuntárias, por meio de triagens feitas a partir dos consultórios de rua.

Conselho Federal de Medicina se posiciona favoravelmente às internações involuntárias de usuários de crack. CFM lança Cartilha **Diretrizes Gerais para a Sociedade para assistência integral ao crack**.

Conselho Federal de Psicologia lança a Cartilha **13 razões para defender uma política para usuários de crack sem exclusão**, em defesa da exclusividade do acolhimento na rede SUS e da continuidade da postura antimanicomial.

Secretaria Municipal da Saúde de São Paulo divulga que 106 pessoas que se encontravam na região da cracolândia do município foram internadas involuntariamente durante o ano de 2011.

2012 — Senado passa a discutir os primeiros Projetos de Lei que disciplinam a internação involuntária de usuários de crack.

ANOTAÇÕES